D1619937

Raupach/Pohl/Ditz/Schmidt · Praxis des Internationalen
Steuerrechts 2011

www.nwb.de

Praxis des Internationalen Steuerrechts 2011

von

Prof. Dr. Arndt Raupach
Rechtsanwalt
Fachanwalt für Steuerrecht
Of Counsel
McDermott Will & Emery
Rechtsanwälte Steuerberater LLP, München

Dr. Dirk Pohl
Rechtsanwalt/Steuerberater
Fachanwalt für Steuerrecht
Dipl.-Finanzwirt
McDermott Will & Emery
Rechtsanwälte Steuerberater LLP, München

Dr. Xaver Ditz
Dipl.-Kaufmann
Steuerberater
Partner
FLICK GOCKE SCHAUMBURG
Rechtsanwälte Wirtschaftsprüfer Steuerberater, Bonn

Prof. Dr. Christian Schmidt
Steuerberater
Partner
Deloitte & Touche GmbH
Wirtschaftsprüfungsgesellschaft, Nürnberg

▶nwb

ISBN 978-3-482-**63292**-1

© NWB Verlag GmbH & Co. KG, Herne 2011

www.nwb.de

Druck: Stückle Druck und Verlag, Ettenheim

Vorwort

Seit dem Jahr 2009 erscheint jährlich ein Band zum Thema
„Praxis des Internationalen Steuerrechts"
– erstmals im Jahr 2010 als Jahresband gekennzeichnet – in dem die aktuellsten Internationalen Steuerfragen anhand praktischer Fälle mit sehr ausführlichen Lösungshinweisen dargestellt werden.

Schwerpunktthemen sind:

▶ die Besteuerung ausländischer Tochterkapitalgesellschaften und Fragen der Zugriffsbesteuerung nach dem Außensteuergesetz,

▶ die Betriebsstättenbesteuerung und

▶ die Behandlung von Personengesellschaften im Internationalen Steuerrecht.

Untersucht werden Neuerungen aus der Steuergesetzgebung, der höchstrichterlichen Steuerrechtsprechung und die neueste Praxis der Finanzverwaltung. Die Buchreihe verwertet in ihren Jahresbänden Diskussionen, die jeweils im Herbst des Vorjahres auf Fall-Tagungen stattfinden, an denen Vertreter aus Rechtsprechung, Finanzverwaltung, Beratung und Wissenschaft teilnehmen. Dadurch wird gesichert, dass die Reihe einen engen Praxisbezug behält und gleichzeitig mit wissenschaftlicher Präzision den jeweiligen Meinungsstand zu den aktuellsten Themen des Internationalen Steuerrechts darstellt.

Die Reihe beschäftigt sich mit Auslandsbeziehungen von Steuerinländern (sog. Outbound-Fälle) und Inlandsbeziehungen von Steuerausländern (sog. Inbound-Fällen). Behandelt werden das deutsche Außensteuerrecht, das Doppelbesteuerungsabkommensrecht und in zunehmendem Umfang, der internationalen Verflechtung entsprechend auch Fragen ausländischen Steuerrechts. So befasst sich der Jahresband 2010 mit dem Aufbruch zu neuen Märkten während und nach der Krise in die sog. BRIC-Staaten (Brasilien, Russland, Indien und China).

Themen des Jahresbandes 2011 sind:

▶ das BMF-Schreiben vom 16. April 2010 zur Anwendung der Doppelbesteuerungsabkommen (DBA) auf Personengesellschaften,

▶ Brennpunkte des § 1 AStG, insbesondere zu Funktionsverlagerungen und zur Rechtsprechung des EuGH sowie zur Hinzurechnungsbesteuerung nach §§ 7-14, 20 AStG,

▶ die Entwicklung von Verrechnungspreisen und Betriebsstättenbesteuerung: Neufassung und Ergänzung der OECD-Verrechnungspreisrichtlinien; ausländische Rechtsprechung zu Verrechnungspreisen (Entscheidungen des Tax Court of Canada und des United States Tax Courts); Update 2010 zu Art. 7 OECD-Musterabkommen; finales zu Betriebsstättenverlusten,

► die internationale Tax compliance unter Berücksichtigung von Erfahrungen aus der Konzernbetriebsprüfung.

Im Kern geht es bei den dargestellten Fällen um Gestaltungsfragen; gleichzeitig sichern aber die Lösungshinweise die Durchsetzung der Gestaltung und ihre steuerliche Anerkennung. Daher sind die beiden Jahresbände 2009 und 2010, die sich im Wesentlichen mit der Wirtschaftskrise befassen, auch nach deren Überwindung für die Rechtsdurchsetzung im Hinblick auf die zeitliche Verzögerung der Betriebsprüfung von großer Bedeutung.

München, im Mai 2011

Prof. Dr. Arndt Raupach   Dr. Dirk Pohl

Inhaltsübersicht

Autorenverzeichnis

Von

Prof. Dr. Arndt Raupach
Rechtsanwalt
Fachanwalt für Steuerrecht
Of Counsel
McDermott Will & Emery Rechtsanwälte Steuerberater LLP, München

Dr. Dirk Pohl
Rechtsanwalt/Steuerberater
Fachanwalt für Steuerrecht
Dipl.-Finanzwirt
McDermott Will & Emery Rechtsanwälte Steuerberater LLP, München

Dr. Xaver Ditz
Dipl.-Kaufmann
Steuerberater
Partner
FLICK GOCKE SCHAUMBURG
Rechtsanwälte Wirtschaftsprüfer Steuerberater, Bonn

Prof. Dr. Christian Schmidt
Steuerberater
Partner
Deloitte & Touche GmbH
Wirtschaftsprüfungsgesellschaft, Nürnberg

Dr. Gero Burwitz
Rechtsanwalt
Fachanwalt für Steuerrecht
McDermott Will & Emery Rechtsanwälte Steuerberater LLP, München

I. Personengesellschaften im Internationalen Steuerrecht – Das neue BMF-Schreiben

1. Der internationale Personengesellschaftskonzern

Von Prof. Dr. Christian Schmidt, Steuerberater, Nürnberg

Fall 1: Die MF GmbH & Co KG ist ein mittelständisches Unternehmen des Maschinenbaus mit drei in Deutschland ansässigen Gesellschaftern (natürliche Personen). Auf Grund des in den letzten Jahren stark angestiegenen internationalen Geschäfts wurden verschiedene Auslandsgesellschaften gegründet. Die ausländischen Einkünfte unterliegen bei den Gesellschaftern dem Spitzensteuersatz in Deutschland.

Die **MF GmbH & Co. KG** ist derzeit wie folgt strukturiert:

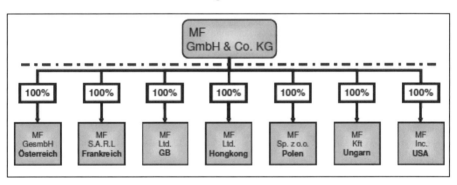

An allen Gesellschaften ist die MF GmbH & Co. KG zu 100 % beteiligt.

Gewinnsituation und Steuerbelastung in den einzelnen Ländern ergeben sich aus nachstehender Tabelle:

	D	A	F	GB	Hong-kong	PL	H	USA[1]
Jahresüberschuss vor Ertragsteuern	28 Mio. EUR	3 Mio. EUR	5 Mio. EUR	2 Mio. EUR	3 Mio. EUR	6 Mio. EUR	1 Mio. EUR	0,5 Mio. EUR
Gewerbesteuer	HS 420 %	-	max. 3 %[2]	-	-	-	2 %	-
Körperschaftsteuer	15 %	25 %	33,33	28 %	16,5 %	19 %	10 %/19 %[3]	35 %+6 %
Zuschläge zur KSt	5,5 %	-	3,3 %[4]	-	-	-	40 %[5]	-
Quellensteuer	n. a.	15 %	15 %	-[6]	-	15 %	-[7]	15 %
Einkommensteuer	45 %	50 %	40 %[8]	40 %	15 %	32 % (19 %)[9]	32 %[10]	35 %+6 %
Zuschläge zur ESt	5,5 %	-	-	-	-	-[11]	-	-

[1] Die Gesellschaft ist im Bundesstaat Georgia ansässig. Neben der Bundessteuer von 35 % wird eine Bundesstaatensteuer von 6 % erhoben.

[2] Mit Wirkung zum 1.1.2010 ist die französische Gewerbesteuer abgeschafft und durch die „Contribution Economique Territoriale" (CET) ersetzt worden. Die CET besteht aus zwei Komponenten: der „Cotisation Foncière des Entreprises" (CFE) und der „Cotisation sur la Valeur Ajoutée des Entreprises" (CVAE). Die CFE ist eine Art Grundsteuer auf gewerblich genutzte Immobilien. Bemessungsgrundlage der CFE ist der Einheitswert bzw. Mietwert des unbeweglichen Vermögens, wie bei der französischen Grundsteuer. Auf diese BMG wird der kommunale Hebesatz angewendet. Steuerschuldner ist der Eigentümer bei Eigennutzung ansonsten der Mieter bzw. Nutzer. Die CVAE ist eine Wertschöpfungssteuer. Sie beträgt 1,5 % von dem von der Gesellschaft generierten Wertzuwachs/Mehrwert. Unternehmen deren Umsätze unter 50 Mio. EUR liegen, können zu einem progressiven Steuersatz (0 % bis 1,5 %) optieren, der sich vom erzielten Umsatz (500.000 EUR bis 50 Mio. EUR) bemisst. Die CET (Summe aus CFE und CVAE) ist gedeckelt auf 3 % des erwirtschafteten Mehrwerts eines Unternehmens im Wirtschaftsjahr. Im vorliegenden Sachverhalt wird die CET mit 115.800 EUR angenommen.

[3] Die ersten 50 Mio. HUF (rd. 200.000 EUR) werden lediglich mit 10 % besteuert. Der darüber hinausgehende Gewinn unterliegt ab dem 1.1.2010 einer Körperschaftsteuer von 19 % (zuvor 16 % + 4 % Solidaritätssteuer).

[4] Sonderabgabe für Großunternehmen. Bemessungsgrundlage ist die um den Freibetrag von 763.000 EUR geminderte Körperschaftsteuer. Demgegenüber erhalten KMUs Abschläge auf die Körperschaftsteuer (vgl. IStRLB Heft 1/2007, S. 3).

[5] Am 29.6.2009 beschloss das ungarische Parlament, die Solidaritätssteuer (4 %) im Bezug auf die Körperschaftsteuer mit Wirkung zum 1.1.2010 abzuschaffen und im Gegenzug den Körperschaftsteuersatz von 16 % auf 19 % zu erhöhen. Die Gesamtsteuerbelastung sinkt also von 20 % auf 19 %.

[6] Ungeachtet der Zuweisung des Besteuerungsrechts durch das DBA, erhebt Großbritannien keine Quellensteuer auf Dividenden. Die Quellensteuer dürfte nach DBA 15 % nicht übersteigen.

[7] Ungeachtet der Zuweisung des Besteuerungsrechts durch das DBA, erhebt Ungarn keine Quellensteuer auf Dividenden, die an ausländische Gesellschaften gezahlt werden. Die Quellensteuer dürfte nach DBA 15 % nicht übersteigen.

[8] Ab dem 6.4.2010 wird bei Einkommen über £ 150.000 eine „Reichensteuer" i. H. v. 50 % erhoben.

[9] Es besteht in Polen die Möglichkeit für Einkünfte aus Wirtschaftsbetätigung zu einer 19 %-igen Linearbesteuerung zu optieren. Wirtschaftsbetätigung ist u.a. die Erwerbstätigkeit in Form von Handels- oder Bautätigkeit. Sie muss auf Dauer angelegt sein und in organisierter Form stattfinden, Art. 2 des Gesetzes über die Freiheit der wirtschaftlichen Betätigung.

[10] Der Einkommensteuerspitzensatz wurde zum 1.1.2010 von 36 % auf 32 % gesenkt.

[11] Die Solidaritätssteuer im Bezug auf die Einkommensteuer wurde ebenfalls mit Wirkung zum 1.1.2010 abgeschafft, so dass es faktisch zu einer deutlichen Reduzierung der Grenzsteuerbelastung von 40 % auf 32 % kam.

a) Anlässlich der Jahresabschlussbesprechung möchten die Gesellschafter der MF GmbH & Co KG wissen, ob die historisch gewachsene gesellschaftsrechtliche Struktur steuerlich optimal ist. Dabei möchten sie insbesondere wissen, welche Vor- und Nachteile eine Struktur mit ausländischen Personengesellschaften haben würde.

b) Ferner möchten sie wissen, wie hoch Steuerbelastung und Netto-Ertrag bei der MF GmbH & Co. KG bzw. ihren Gesellschaftern in der gegenwärtigen Struktur und in einer Strukturierung mit ausländischen Personengesellschaften sind, wenn eine Vollausschüttung der Jahresüberschüsse der Tochtergesellschaften erfolgt.

c) Darüber hinaus stellen die Gesellschafter die Frage, ob der Umbau der derzeitigen Struktur in einen internationalen Personengesellschaftskonzern steuerneutral möglich ist oder ob es zu einer Besteuerung der Umwandlung der einzelnen Gesellschaften kommt.

d) Schließlich möchten sie wissen, welche weiteren Strukturierungsalternativen es gibt, um die Steuerquote zu senken.

Den Strukturierungsüberlegungen sollen folgende Prämissen/Restriktionen zugrunde gelegt werden:

a) Die MF GmbH & Co. KG wird die Beteiligungen auf Dauer halten; eine Exit-Besteuerung soll deshalb nicht Gegenstand der Prüfung sein.

b) Eine Personengesellschaft kommt nur in Ländern in Betracht, in denen eine Haftungsbegrenzung (vergleichbar einer deutschen GmbH & Co KG) möglich ist.

c) Die Aktivitäten der Auslandsgesellschaften sind „aktiv" im Sinne eventueller Aktivitätsvorbehalte in den maßgebenden DBA sowie nach § 9 Nr. 7 GewStG, § 20 Abs. 2 AStG und §§ 7-14 AStG.

Lösungshinweise:

Schrifttum: *BMF-Schreiben* v. 16.4.2010, IV B 2 – S 1300/09/10003, Anwendung der Doppelbesteuerungsabkommen (DBA) auf Personengesellschaften, BStBl I 2010, S. 354; *BMF-Schreiben* v. 19.3.2004 /IV B 4 – S 1301 USA – 22/04, BStBl I 2004, S. 411; *Vfg. OFD Frankfurt* v. 14.11.2008, S 2241A – 107 – St 213, RIW 2009, S. 96; *Hey/Bauersfeld*, Die Besteuerung der Personen(handels)gesellschaften in den Mitgliedstaaten der Europäischen Union, der Schweiz und den USA, IStR 2005, S. 649 ff.; *Schmidt*, Anwendung der Doppelbesteuerungsabkommen (DBA) auf Personengesellschaften. Eine Analyse des BMF-Schreibens vom 16.4.2010, IStR 2010, S. 413 ff.; *Schmidt*, Innerstaatliches Trennungsprinzip und abkommensrechtliche Verteilungsnormen am Beispiel einer US-Limited Liability Company (LLC) – Anmerkungen zum BFH-Urteil v. 20.8.2008 – I R 34/08 –, Ubg. 2009, S. 112 ff.; *Schmidt*, Personengesellschaften im Abkommensrecht Teil 1 und 2, WPg 2002, S. 1134 ff., S. 1232 ff.; *Spengel/Schaden/Wehrße*, Besteuerung von

Personengesellschaften in den 27 Mitgliedstaaten der EU und den USA – eine Analyse der nationalen Besteuerungskonzeptionen, StuW 2010, S. 44 ff.

1. Pro und Contra für die Verwendung von ausländischen Personengesellschaften

1.1 Pro:

► Im DBA-Fall grundsätzlich Freistellung der Auslandsgewinne in Deutschland (Ausnahme: VAE und weitere geplant[12]). Sorgfältige Prüfung erforderlich, da Aktivitätsvorbehalte und andere Freistellungsverhinderungsklauseln (Subject-to-tax-Klauseln, Switch-over-Klauseln) in den Abkommen sowie § 20 Abs. 2 AStG und § 50d Abs. 9 EStG die Freistellung verhindern können.

► Weder führt die Gewinnrepatriierung noch die (anschließende) Entnahme aus der deutschen Mutterpersonengesellschaft zu einer weiteren Steuerbelastung in Deutschland. Bei Inanspruchnahme von § 34a EStG führt die Entnahme allerdings zur Nachversteuerung (bei der Gestaltung beachten!).

► Die steuerfreien Auslandsgewinne können für inländische Steuerzahlungen (Einkommensteuer, Gewerbesteuer) verwendet werden Optimierung der Thesaurierungsbegünstigung nach § 34a EStG. Beachte aber: Bei Inanspruchnahme der Thesaurierungsbegünstigung nach der Unternehmensteuerreform zusätzliche Gestaltung erforderlich.

► Oft keine Quellensteuer im Ausland bei Gewinnrepatriierung. Etwas anderes gilt meist, wenn der ausländische Staat Personengesellschaften intransparent besteuert.

► Nutzung des niedrigeren ausländischen Körperschaftsteuersatzes (statt Einkommensteuersatz) möglich, wenn Ausland der intransparenten Behandlung folgt.

► Zusätzliche Optimierungsmöglichkeit durch Organschaftsmodell (vgl. nachstehend 2.4.2)

► Unangemessene Leistungsbeziehungen zwischen den Auslandsgesellschaften können nicht als verdeckte Gewinnausschüttung qualifiziert werden. (Hinweis: Bei VGA Verschärfung durch das JStG 2007 durch das Korrespondenzprinzip

► Vollversteuerung in Deutschland! in bestimmten Fällen).

► Im Verlustfall besteht die Möglichkeit, Auslandsverluste in Deutschland zu nutzen:

---

[12] Vgl. *Welling*, DB, Heft 39/2009, Gastkommentar; danach soll auch mit Mauritius, Singapur und Zypern generell von deutscher Seite aus die Anrechnungsmethode vereinbartwerden.

- negativer Progressionsvorbehalt; er kann in Einzelfällen gestalterisch genutzt werden
- Passivmachung von Verlusten in DBA-Fällen mit Aktivitätsvorbehalt
- Nutzung „endgültiger" EU/EWR-Verluste im Finalitätsjahr nach der Rechtsprechung des EuGH in der Rs Lidl (EuGH v. 15.5.2008, C–414/06, BStBl. II 2009, 692) und dem BFHUrteil v. 9.6.2010 (I R 107/09, DStR 2010, 1611).

▶ Inländische Geschäftsleitung führt nicht zu Körperschaftsteuerpflicht der Auslandsgesellschaft in Deutschland nach § 1 Abs. 1 Nr. 1 oder 5 KStG.

▶ Entschärfte Entstrickungsproblematik bei der Überführung von Wirtschaftsgütern aufgrund BFH-Rechtsprechung (jedoch Nichtanwendungserlass der Finanzverwaltung v. 20.5.2009[13] und „Nachbesserung" im JStG 2010 geplant).

▶ § 1 AStG einschließlich Funktionsverlagerung gilt nach h. M.[14] für ausländische Personengesellschaften nicht.

▶ Bei persönlichem Wegzug keine Wegzugsbesteuerung nach § 6 AStG.

▶ Erbschaftsteuervorteil in Deutschland: keine Mindestbeteiligung erforderlich.

▶ Erleichterungen bei der vorweggenommenen Erbfolge nach § 10 Abs. 1a EStG im Vergleich zur Kapitalgesellschaft.

▶ Auflösung und Kapitalrückführung (deutlich) leichter als bei Kapitalgesellschaft im Ausland.

1.2 Contra:

▶ Freistellungs-DBA erforderlich; d. h. Personengesellschaften in Hongkong, VAE, Brasilien nicht zielführend.

▶ Personengesellschaften sind nicht in allen Ländern möglich bzw. im Wirtschaftsleben eingeführt (z. B. Südostasien).

▶ Fehlende Möglichkeit der Haftungsbegrenzung durch GmbH & Co. KG in einigen Ländern (z. B. Schweiz, Türkei, Vietnam)
- i. d. R. sind aber Ausweichgestaltungen verfügbar.

▶ Beschränkte Erbschaftsteuerpflicht der Gesellschafter im Ausland möglich
- i. d. R. auch hier Ausweichgestaltungen verfügbar.

▶ Häufig höhere Steuerbelastung bei Thesaurierung durch höhere Steuersätze bei der Einkommensteuer (beschränkte Steuerpflicht) im Vergleich zur Körperschaftsteuer.

---

[13] BStBl. I 2009, S. 671.
[14] Vgl. hierzu ausführlich *Strunk/Kaminski*, DB 2008, S. 2501 ff.

- evtl. Organschaftsmodell als Alternative

▶ Gewinne aus der Veräußerung der Auslandsbeteiligung sind grundsätzlich steuerpflichtig – entweder im Ausland oder in Deutschland.

▶ Finanzierungszinsen beim Erwerb der Auslandsbeteiligung oder bei Nachfinanzierung sind in Deutschland bei DBA-Freistellung der Auslandsgewinne nicht abziehbar.

Debt-push-down-Modelle sind als Ausweichgestaltungen möglich (Zinsaufwand ist – vorbehaltlich eventueller Thin-capitalization-Regelungen im Zielstaat – zum Steuersatz im Ausland steuerwirksam)

▶ Beantragung der Quellensteuerermäßigungen bei vielen Beteiligten bzw. Auslandsbeteiligungen aufwendig bzw. schwer zu handhaben.

▶ Ermittlung des Auslandsgewinns für deutsche Steuerzwecke (Progressionsvorbehalt) nach deutschem Steuerrecht erforderlich.

2. Steuerbelastung in der Ist-Struktur und bei Verwendung ausländischer Personengesellschaften

2.1 Steuerbelastung in der Ist-Struktur

Die derzeitige Struktur ist suboptimal für die meisten Länder in denen die MF GmbH & Co KG tätig ist. Der jeweilige Auslandsstaat besteuert die Gewinne der Tochtergesellschaften nach seinem Recht; es handelt sich dort um unbeschränkt steuerpflichtige Kapitalgesellschaften.

Im Fall der Gewinnrepatriierung kann der Quellenstaat des Weiteren eine Quellensteuer erheben (Art. 10 Abs. 2 OECD-MA). Soweit der ausländische Staat nach seinem nationalen Steuerrecht eine höhere Quellensteuer erhebt, ist die Differenz zu erstatten, sofern nicht – wie mittlerweile in einigen Ländern – die Quellensteuerbegrenzung auf Grund des DBAs bei der die Dividende zahlenden Gesellschaft berücksichtigt wird (z. B. USA). Ein solches Erstattungsverfahren bedeutet einen gewissen Aufwand. Es entstehen Liquiditätsnachteile, da sich das Verfahren über Monate hinziehen kann.

Das primäre Besteuerungsrecht für die Dividenden steht nach den Doppelbesteuerungsabkommen Deutschland zu (Art. 10 Abs. 1 OECD-MA). Deutschland besteuert die Gewinnausschüttungen nach dem Teileinkünfteverfahren (mit 60 %).[15] Dabei wird die (DBA-begrenzte) Quellensteuer bei den Gesellschaftern der MF GmbH & Co. KG nach Maßgabe von § 34c Abs. 1 EStG angerechnet. Die Anrechnung erfolgt hierbei grundsätzlich voll (also nicht anteilig zu 60 %).

---

[15] Vgl. § 3 Nr. 40 EStG i.d.F. des Unternehmensteuerreformgesetz 2008.

Zu beachten ist aber, dass die Steueranrechnung nicht immer „glatt" verläuft. So ist im Fall eines inländischen Verlusts die ausländische Quellensteuer verloren. Anrechnungsüberhänge können auch entstehen, wenn die inländische Steuer relativ niedrig ist (vgl. die Anrechnungshöchstbetragsberechnung nach § 34c Abs. 1 EStG). Dies kann im Fall anderweitiger Verluste (z. B. Vermietung und Verpachtung) oder durch die Beteiligung von geringfügig beteiligten Gesellschaftern bei großen Familienstämmen der Fall sein, wenn diesen der Anteil nur ein vergleichsweise niedriges Einkommen vermittelt.

Die Gewinnausschüttungen unterliegen bei der MF GmbH & Co. KG jedoch nicht der Gewerbesteuer, da es sich im vorliegenden Fall um „aktive" Gesellschaften handelt und die Beteiligung an ihnen mindestens 15 % beträgt (internationales gewerbesteuerliches Schachtelprivileg nach § 9 Nr. 7 GewStG i. d. F UntStRefG). Auf das Kriterium „aktiv" wird bei EU-Kapitalgesellschaften verzichtet (§ 9 Nr. 7 Satz 1, 2. HS GewStG).

Im Einzelnen ergibt sich die Steuerbelastung der ausländischen Gewinne aus nachstehender Tabelle:

	A	F	GB	HK	PL	H	USA	Gesamt
Rechtsform (KapG/PersG	KapG	KapG	KapG	KapG	KapG	KapG	KapG	
	in €	in €	in €	in €	in €	in €	in €	in €
Jahresüberschuss vor Ertragsteuern	3.000.000	5.000.000	2.000.000	3.000.000	6.000.000	1.000.000	500.000	20.500.000
Gewerbesteuer	-	115.800	-	-	-	20.000	-	135.800
ausl. KSt /ESt	750.00	1.627.904	560.000	495.000	1.140.000	168.200	194.500	4.935.604
Zuschläge zur KSt/ESt	-	28.542	-	-	-	-	-	28.542
Gewinn nach Steuern/Ausschüttung	2.250.000	3.227.754	1.440.000	2.505.000	4.860.000	811.800	305.500	15.400.054
Quellensteuer	337.500	484.163	-	-	729.000	-	45.825	1.596.488
Zufluss Gesellschafter259.675	1.912.500	2.743.591	1.440.000	2.505.000	4.131.000	811.800	259.675	13.803.566
dt. ESt (45 %)	607.500	871.949	388.800	676.350	1.312.200	219.186	82.485	4.158.015
Anrechnung Quellensteuer	337.500	484.163	-	-	729.000	-	45.825	1.596.488
Solidaritätszuschlag	14.850	21.303	21.384	37.199	32.076	12.055	2.016	140.884
Nettozufluss	1.627.650	2.334.957	1.029.816	1.791.451	3.515.724	580.559	220.999	11.101.156
Steuerbelastung	1.372.350	2.665.043	970.184	1.208.549	2.848.276	419.441	279.001	9.398.844
Steuerbelastung %	**45,75**	**53,30**	**48,51**	**40,28**	**21,40**	**41,94**	**55,80**	**45,85**

2.2 Steuerbelastung in einer Struktur mit ausländischen Personengesellschaften (soweit möglich)

Vorbemerkung: Nachdem die Haftungsbegrenzung bei der Strukturierung als Prämisse vorgegeben ist, kann nur dann eine ausländische Personengesellschaft verwendet

werden, wenn sie unmittelbar selbst (z. B. USLLC, LLP) oder durch einen Kapitalgesell-
schaftskomplementär in der Haftung beschränkt ist (ausländische GmbH & Co KG).

Die Gewinne der ausländischen Personengesellschaften werden grundsätzlich – sofern
ein Doppelbesteuerungsabkomm mit Freistellungsmethode (Regel) besteht – nur im
Ausland besteuert; Deutschland stellt unter Progressionsvorbehalt frei.[16] Dies gilt auch
im Fall einer im Ausland intransparenten Personengesellschaft.[17]

Bei zahlreichen Abkommen ist allerdings der Aktivitätsvorbehalt zu beachten (hier
unproblematisch).

Exkurs: Auch wenn im vorliegenden Fall „aktive" Einkünfte vorliegen, muss für die
Praxis bei Personengesellschaftskonzernen auf **§ 20 Abs. 2 AStG** hingewiesen werden.
Die Vorschrift gilt für Betriebsstätten und Personengesellschaften für passive Einkünfte
im Sinne der HZB nach §§ 7-14 AStG in Niedrigsteuerländern. Der EuGH hat in der Rs.
Columbus Container Services[18] die Umschaltung von der Freistellung nach DBA auf die
Anrechnungsmethode nach § 20 Abs. 2 AStG grundsätzlich als nicht europarechtswidrig angesehen. Er hat hierbei aber nach Auffassung des BFH im Urteil vom 21.10.2009[19]
nicht entschieden, ob die Hinzurechnungsbesteuerung als solche europarechtskonform
ist. Letzteres sei jedoch immer dann zu verneinen, wenn Steuerpflichtige den Aktivi-
tätsnachweis i. S. d. EuGH-Urteils Cadbury-Schweppes antreten kann. D. h. § 20
Abs. 2 AStG ist dahingehend im Wege einer sog. „geltungserhaltenden Reduktion"[20]
auszulegen, dass immer dann, wenn die Auslandseinkünfte in einer EU/EWR-
Betriebsstätte anfallen und „aktiv" i. S. d. Cadbury-Schweppes-Entscheidung sind, die
Umschaltregelung nach § 20 Abs. 2 AStG nicht durchgreift.

Bei der Alternative der Nutzung von Auslandspersonengesellschaften sollte nicht über-
sehen werden, dass Personengesellschaften ein sehr schwieriges Gebiet im internationalen Steuerrecht darstellen. Das Hauptproblem liegt darin, dass Personengesellschaften international sehr heterogen behandelt werden. Einzelne Staaten behandeln sie als
transparent und wenden das Mitunternehmerkonzept mit Einbeziehung von Sondervergütungen und Sonderbetriebsvermögen an (z. B. Deutschland, **Österreich, Nieder-
lande**), andere Staaten behandeln die Personengesellschaften zwar als transparent,
erkennen aber Vergütungen an die Gesellschafter als Betriebsausgaben an (z. B. USA).
In einer Reihe von Staaten sind Personengesellschaften juristische Personen oder wer-

---

[16] Vgl. hierzu Schmidt, Personengesellschaften im Abkommensrecht Teil 1 und 2, WPg 2002, S. 1134 ff., S. 1232
ff.

[17] Vgl. BMF-Schreiben v. 16.4.2010, IV B 2 - S 1300/09/10003, BStBl I 2010, S. 354Tz. 4.1.1.1.1. i. V. m. Tz. 1.2
sowie Schmidt, IStR 2010, S. 425 f.

[18] C-298/05 v. 6.12.2007, DStR 2007, S. 2308.

[19] I R 114/08, DStR 2010, S. 37.

[20] Vgl. hierzu bereits BFH-Beschluss v. 1.4.2003, BStBl. II 2003, S. 669.

den wie solche besteuert (z. B. in **Portugal, Spanien** und Ländern, die dem spanischen Rechtskreis angehören, **Ungarn, Rumänien, Frankreich,** wenn die Personengesellschaft haftungsbegrenzt ist (franz. GmbH & Co KG), **Belgien** usw.).[21]

In den **USA** besteht die Möglichkeit, die Rechtsform der LLC (Limited liability company) zu wählen. Sie ist haftungsbegrenzt, und ihr Gesellschaftsvertrag kann so ausgestaltet werden, dass sie für deutsche Steuerzwecke als Personengesellschaft zu klassifizieren ist. Bei der Abfassung von ausländischen Gesellschaftsverträgen im Fall der Verwendung einer **LLC** ist deshalb darauf zu achten, dass das gewünschte Ergebnis (steuerliche Transparenz) auch wirklich erreicht wird.[22] Verfahrensrechtliche Hinweise und Abgrenzungskriterien zu Kapitalgesellschaften enthalten das BMF-Schreiben v. 19.3.2004 zur US-LLC[23] und die Verfügung der OFD Frankfurt vom 14.11.2008.[24] Eine **US LP** mit einer Corporation als Komplementär kann für US-Steuerzwecke wahlweise als intransparent behandelt werden (sog. „Check-the-box-election"); sie bleibt aber für deutsche Steuerzwecke transparent.

Die intransparente Behandlung von Personengesellschaften in ihrem Sitzstaat schlägt auf die Abkommensanwendung durch. So können Personengesellschaften

► selbst „ansässige Personen" i. S. v. Art. 4 OECD-MA und damit abkommensberechtigt sein (wenn sie – wie in Spanien – juristische Personen sind oder – wie z. B. in Ungarn – wie juristische Personen besteuert werden);

► selbst keine ansässigen Personen sein (d. h. nur die dahinter stehenden natürlichen oder juristischen Personen sind abkommensberechtigt; die PersGes selbst ist abkommensrechtlich „transparent");

► teilweise (partiell) abkommensberechtigt sein (z. B. für Quellensteuerzwecke wie in den DBAs D-Schweiz[25] und D-Italien[26]).

Dies kann zu Qualifikationskonflikten und zu nicht anrechenbaren Quellensteuern führen. Beispielsweise ist nach spanischem Gesellschaftsrecht eine spanische Personengesellschaft juristische Person. Gewinnauszahlungen an ihre Gesellschafter sind

---

[21] Vgl. hierzu auch die Übersicht im OECD-Partnership-Report, Annex III sowie *Hey/Bauersfeld*, Die Besteuerung der Personen(handels)gesellschaften in den Mitgliedstaaten der Europäischen Union, der Schweiz und den USA, IStR 2005, S. 649 ff.; *Spengel/Schaden/Wehrße*, Besteuerung von Personengesellschaften in den 27 Mitgliedstaaten der EU und den USA – eine Analyse der nationalen Besteuerungskonzeptionen, StuW 2010, S. 44 ff.

[22] Vgl. hierzu auch BFH v. 20.8.2008 (I R 34/08, BStBl II 2009, S. 263) sowie Schmidt, Innerstaatliches Trennungsprinzip und abkommensrechtliche Verteilungsnormen am Beispiel einer US-Limited Liability Company (LLC) – Anmerkungen zum BFH-Urteil v. 20.8.2008 - I R 34/08 –, Ubg. 2009, S. 112 ff.

[23] BStBl. I 2004, S. 411.

[24] S 2241A - 107 - St 213, RIW 2009, S. 96.

[25] Vgl. Protokoll v. 18.6.1971 zu Art. 10-12.

[26] Vgl. Nr. 2 des Protokolls.

nach spanischem Recht Gewinnausschüttungen, so dass Spanien eine Quellensteuer erhebt. Diese ist nach DBA auf 10 % begrenzt (Art. 10 Abs. 2 DBA D-E). Demgegenüber klassifiziert Deutschland eine ausländische Rechtsform anhand eines Typenvergleichs mit inländischen Gesellschaftsformen.[27] Eine spanische OHG oder KG wäre nach deutschem Steuerrecht einer deutschen OHG oder KG vergleichbar. Gewinnauszahlungen sind danach keine Dividenden, sondern „bloße" nicht steuerbare Entnahmen. Damitkann keine Anrechnung der spanischen Quellensteuer in Deutschland erfolgen.

Darüber hinaus ist zu beachten:

► Grundvoraussetzung für eine Personengesellschaftsstruktur ist ein DBA mit Freistellungsmethode, so dass z. B. für **Hongkong, Brasilien, die VAE, Saudi Arabien usw.** die – nach dem Landesrecht u. U. mögliche – Gründung einer Personengesellschaft nicht zielführend ist. Für die **Gewerbesteuer** wäre der auf die ausländische Personengesellschaft (Betriebsstätte) in diesen Staaten entfallende Gewinn allerdings aus dem Gewerbeertrag nach § 2 Abs. 1 S. 1 und 3 GewStG auszuscheiden (Objektsteuercharakter der Gewerbesteuer)

► In einigen Staaten ist eine GmbH & Co KG nicht möglich. So verlangt das Gesellschaftsrecht der **Schweiz**, der **Türkei** und das von **Vietnam** eine natürliche Person als Komplementär.

► In **China** wurde in 2007 die Rechtsform der Personengesellschaft mit möglicher Haftungsbegrenzung und transparenter Besteuerung eingeführt. Ausführungsbestimmungen sind erst in diesem Jahr ergangen (Decree Nr. 567 vom 2.12.2009); sie traten am 1.3.2010 in Kraft. Damit ist der Weg im Prinzip frei. [Hinweis: Die Gründung einer chinesischen GmbH & Co KG würde auch für deutsche Kapitalgesellschaftskonzerne den Vorteil des Entfallens der 10 %igen chinesischen Quellensteuer sowie der Dividendenstrafe nach § 8b Abs. 5 KStG mit sich bringen.]

► In Ländern mit fiktiver Quellensteueranrechnung nach DBA (z. B. **Argentinien, Malaysia bis 2010**[28]) kann eine Kapitalgesellschaft günstiger sein.

Ungeachtet der Steuerfolgen einer Umwandlung würde sich bei einer weitgehenden Personengesellschaftsstruktur folgende Steuerbelastung ergeben. Die Tochtergesellschaft in Hongkong wird weiterhin als Kapitalgesellschaft geführt.

---

[27] H. M.; vgl. bereits Venezuela-Urteil, RFH vom 12.2.1930 VI A 899/27, RStBl. 1930, S. 444 und die Übersicht im Betriebsstättenerlass im Teil II der Seminarunterlage.

[28] Am 23.2.2010 wurde mit Malaysia ein neues DBA unterzeichnet; danach läuft die bisher gewährte fiktive Steueranrechnung Ende 2010 aus, vgl. *Hirscher*, IStR-LB, H. 7/2010, S. 26.

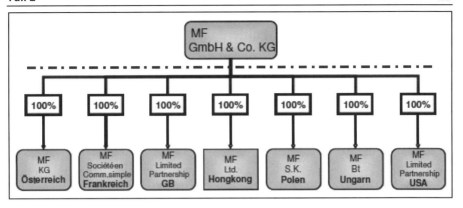

Steuerbelastung:

	A	F	GB	HK	PL	H	USA	Gesamt
Rechtsform (KapG/PersG)	PersG	PersG	PersG	PersG	PersG	PersG	PersG	PersG
	in €	in €	in €	in €	in €	in €	in €	in €
Jahresüberschuss vor Ertragsteuern	3.000.000	5.000.000	2.000.000	3.000.000	6.000.000	1.000.000	500.000	20.500.000
Gewerbesteuer	-	115.800	-	-	-	20.000	-	135.800
ausl. KSt/ESt	140.235	1.327.904	800.000	495.000	1.140.000	168.200	194.500	5.915.839
Zuschläge zur KSt/ESt	-	28.542	-	-	-	-	-	28.542
Gewinn nach Steuern	1.509.765	3.227.754	1.200.000	2.505.000	4.860.000	811.800	305.500	14.419.819
Quellensteuer	-	484.163	-	-	-	-	-	484.163
Ausschüttung an dt. GmbH & Co. KG	1.509.765	2.743.591	1.200.000	2.505.000	4.860.000	811.800	305.500	13.935.656
dt. ESt (45 %)	-	-	-	676.350	-	-	-	676.350
Solidaritätszuschlag	-	-	-	37.199	-	-	-	37.199
Nettozufluss	1.509.765	2.743.591	1.200.000	1.791.451	4.860.000	811.800	305.500	13.222.107
Steuerbelastung	1.490.235	2.256.409	800.000	1.208.549	1.140.000	188.200	194.500	7.277.893
Steuerbelastung %	**49,67**	**45,13**	**40,00**	**40,28**	**19,00**	**18,82**	**38,90**	**35,50**

2.3 Besteuerung des Umstrukturierungsvorganges

Die Umwandlung bestehender ausländischer Kapitalgesellschaften in Personengesellschaften ist steuerneutral nicht möglich. Nach Art. 13 Abs. 5 OECD-MA steht Deutschland das Besteuerungsrecht an den Gewinnen aus der Veräußerung der Kapitalgesell-
schaftsanteile zu. Nach der Umwandlung der ausländischen Kapitalgesellschaften in
Personengesellschaften ändert sich dies im Normalfall. Dann hat i. d. R. der ausländische Staat das Besteuerungsrecht für die Veräußerungsgewinne (Art. 13 Abs. 1 und 2
OECD-MA).

Die Umwandlung der ausländischen Kapitalgesellschaft unterliegt zunächst den Um-
wandlungsvorschriften des Auslandsstaates; sie wird dort in vielen Fällen – ähnlich wie
in Deutschland – steuerneutral möglich sein.[29]

In der BRD – der das Besteuerungsrecht an den Anteilen zusteht – ist der Vorgang vor
allem auf Anteilseigner-Ebene zu würdigen, im Rahmen der Übertragungsbilanz nach
§ 3 UmwStG und der Hinzurechnungsbesteuerung nach §§ 7 ff. AStG auch auf Gesell-
schaftsebene. Hierbei sind drei Fälle zu unterscheiden:

a) Im Ausland ist eine bloß formwechselnde Umwandlung **nicht** möglich

b) Formwechselnde Umwandlung ist möglich (**Nicht**-EU/EWR-Fall)

c) Formwechselnde Umwandlung ist möglich (EU/EWR-Fall)

zu a): Im Ausland ist eine bloß formwechselnde Umwandlung nicht möglich

In diesem Fall hat der BFH entschieden,[30] dass die ausländische Kapitalgesellschaft als
liquidiert angesehen wird und die entsprechenden steuerlichen Folgerungen zu ziehen
sind: Ausschüttung der Rücklagen und laufenden Gewinne (aufgedeckte stille Reserven
aus dem Liquidationsvorgang) und Steuerpflicht als Liquidationsbezüge nach § 20
Abs. 1 Nr. 2 EStG, § 3 Nr. 40e) EStG). Deutschland kann diesen Vorgang auch besteuern,
da Liquidationsbezüge unter Art. 10 OECD-MA fallen.[31] Im Rahmen der Liquidation der
ausländischen Gesellschaft kann es auf deren Ebene zu einer Hinzurechnungsbesteuerung nach §§ 7 ff. AStG kommen.[32]

zu b): Formwechselnde Umwandlung ist möglich (Nicht-EU/EWR-Fall) Im Verhältnis zu
Drittstaaten (z. B. USA) gilt das UmwStG nicht (vgl. nachstehend unter c)). Dieser Vorgang ist – wenn nicht von einer Liquidation (vorstehend a)) auszugehen ist – als Tausch

---

[29] Vgl. *Blöchle/Weggenmann*, Formwechsel und Verschmelzung im Ausland nach §§ 3 ff. UmwStG i.d.F. des
SEStEG, IStR 2008, S. 87.

[30] Vgl. BFH v. 22.2.1989, BStBl. II 1989, S. 794, jedoch zu einem Fall, in dem das ausländische Steuerrecht nicht
von einem bloßen Formwechsel ausging.

[31] Vgl. OECD-Mk, Art. 10, Ziffer 28.

[32] Vgl. insbesondere § 8 Abs. 1 Nr. 10 AStG.

zu werten (GmbHBeteiligung gegen Personengesellschaftsbeteiligung) und stellt damit grundsätzlich einen steuerpflichtigen (Veräußerungs-)Vorgang dar.[33] Auf den Gewinn aus der Aufdeckung der stillen Reserven, ist das Teileinkünfteverfahren[34] anzuwenden.[35]

zu c): Formwechselnde Umwandlung ist möglich (EU/EWR-Fall)

Mit dem SEStEG erfolgte eine Europäisierung des deutschen Umwandlungssteuerrechts.[36] Das (deutsche) UmwStG n. F. ist anwendbar, wenn die an der Umwandlung beteiligten übertragenden und übernehmenden Rechtsträger Gesellschaften oder natürliche Personen sind, die in der EU oder im EWR ansässig sind (§ 1 Abs. 1 UmwStG n. F.). Ferner muss ein dem § 190 UmwG (Formwechsel) vergleichbarer (ausländischer) Umwandlungsvorgang vorliegen.

Ein ausländisch vergleichbarer Umwandlungsvorgang liegt nur vor, wenn der übertragende Rechtsträger ohne Abwicklung aufgelöst wird bzw. bei Gesamtrechtsnachfolge.[37]

Allerdings gilt der Grundsatz, dass alle vom Gesetz erfassten Umwandlungen bei allen an einem Umwandlungsvorgang Beteiligten grundsätzlich unter Versteuerung der stillen Reserven zum gemeinen Wert abzuwickeln sind, wenn das deutsche Besteuerungsrecht durch die Umwandlung entfällt oder eingeschränkt wird.[38] Dies ist – wie vorstehend dargestellt – hier der Fall. Das UmwStG löst dies wie folgt:

Bei der Berechnung des Übernahmegewinns sind die Wirtschaftsgüter der formwechselnden Kapitalgesellschaft – selbst bei Buchwertansatz auf Ebene der Kapitalgesellschaft gem. § 3 Abs. 2 UmwStG – mit dem gemeinen Wert anzusetzen (§ 4 Abs. 4 S. 2 UmwStG). Die offenen Rücklagen gelten als ausgeschüttet (§ 7 UmwStG) und werden unter Anwendung des Teileinkünfteverfahrens (§ 20 Abs. 1 Nr. 1, § 3 Nr. 40 Buchst. d) EStG) besteuert. Allerdings kann ein Übernahmeverlust (insbesondere bei hohen Anschaffungskosten der GmbH-Anteile) bis zu 60 % wieder gegengerechnet werden (§ 4 Abs. 6 S. 4 UmwStG i. d. F des JStG 2009). Hierbei ist jedoch die Sperrfrist des § 4 Abs. 6 S. 6 UmwStG i. d. F des JStG 2009 zu beachten. Es kann Fälle geben (insbesondere bei anschaffungsnahen Umwandlungen innerhalb der Sperrfrist), in denen

---

[33] Wenn man – was wohl auch vertreten werden könnte – in dem Vorgang keine Liquidation sieht, da für Steuerzwecke die Kapitalgesellschaft beseitigt wird und damit eine Besteuerungsebene entfällt.

[34] § 15 Abs. 1 Nr. 2, § 3 Nr. 40 Buchst. a) EStG (bei 100 %-Beteiligung § 16 Abs. 1 Nr. 1,§ 3 Nr. 40 Buchst. b) EStG).

[35] Wohl h. M., vgl. z. B. *Schaumburg*, Ausländische Umwandlungen mit Inlandsbezug, GmbHR 1996, S. 668 ff. (S. 671); Jacobs, Internationale Unternehmensbesteuerung, 6. Aufl. 2007, S. 1206 ff.

[36] Vgl. hierzu ausführlich *Dötsch/Pung*, SEStEG: Die Änderungen des UmwStG (Teil I), DB 2006, S. 2704 ff.

[37] Vgl. hierzu ausführlich *Dötsch/Pung*, SEStEG: Die Änderungen des UmwStG (Teil I), DB 2006, S. 2704.

[38] Vgl. *Dötsch/Pung*, SEStEG: Die Änderungen des UmwStG (Teil I), DB 2006, S. 2705.

ein Drittlandsfall für die inländischen Gesellschafter steuerlich vorteilhafter ist als ein EU/EWR-Fall.[39]

2.4 Weitere Strukturierungsüberlegungen zur Steueroptimierung

2.4.1 Einschaltung einer Zwischenholding in Deutschland oder in einem EU-Staat

Als Alternative zum Personengesellschaftsaufbau könnte überlegt werden, eine Zwischenholding in Deutschland oder in einem EU-Staat einzuschalten.

Deutschland ist spätestens seit In-Kraft-Treten des Steuersenkungsgesetzes ein durchaus interessanter Holdingstandort (§ 8b Abs. 1 und 2 KStG). Im Einzelnen sind zu nennen:

► Dividendenfreistellung zu 95 % (§ 8b Abs. 1 und 5 KStG)

► Freistellung des Gewinns bei Beteiligungsveräußerung zu 95 % (§ 8b Abs. 2 KStG)

► Finanzierungskosten auf Ebene der (Zwischen)-Holding grundsätzlich abzugsfähig (beachte: Die Zwischenholding benötigt aber ausreichend zu versteuerndes Einkommen, von dem die Zinsen abgezogen werden können)

► Mutter-Tochter-Richtlinie keine Quellensteuer auf Dividenden von EU-Tochter

► Zinsen-Lizenzgebühren-Richtlinie keine Quellensteuer auf Gesellschafterdarlehenszinsen und Lizenzen von EU-Tochter

► Geringere Kosten bei Implementierung dieser Struktur

Allerdings ist zu beachten, dass mit der Einführung des sogenannten **Korrespondenzprinzips** in § 8b Abs. 1 S. 2 – 3 KStG durch das JStG 2007 für Bezüge, die nach dem 18.12.2006 zugeflossen sind, verdeckte Gewinnausschüttungen, die rein auslandsbezogen sein können, in vollem Umfang steuerpflichtig sind, wenn sie bei der Tochtergesellschaft nicht korrigiert wurden. Hier könnte die Einschaltung einer EU-Zwischenholding vorteilhaft sein (Abschirmwirkung).

Vorteile dieser Alternative gegenüber der Personengesellschaftsstruktur sind:

► Steuerneutrale Umwandlung möglich (§ 21 UmwStG)

► Einfache Handhabung

► Die Gewinnrepatriierung nach Deutschland ist weitestgehend körperschaftsteuerfrei möglich auch ohne Freistellungs-DBA (lediglich: Dividendenstrafe des § 8b

---

[39] Ausführlich zur Behandlung dieses Falles nach dem SEStEG, vgl. *Dötsch/Pung*, SEStEG: Die Änderungen des UmwStG (Teil I), DB 2006, S. 2704 ff. (S. 2709 ff.) m. w. N.; vgl. auch im Verhältnis zu Österreich, *Blöchle/Weggenmann*, Formwechsel und Verschmelzung im Ausland nach §§ 3 ff. UmwStG i.d.F. des SEStEG, IStR 2008, S. 87 ff.

Abs. 5 KStG; vgl. hierzu aber die Vorlage an das BVerfG durch das FG Hamburg v. 7.11.2007).[40]

► Für die Gewerbesteuer ist aber § 9 Nr. 7 GewStG zu beachten (insbesondere der Aktivitätsvorbehalt nach § 8 Abs. 1 Nr. 1-6 AStG), wenn die ausschüttende Auslandsgesellschaft nicht in einem EU/EWR-Staat ansässig ist. Bei der Prüfung des Aktivitätsvorbehalts ist auf das Wirtschaftsjahr abzustellen, für das die ausländische Kapitalgesellschaft ihre Ausschüttungen vorgenommen hat (R. 9.5 GewStR). Sofern ein DBA besteht, das die Freistellung von Schachteldividenden an keinen oder einen weniger restriktiven Aktivitätsvorbehalt knüpft, ist das Abkommen maßgebend (R. 9.5 GewStR).

► Eine Veräußerung der einzelnen Auslandsbeteiligungen aus der Zwischenholding heraus ist zu 95 % steuerfrei möglich (§ 8b Abs. 2 und 3 KStG). Sofern mit dem ausländischen Staat ein DBA nach dem OECD-MA besteht, hat dieser auch kein Besteuerungsrecht (Art. 13 Abs. 5 OECD-MA).

► Hinweis: Bei Gesellschaften, deren Anteilswert zu mehr als 50 % unmittelbar oder mittelbar auf unbeweglichem Vermögen im jeweiligen Auslandsstaat beruht, ist Art. 13 Abs. 4 OECD-MA zu beachten. Allerdings ist diese Vorschrift, die 2003 in das OECD-MA aufgenommen wurde, in vielen deutschen Abkommen noch nicht enthalten.[41]

► Mit der Beteiligung zusammenhängende Kosten (z. B. Finanzierungskosten) sind bei der Zwischenholding abzugsfähig.

Nachteile dieser Struktur sind u. a.:

► Doppelbelastung des Gewinns bei Weiterausschüttung von der Zwischenholding an die Muttergesellschaft bzw. die Gesellschafter auf Grund des Teileinkünfteverfahrens.

► Verlust der Quellensteueranrechnung bei Nicht-EU-Gesellschaften bzw. bei Staaten, mit denen kein Null-Quellensteuersatz vereinbart ist.

---

[40] EFG 2008, 236: Verstoß gegen objektives Nettoprinzip; siehe dazu anhängiges Verfahren beim BVerfG: 1 BvL 12/07.

[41] Vgl. die Abkommensübersicht bei *Reimers*, in: Vogel/Lehner, DBA, 5. Aufl., Art. 13 Rz. 149.

Bei der Einschaltung einer Zwischenholding ergäbe sich die folgende Struktur:

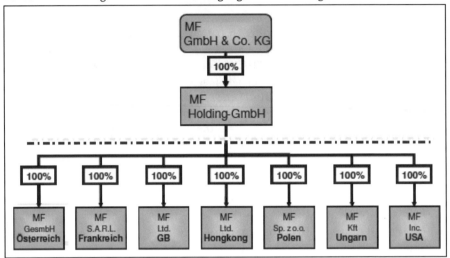

Die Steuerbelastung ergibt sich in diesem Fall wie folgt:

	A	F	GB	HK	PL	H	USA	Gesamt
Rechtsform (KapG/PersG)	KapG	KapG	KapG	KapG	KapG	KapG	KapG	
	in €	in €	in €	in €	in €	in €	in €	in €
Jahresüberschuss vor Ertragsteuern	3.000.000	5.000.000	2.000.000	3.000.000	6.000.000	1.000.000	500.000	20.500.000
Gewerbesteuer	-	115.800	-	-	-	20.000	-	195.800
ausl. KSt.	750.000	1.627.904	560.000	495.000	1.140.000	168.200	194.200	4.935.604
Zuschläge zur KSt	-	28.542	-	-	-	-	-	28.542
Gewinn nach Steuern/Ausschüttung	2.250.000	3.227.754	1.440.000	2.505.000	4.860.000	811.800	305.500	15.400.054
Quellensteuer	-	-	-	-	-	-	-	-
Zufluss Zwischenholding	2.250.000	3.227.754	1.440.000	2.505.000	4.860.000	811.800	305.500	15.400.054
dt. GewSt/KSt/SoliZ	34.341	49.564	21.978	38.233	74.176	12.390	4.663	235.043
Steuerbelastung	748.341	1.821.509	581.978	533.233	1.214.176	200.590	199.163	5.334.989
Steuerbelastung %	**26,14**	**36,43**	**29,10**	**17,77**	**20,24**	**20,06**	**39,83**	**26,02**
Dividende	2.215.659	3.178.491	1.418.022	2.466.767	4.785.824	799.410	300.837	15.165.011
Einkommensteuer	598.228	858.192	382.866	666.027	1.292.173	215.841	81.226	4.094.553
Anrechnung Quellensteuer	-	-	-	-	-	-	-	-
Solidaritätszuschlag	32.903	47.201	21.058	36.631	71.069	11.871	4.467	225.200
Nettozufluss	1.584.529	2.273.098	1.014.098	1.764.109	3.422.582	571.698	215.144	10.845.258
Steuerbelastung	1.415.471	2.726.902	985.902	1.235.89	2.577.418	428.302	284.856	9.654.742
Steuerbelastung %	**47,18**	**54,54**	**49,30**	**41,20**	**42,96**	**42,83**	**56,97**	**47,10**

Hinweise:

Auf Grund einer einmaligen Formulierung in Art. 20 Abs. 1 Buchst. b) DBA-**Frankreich**, nach der die Freistellung nur für die „*Nettoeinkünfte...* *die den Dividenden entsprechen*" anzuwenden ist, wird in der Literatur teilweise die Auffassung vertreten, dass zumindest in Bezug auf Frankreich das pauschale Abzugsverbot des § 8b Abs. 5 KStG deshalb nicht zulässig ist.[42]

Strittig ist generell, ob nicht ein DBA-Schachtelprivileg die Anwendung von **§ 8b Abs. 5 KStG** sperrt, so dass der tatsächliche Betriebsausgabenabzug bei der Dividendenfreistellung berücksichtigt (abgezogen) werden könnte, wenn dieser kleiner ist, als der Pauschalansatz von 5 % der Dividende.[43]

Für die Freistellung der Auslandsdividenden auf Ebene der Zwischenholding ist für **Hongkong** der Aktivitätsvorbehalt nach § 9 Nr. 7 GewStG zu beachten. Bei den anderen Länder gilt entweder die Aktivitätsvermutung für EU-Gesellschaften nach § 9 Nr. 1 S. 1 HS 2 GewStG oder ein bestehendes DBA ohne Aktivitätsvorbehalt (USA).

2.4.2 Mischaufbau – Das Organschaftsmodell

Häufig empfiehlt es sich, bei mittelständischen Strukturen einen Mischaufbau vorzunehmen bzw. man ist gezwungen, mit einer Mischung aus Personen- und Kapitalgesellschaften zu operieren, wenn man ein steuerlich optimales Ergebnis erzielen will. Der Grund besteht zum einen darin, dass aus rechtlichen Gründen in verschiedenen Ländern haftungsbegrenzende Personengesellschaften nicht möglich oder Personengesellschaften im Wirtschaftsleben nicht eingeführt sind, so dass Akzeptanzprobleme bestehen. Bei Ländern, in denen das Doppelbesteuerungsabkommen eine fiktive Quellensteueranrechnung vorsieht und die auf Grund ihres innerstaatlichen Rechts keine Quellensteuer erheben, ist es aus steuerlichenGründen häufig günstiger, eine Kapitalgesellschaft zu verwenden.

Um die Steuerspreizung zwischen Einkommensteuer und Körperschaftsteuer im ausländischen Staat zu nutzen, kann es ferner, in den Fällen, in denen eine doppelstöckige Personengesellschaftsstruktur verwendet wurde, sinnvoll sein, zwischen einer ausländischen Personengesellschaft und der deutschen Personengesellschaft eine deutsche[44] GmbH mit Ergebnisabführungsvertrag zu schalten („Organschaftsmodell").

---

[42] Vgl. *Thömmes*, IStR 2005, S. 685 (689) m. w. N.

[43] Vgl. *Lorenz*, IStR 2009, S. 437 ff. (S. 444 f.) und *Hageböke*, IStR 2009, S. 473 ff.

[44] Nach § 14 Abs. 1 S. 1 KStG ist bei einer Organgesellschaft ein doppelter Inlandsbezug erforderlich. Die Verwendung einer ausländischen Kapitalgesellschaft mit inländischer Geschäftsleitung, wie dies nach § 14 Abs. 1 Nr. 2 KStG für den Organträger ausreicht, ist danach nicht möglich. Hierin wird ein Verstoß gegen die Niederlassungsfreiheit gesehen; die EG-Kommission hat deshalb am 29.1.2009 ein Vertragsverletzungsverfahren gegen Deutschland eingeleitet, welches unter dem Az. 2008/4409 geführt wird (vgl. hierzu *Meilicke*, DB 2009, S. 653).

Die Vorteile dieser Gestaltung sind:

▶ Realisierung des in der Regel niedrigeren Körperschaftsteuersatzes im Rahmen der beschränkten Steuerpflicht im Ausland

▶ Reduktion der Quellensteuer in Staaten, in denen Personengesellschaften als juristische Personen besteuert werden nach Änderung

▶ der Mutter-Tochter-Richtlinie ab 1.1.2005

▶ Abschottung von der (beschränkten) Erbschaftsteuer-/Schenkungsteuerpflicht im ausländischen Staat

▶ Nur *eine* Steuererklärung für die GmbH im Ausland erforderlich (statt so viele Einkommensteuererklärungen im Rahmen der beschränkten Steuerpflicht, wie es Gesellschafter an der MF GmbH & Co. KG gibt)

Zu prüfen ist bei diesem Modell aber stets, ob der andere Staat (Quellenstaat) in diesem Modell keinen Missbrauch sieht bzw. welche Substanzerfordernisse er an die deutsche Organgeselslchaft stellt (vgl. fü Österreich EAS 2929 v. 25.1.2008).

Ferner ist darauf hinzuweisen, dass des Organschaftsmodell aufwändiger und im Hinblick auf die steuerliche Anerkennung von Organschaften (Stichwort "verungkückte Organschaften")[45] beratungsintensiver ist. Dieses Modell dürfte daher in der Regel nur bei größeren mittelständischen Unternehmen empfehlenswert sein.

Auf Grund der vorstehenden Analyse und länderbezogenen Möglichkeiten ergäbe sich im vorliegenden Fall folgende Strukturierung:

---

[45] Vgl. hierzu z. B. *Schönborn*, Aktuelle Formfragen der ertragsteuerlichen Organschaft, DB 2010, S. 245 ff.; *Schneider/Hinz*, Verunglückte Organschaften – Ursachen und Heilungsmöglichkeiten, Ubg. 2009, S. 738 ff. sowie *Pyszka/Hahn*, Steuerliche Organschaft: Die häufigsten Fehler der Praxis. DB Status: Recht 2009, S. 147 f.; *Rödder*, Droht in Deutschland ein zigfaches Scheitern von steuerlichen Organschaften? DStR 2010, S. 1218 ff.

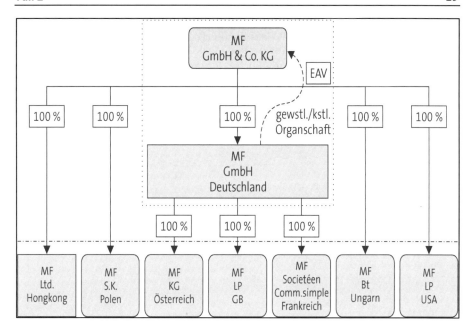

Dabei ergäben sich die folgenden steuerlichen Belastungen:

	A	F	GB	HK	PL	H	USA	Gesamt
Rechtsform (KapG/PersG	PersG	PersG	PersG	PersG	PersG	PersG	PersG	
	in €	in €	in €	in €	in €	in €	in €	in €
Jahresüberschuss vor Ertragsteuern	3.000.000	5.000.000	2.000.000	3.000.000	6.000.000	1.000.000	500.000	20.500.000
Gewerbesteuer	-	115.800	-	-	-	20.000	-	135.800
ausl. KSt /ESt	750.000	1.627.904	560.000	495.000	1.140.000	168.200	194.500	4.935.604
Zuschläge zur KSt/ESt	-	28.542	-	-	-	-	-	28.542
Gewinn nach Steuern	2.250.000	3.227.754	1.440.000	2.505.000	4.860.000	811.800	305.500	15.400.054
Quellensteuer	-	-	-	-	-	-	-	0
Ausschüttung an dt. GmbH & Co. KG	2.250.000	3.227.754	1.440.000	2.505.000	4.860.000	811.800	305.500	15.400.054
dt. ESt (45 %)	-	-	-	676.350	-	-	-	676.350
Solidaritätszuschlag	-	-	-	37.199	-	-	-	37.199
Nettozufluss	2.250.000	3.227.754	1.440.000	1.791.451	4.860.000	811.800	305.500	14.686.505
Steuerbelastung	750.000	1.772.246	560.000	1.208.549	1.140.000	188.200	194.500	5.813.495
Steuerbelastung %	**25,00**	**35,44**	**28,00**	**40,28**	**19,00**	**18,82**	**38,90**	**28,36**

Anmerkung: Es sollte möglich sein, dass in Frankreich bei diesem Modell die MTR genutzt werden kann; eine französische GmbH & Co KG unterliegt der Körperschaftsteuer und somit der MTR (vgl. auch Anlage 2 Buchst. j) zum dEStG).

2. Personengesellschaften und DBA (Abkommensberechtigung, Quellensteuerermäßigung)

Von Prof. Dr. Christian Schmidt, Steuerberater, Nürnberg

Fall 2: An der österreichischen gewerblich tätigen Ö-KG mit Sitz in Linz sind zwei in Burgos (Spanien) ansässige Gesellschafter mit jeweils 50 % beteiligt. Die Ö-KG erhält Lizenzzahlungen von einem deutschen Lizenznehmer (GmbH) mit Sitz in Kassel, der Lizenzquellensteuer von 15 % einbehält (§ 50a Abs. 2 EStG). Nach Art. 12 Abs. 2 DBA D-Spanien beträgt die Lizenzquellensteuer für Lizenzen, die an eine in Spanien ansässige Person bezahlt werden, 5 %.

Können die beiden spanischen Gesellschafter eine Quellensteuererstattung in Höhe von 10 % beanspruchen?

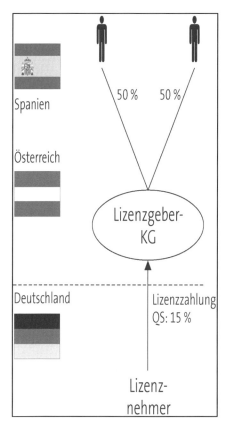

Lösungshinweise:

Schrifttum: *BMF-Schreiben* v. 16.4.2010, IV B 2 - S 1300/09/10003, Anwendung der Doppelbesteuerungsabkommen (DBA) auf Personengesellschaften, BStBl I 2010, S. 354; *OECD-Partnership-Report*, The Applicati on of the OECD Model Tax Convention to Partnerships, Issues on International Taxation No. 6, OECD, 1999; *Lang*, The Application of the OECD Model Tax Convention to Partnerships, 2000; *Lüdicke*, Die Besteuerung von international tätigen Personengesellschaften – geänderte Auffassung der Finanzverwaltung im Betriebsstättenerlass und anderen BMF-Schreiben, Hefte zur Internationalen Besteuerung, H. 134, 2000; *Schmidt*, Anwendung der Doppelbesteuerungsabkommen (DBA) auf Personengesellschaften. Eine Analyse des BMF-Schreibens vom 16.4.2010, IStR 2010, S. 413 ff.

Nach dem BMF-Schreiben vom 16.4.2010 (Tz. 2.1.2) können Personengesellschaften grundsätzlich, die nach einem DBA zu gewährende Entlastung von Abzugsteuern nicht beanspruchen. Abkommensberechtigt sind vielmehr ihre Gesellschafter, wenn sie im anderen Vertragsstaat ansässig sind.

Eine Ausnahme soll dann gelten, wenn die Einkünfte nach dem Recht des Sitzstaates der Personengesellschaft „dort als Einkünfte einer ansässigen Person steuerpflichtig sind." Während im Entwurfsschreiben vom 10.5.2007 noch bestimmt wurde, dass eine Quellensteuerentlastung zu gewähren ist, „und zwar nur dann, wenn die Einkünfte nach dem Recht des anderen Vertragsstaates dort als Einkünfte einer ansässigen Person steuerpflichtig sind", wurde der Wortlaut sprachlich „entschärft", und es wurden die Worte „und zwar nur dann" gestrichen. Die strengere Formulierung in der Entwurfsfassung des Schreibens war identisch mit der in Tz. 3 des BMF-Schreibens vom 3.4.2007,[1] welches die Entlastungsberechtigung ausländischer Gesellschaften nach § 50d Abs. 3 EStG idF des JStG 2007 zum Gegenstand hat. Auch wenn das zuletzt genannte Schreiben zu einem anderen Problembereich erging, stellt es für die Anwendung von § 50d EStG und die Erstattungsberechtigung von ausländischen Personengesellschaften in seiner Tz. 3 ausdrücklich fest, dass der Begriff „Gesellschaft" entsprechend dem jeweiligen Antrag i. S. d. einschlägigen DBA auszulegen ist, und verweist auf Art. 3 Abs. 1 Buchst. b) OECD-MA und Ziff. 5 des OECD-MK zu Art. 1.[2] Es verlangt „nur", dass die ausländische Personengesellschaft in ihrem Sitzstaat als „Kapitalgesellschaft" behandelt wird", also Steuersubjekt ist. Eine tatsächliche Steuerpflicht für die in Deutschland der Quellensteuer unterliegenden Einkünfte (objektive Steuerpflicht) wird nicht vorausgesetzt. Dies entspricht der OECD-Auffassung im OECD-Partnership-Report

---

[1] „Schreiben betr. Entlastungsberechtigung ausländischer Gesellschaften; Anwendung des § 50d Abs. 3 EStG in der Fassung des Jahressteuergesetzes 2007", BStBl. I 2007, S. 446.

[2] Vgl. Fußnote 1 zur Tz. 3 des Schreibens vom 3.4.2007.

und in Ziff. 5 des OECD-MK zu Art. 1 OECD-MA. Eine Subject-to-tax-Anknüpfung erfolgt damit weder nach dem OECD-Auslegungskonzept[3] noch wurde sie im Entwurfsschreiben vom 10.5.2007 verlangt. Nichts anderes wird im BMF-Schreiben vom 16.4.010 festgestellt.

Bei der Frage, ob eine Quellensteuerentlastung nach dem Abkommen auch tatsächlich zu gewähren ist, folgt das BMF-Schreiben dem OECD-Partnership- Report,[4] wenn es in Tz. 2.1.2 auf die Behandlung der Einkünfte im Sitzstaat der Gesellschaft bzw. im Ansässigkeitsstaat der Gesellschafter abstellt.

Fall 2 ist Example 7 des OECD-Partnership-Reports nachgebildet.[5] Danach gilt: Das DBA Deutschland-Österreich ist nicht anwendbar. Die KG ist keine abkommensberechtigte Person, da Österreich die KG steuerlich als transparent ansieht (Art. 4 Abs. 1, Art. 3 Abs. 1 Buchst. d) und e) DBA Österreich). Das DBA Deutschland-Spanien, das in Art. 12 Abs. 2 eine Reduktion der Lizenzquellensteuer auf 5 % vorsieht, soll nach demOECD-Partnership-Report[6] und offensichtlich nach dem BMF-Schreiben vom 16.4.2010 ebenfalls nicht anwendbar sein, wenn Spanien in Anwendung seines innerstaatlichen Besteuerungskonzepts die Lizenzeinnahmen der österreichischen Personengesellschaft zurechnet und diese (mittelbar) erst besteuert, wenn sie nach spanischem Recht aus der KG „ausgeschüttet" werden.[7] Dem Vernehmen nach sieht das BMF kein Bedürfnis für eine Quellensteurreduktion in Deutschland, da die Lizenzeinnahmen der österreichischen Betriebsstätte zuzuordnen und dort steuerpflichtig sind. Es ist dann – nach Auffassung des BMF – auch Aufgabe des Betriebsstättenstaats im Rahmen der beschränkten Steuerpflicht der ausländischen Gesellschafter die Anrechnung der Lizenzquellensteuer (in ungeminderter Höhe) zu ermöglichen (vgl. für Deutschland § 50 Abs. 3 EStG).

Ungeachtet der Lösung nach dem BMF-Schreiben vom 16.4.2010 bzw. dem OECD-Partnership-Report, wäre es in beiden Fällen nicht überraschend, wenn in konkreten

---

[3] Vgl. auch *Krabbe*, IWB (1998), F. 3 Gr. 2, S. 757 und Wolff/Eimermann, IStR 2006, S. 837 ff. (S. 838 f.); vgl. aber *Lüdicke*, Die Besteuerung von international tätigen Personengesellschaften – geänderte Auffassung der Finanzverwaltung im Betriebsstättenerlass und anderen BMF-Schreiben, Hefte zur Internationalen Besteuerung, H. 134, Hamburg 2000, S. 15.

[4] Vgl. auch Tz. 27 ff. des OECD-Partnership-Reports und die Einfügung der Ziff. 6 - 6.6 im MK 2000.

[5] Es gilt nach Tz. 70 auch für einen Quellenstaat, der Personengesellschaften nach seinem Recht steuerlich transparent behandelt, vgl. Ziff. 6.2 MK zu Art. 1; zur Kritik vgl. *Lang*, The Application of the OECD Model Tax Convention to Partnerships, Wien 2000, S. 59 ff.; *Lüdicke*, Die Besteuerung von international tätigen Personengesellschaften – geänderte Auffassung der Finanzverwaltung im Betriebsstättenerlass und anderen BMF-Schreiben, Hefte zur Internationalen Besteuerung, H. 134, Hamburg 2000, S. 11 f.; *Prokisch*, in: Vogel/Lehner, DBA, 5. Aufl., Art. 1 Rz. 34d.

[6] und Ziff. 6.5 des OECD-MK.

[7] Vgl. OECD-Partnership-Report Tz. 69 f.; vgl. auch *Krabbe*, Die Personengesellschaft im Internationalen Steuerrecht, StbJb. 2000/2001, S. 189 f.

Fällen ein Erstattungsantrag durch die in Spanien ansässigen Gesellschafter bei dem für die Erstattung zuständigen Bundeszentralamt für Steuern (§ 50d Abs. 1 S. 3 EStG) genehmigt werden würde.[8]

---

[8] Der Antragstellung nach amtlichem Vordruck ist regelmäßig eine Ansässigkeitsbescheinigung der ausländischen Behörde und eine Kopie des Lizenzvertrages beizufügen (Tz. 1.2 bzw. Tz. 2.5 des Merkblatts zur Entlastung von deutscher Abzugsteuer gemäß § 50a Abs. 4 EStG aufgrund von Doppelbesteuerungsabkommen (DBA) vom 7.5.2002, IV B 4 - S 2293 - 26/02, DStR 2002, S. 1396 (abrufbar unter http://www.bffonline.de). Die Ansässigkeitsbescheinigung wäre von einer spanischen Finanzbehörde ausgestellt, der Lizenzvertrag mit der öOHG geschlossen. Wenn der zuständige Beamte im Bundeszentralamt für Steuern nach Tz. 1.2 des vorgenannten Schreibens die Einkünftezurechnung nach deutschem Steuerrecht vornimmt und die österreichische OHG „ausblendet", würde er dem Antrag vermutlich folgen.

Fall 3: In Abwandlung zu Fall 2 sind die beiden spanischen Gesellschafter an einer deutschen GmbH & Co KG, die vermögensverwaltend tätig ist, mit jeweils 50 % beteiligt.

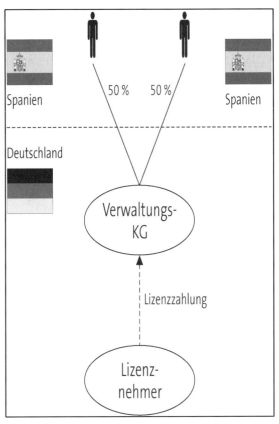

Lösungshinweise:

Schrifttum: wie Fall 2

Das Beispiel ist Example 6 des OECD-Partnership-Reports nachgebildet.[1] Nach Tz. 64 des OECD-Partnership-Reports und auch nach dem Wortlaut von Tz. 2.1.2 des BMF-Schreibens vom 16.4.2010 muss Deutschland die Quellensteuerreduktion auf 5 % nach

---

[1] Vgl. hierzu auch *Schmidt*, Wpg 2002, S. 1141 f.

Art. 12 Abs. 2 DBA Spanien nicht gewähren, wenn nach spanischem Steuerrecht die Einkünfte der KG und nicht den Gesellschaftern zugerechnet werden. Unerheblich ist damit, dass Deutschland nach seinem Recht die Einkünfte den Gesellschaftern zurechnen würde und dass die spanischen Gesellschafter abkommensberechtigte Personen i. S. v. Art. 1 und Art. 4 OECD-MA (= DBA Spanien) sind.

Das BMF-Schreiben regelt diesen Fall – soweit ersichtlich – nicht. Nach dem in Tz. 2.1.2 des BMF-Schreibens vom 16.4.2010 ausgedrückten Grundsatz sind die beiden spanischen Gesellschafter berechtigt, die Quellensteuerermäßigung nach Art. 12 Abs. 2 DBA Spanien auf 5 % zu beanspruchen. M. a. W. in diesem Fall werden durch die ausländischen Gesellschafter durch das BMF-Schreiben günstiger behandelt, als dies vom OECD-Partnership-Report vorgeschlagen wird.

Fall 4: In Abwandlung zu Fall 3 werden die Lizenzeinnahmen von einer deutschen GmbH & Co KG mit zwei in den USA ansässigen Gesellschaftern erzielt. Für US-Steuerzwecke wird die KG als Körperschaft behandelt (Check-the-box-election).

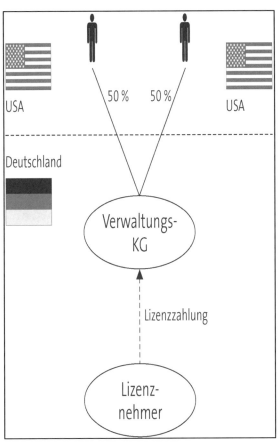

Lösungshinweise:

Schrifttum: wie Fall 2; ergänzend *Bahns/Keuthen,* Behandlung hybrider Gesellschaften im Entlastungsverfahren nach § 50d EStG – Reichweite des Art. 1 Abs. 7 DBA-USA, IStR 2010, S. 750 ff.; *Endres/Wolff,* Musterfälle zum revidierten deutsch-amerikanischen Doppelbesteuerungsabkommen, IStR 2006, S. 721 ff.; *Schönfeld,* Der neue Artikel 1 DBA-USA – Hinzurechnungsbesteuerung und abkommensrechtliche Behandlung von Einkünften steuerlich transparenter Rechtsträger, IStR 2007, S. 274 ff.; *Wolff*, in: Debatin/Wassermeyer USA Art. 1 Rz. 124;

Nach Art. 1 Abs. 7 DBA USA erfolgt aus US-Sicht keine Zurechnung zu einer *in den USA* ansässigen Person, deshalb findet das Abkommen keine Anwendung. Eine Quellensteuerermäßigung ist – anders als im Fall 3 (DBA Spanien) – nicht zu gewähren.[1]

---

[1] Vgl. *Wolff*, in: Debatin/Wassermeyer USA Art. 1 Rz. 124; *Endres/Wolff*, IStR 2006, S. 721 ff. (S. 728); *Schönfeld*, IStR 2007, S. 274 ff. (S. 279).

Fall 5: Eine ins Handelsregister eingetragene slowenische Komanditna drüba (KG) mit in Slowenien ansässigen Kommanditisten erzielt Dividenden aus einer deutschen GmbH.

Lösungshinweise:

Schrifttum: wie Fall 2; ergänzend *Knaus,* Slowenische Körperschaftsteuer, WiRO 2001, S. 161; *Schmitt,* Übersicht über das Steuerrecht Sloweniens, IWB (2004), Fach 5, Gruppe 2, Land Slowenien, S. 1 ff.

Die KG ist nach dem Recht Sloweniens juristische Person und Körperschaftsteuersubjekt.[1] Nach dem innerstaatlichen deutschen Steuerrecht wird die ausländische KG als einer deutschen Kommanditgesellschaft vergleichbar und damit als transparent angesehen.[2] Steuersubjekte sind damit die einzelnen Gesellschafter der KG; sie erzielen die Einkünfte, nicht die KG selbst.[3] Demzufolge sind die einzelnen Gesellschafter – nicht die KG – in Deutschland beschränkt steuerpflichtig (§§ 1 Abs. 4, 49 Abs. 1 Nr. 5 Buchst. a) EStG).

Für die Abkommensanwendung wird in Tz. 2.1.2 Abs. 1 des BMF-Schreibens vom 16.4.2010 zunächst grundsätzlich festgestellt, dass die Personengesellschaft als solche nicht abkommensberechtigt ist; dies sind vielmehr die einzelnen Gesellschafter. Sodann wird im 2. Absatz dieser Textziffer ausgeführt, dass der Personengesellschaft selbst die Entlastung von Abzugsteuern zu gewähren ist, *„wenn die Einkünfte nach dem Recht des betreffenden Vertragsstaates dort als Einkünfte einer ansässigen Person steuerpflichtig sind."* Gleichzeitig wird darauf hingewiesen, dass damit den Grundsätzen des OECD-MK (Ziff. 5 zu Art. 1 OECD-MK) gefolgt wird.

Hierzu ist anzumerken, dass die KG selbst „abkommensberechtigte Person" ist. Dies ergibt sich aus Art. 4 OECD-MA (Art. 4 Abs. 1 und 4 DBA Slowenien) mit Art. 3 Abs. 1 Buchst. b) OECD-MA (Art. 3 Abs. 1 Buchst. c) DBA Slowenien). Die Vorschrift bindet auch den Quellenstaat (Deutschland). Damit sind (auch) von deutscher Seite bei der Anwendung des Abkommens die abkommensrechtlichen Einkünfte (Dividenden nach Art. 10 OECD-MA/Slowenien) bei Anwendung von Art. 10 Abs. 2 OECD-MA (Art. 10 Abs. 2 DBA Slowenien) der intransparenten KG zuzurechnen.

Die Anwendung des niedrigeren Steuersatzes nach Art. 10 Abs. 2 Buchst. a) OECD-MA scheidet im Normalfall aus, weil diese Bestimmung Personengesellschaften ausdrück-

---

[1] Vgl. *Knaus,* WiRO 2001, S. 161; *Schmitt,* IWB (2004) F. 5 Gr. 2, S. 1.

[2] Vgl. BMF vom 21.7.1997, BStBl. I 1997, S. 725.

[3] Vgl. auch Tz. 1.2 des Merkblatts zur Entlastung von deutscher Abzugsteuer gemäß § 50a Abs. 4 EStG aufgrund von Doppelbesteuerungsabkommen (DBA) vom 7.5.2002, IV B 4 - S 2293 - 26/02, DStR 2002, S. 1396.

lich ausnimmt.[4] Diese Ausnahme ist aber in der entsprechenden Vorschrift des DBA Slowenien nicht enthalten. Damit kann die KG selbst eine Quellensteuererstattung in Höhe von 20 % (25 %-5 %) nach Art. 10 Abs. 2 Buchst. a) DBA Slowenien beanspruchen[5].

Allerdings gilt im vorliegenden Fall die Mutter-Tochter-Richtlinie (vgl. Nr. 1 Buchst. x der Anlage 2 zum EStG (zu § 43b). Damit kann die slowenische KG eine Freistellung (vollständige Erstattung) von deutscher Quellensteuer beantragen, wenn die Voraussetzungen der Mutter-Tochter-Richtlinie erfüllt sind (§ 43b Abs. 2 EStG).[6]

Die Gefahr der Doppelerstattung in bilateralen – und erst recht in Dreiecksfällen, etwa wenn ein Gesellschafter der slowenischen KG in einem dritten Land ansässig ist[7] – ergibt sich daraus, dass neben der Personengesellschaft auch (noch einmal) die ausländischen Gesellschafter die Quellensteuererstattung beantragen können.[8] Nach der Rechtsprechung des BFH[9] sind die (beschränkt) Steuerpflichtigen nach dem innerstaatlichen deutschen Steuerrecht (§§ 1 Abs. 4, 49 EStG) die einzelnen Gesellschafter und nicht die Personengesellschaft; für sie wird die Quellensteuer erhoben und erstattet. Sollte abkommensrechtlich bestimmt werden, dass die Abkommensvorteile (Quellensteuererstattung) von der Personengesellschaft geltend gemacht werden, bleibt die Erstattungsberechtigung für die einzelnen Gesellschafter unberührt. Maßgebend wäre das Abkommen mit dem Ansässigkeitsstaat der Gesellschafter (im Fall 5 Slowenien). Dies würde zu einer zusätzlichen Quellensteuerentlastung von 25 % auf 15 % führen (Art. 10 Abs. 2 DBA Slowenien).

Tz. 1.4.4 des Merkblatts vom 7.5.2002[10] sieht vor, dass das Bundesamt für Finanzen (jetzt Bundeszentralamt für Steuern) den Ansässigkeitsstaat informieren kann. Ob dies als „Sicherungsmechanismus" ausreicht, wenn es Gesellschafter darauf anlegen, sich Abkommensvorteile doppelt zu verschaffen, erscheint zweifelhaft.

Festzuhalten bleibt, dass in den Fällen „Ungereimtheiten" entstehen, in denen eine ausländische Personengesellschaft aufgrund ihrer steuerlich intransparenten Behandlung in ihrem Sitzstaat sich als Abkommensubjekt qualifiziert, Deutschland als Quel-

---

[4] „wenn der Nutzungsberechtigte eine Gesellschaft (jedoch keine Personengesellschaft) ist"; vgl. auch OECD-Partnership-Report, Tz. 71.

[5] Die Bestimmung in Art. 10 Abs. 2 Buchst. a) OECD-MA „wenn der Nutzungsberechtigte eine Gesellschaft (jedoch keine Personengesellschaft) ist" wurde ins DBA Slowenien ohne den Klammerzusatz übernommen.

[6] Vgl. auch BMF-Schreiben vom 3.4.2007, BStBl. I 2007, S. 446, Tz. 3.

[7] Vgl. hierzu Schmidt, Wpg 2002, S. 1140 f.

[8] Vgl. hierzu Krabbe, StbJb. 2000/2001, S. 188; Lüdicke, Überlegungen zur deutschen DBA-Politik, Baden-Baden 2008, S. 59; Wassermeyer, IStR 1999, S. 481 ff.

[9] Vgl. BFH vom 13.8.1997 - I B 30/97, BStBl. II 1997, S. 700; Wassermeyer, IStR 1999, S. 481.

[10] IV B 4 - S 2293 - 26/02 Zur Entlastung von deutscher Abzugsteuer gemäß § 50a Abs. 4 EStG aufgrund von Doppelbesteuerungsabkommen (DBA).

lenstaat jedoch nach seinem innerstaatlichem Steuerrecht die einzelnen Gesellschafter als Steuersubjekte behandelt. Die Staatengemeinschaften in der OECD (OECD-Partnership-Report) und der EU (Aufnahme von intransparenten Personengesellschaften in die Mutter-Tochter-Richtlinie mit der Änderung zum 1.1.2004[11]) haben sich zu einer Lösung entschlossen, die den Quellenstaat an die Behandlung im Sitzstaat der Gesellschaft bindet. Eine Lösung muss deshalb im innerstaatlichen deutschen Steuerrecht gefunden werden.[12] Dies ist auch der Weg, den offenbar die USA beschreiten.[13] Eine solche innerstaaliche Regelung hat sicherzustellen, dass die Abkommensvorteile nur einmal gewährt werden, wobei bei unterschiedlichen Abkommensvorteilen, die jeweils günstigere Lösung zum Tragen kommen muss.[14]

---

[11] Richtlinie 2003/123/EG des Rates vom 22.12.2003.

[12] A. A. *Wassermeyer*, IStR 1999, S. 481 ff.

[13] Vgl. I.R.C. § 894(c) und Treasury Regulations § 1.894-1(d)(1).

[14] So auch Ziff. 6.1 OECD-MK zu Art. 1 OECD-MA; vgl. hierzu auch *Krabbe*, IWB (1998), F. 3 Gr. 2, S. 757; *Prokisch*, in: Vogel/Lehner, DBA, 5. Aufl., Art. 1 Rz. 33a.

3. Gewerblich geprägte Personengesellschaft und neueste BFH-Rechtsprechung

Von Prof. Dr. Christian Schmidt, Steuerberater, Nürnberg

Fall 6: An der „Green house Atlanta LP" (LP), einer nach US-Recht gegründeten Limited Partnership ist als unbeschränkt haftender Gesellschafter (General Partner) eine US Corporation (US-Inc.) mit 1 % beteiligt. Der General Partner hat die ausschließliche Geschäftsführung. Die mit 99 % beteiligten, beschränkt haftenden Gesellschafter (Limited Partners) sind ausnahmslos deutsche, unbeschränkt steuerpflichtige natürliche Personen. Die LP erzielt Einkünfte aus der Vermietung und Verpachtung von in den USA belegenen gewerblich genutzten Immobilien mit einer ökologischen Zertifizierung. Außerdem legt sie bei der Vermietung entstandene Einnahmeüberschüsse verzinslich an, wodurch sie Zinseinnahmen erzielt.

Sind die Zinseinnahmen in Deutschland nach dem DBA USA befreit?

Lösungshinweise:

Schrifttum: BFH v. 28.4.2010, I R 81/09, IStR 2010, 525; *FG Schleswig-Holstein* v. 14.7.2009, EFG 2009, 1998; *FG Köln* v. 13.8.2009, EFG 2009, S. 1819 mit Anmerkung Korte; *BMF-Schreiben* v. 16.4.2010, IV B 2 - S 1300/09/10003, Anwendung der Doppelbesteuerungsabkommen (DBA) auf Personengesellschaften, BStBl I 2010, S. 354; *Burwitz*, BFH widerspricht in zwei Entscheidungen dem neuen BMF-Schreiben zu Personengesellschaften; NZG 2010, S. 860; Ecker, SWI-Jahrestagung: Qualifikationskonflikt bei einer ausländischen Personengesellschaft, SWI 2010, S. 420 ff.; *Farnschläder/Kahl*, Anwendung des § 15 Abs. 3 Nr. 2 EStG bei Beteiligung an ausländischen Personengesellschaften, IWB (1998) F. 3 Gr. 3, S. 1179; *Schmidt*, Anwendung der Doppelbesteuerungsabkommen (DBA) auf Personengesellschaften. Eine Analyse des BMF-Schreibens vom 16.4.2010, IStR 2010, S. 413 ff.; *Schmidt*, (Weitere) Infragestellung des BMF-Schreibens vom 16.4.2010 „Anwendung der Doppelbesteuerungsabkommen (DBA) auf Personengesellschaften" durch zwei neue Entscheidungen des BFH. Anmerkungen zum BFH-Urteil vom 28.4.2010, I R 81/09 und zum BFH-Beschluss vom 19.5.2010, I B 191/09, IStR 2010, S. 520 ff.; *Schmidt/Blöchle*, Anrechnungs- oder Freistellungsmethode bei (bloßen) Immobilieneinkünften aus Personengesellschaften, wenn die Zielländer dem Intransparenzprinzip folgen, IStR 2003, S. 685 ff.; *Schmidt/Dendorfer*, Beteiligungen an US-amerikanischen Immobilienfonds – Doppelbesteuerung von Zinserträgen aufgrund von Qualifikationskonflikten, IStR 2000, S. 46; *Strunk/Kaminski*, Aktuelle Entwicklungen bei der Besteuerung von ausländischen Betriebsstätten und Personengesellschaften in Abkommensfällen; IStR 2003, S. 181 ff.; *Wassermeyer*, in: Debatin/Wassermeyer MA Art. 7 Rz. 16a f.; *Wassermeyer*, Die Anwendung der Doppelbesteuerungsabkommen auf

Personengesellschaften, IStR 2007, S. 413 ff.; *Wolff*, Auslegungsfragen zu DBA-Regelungen über Unternehmensgewinne, in: Gocke/Gosch/Lang (Hrsg.), FS Franz Wassermeyer zum 65. Geburtstag, 2005, S. 649 ff.

1. Abkommensrechtliche Behandlung einer gewerblich geprägten Personengesellschaft

Bei der LP handelt es sich um eine gewerblich geprägte Personengesellschaft im Sinne von § 15 Abs. 3 Nr. 2 EStG. Die Einkünfte aus einer solchen Gesellschaft sind durch die Fiktion des Gesetzgebers in § 15 Abs. 3 Nr. 2 EStG „Einkünfte aus Gewerbebetrieb", auch wenn sie ihrer Art nach andere Einkünfte darstellen (insbesondere Einkünfte aus Vermögensverwaltung). Seit Jahren besteht Streit darüber,[1] ob eine gewerblich geprägte Personengesellschaft ihren Gesellschaftern „Unternehmensgewinne" i. S. v. Art. 7 OECD-MA vermittelt oder andere, spezielle Verteilungsartikel (insbesondere Art. 10, 11, 12 OECD-MA) zum Tragen kommen.

► Nach einer Auffassung soll dieser Begriff soweit als möglich aus dem Zusammenhang des Abkommens (abkommensautonom) ausgelegt und ihm ein gemeinsames Verständnis der OECD-Mitgliedsstaaten zugrunde gelegt werden.[2]

► Nach der im BMF-Schreiben vom 16.4.2010 vertretenen Meinung soll sich die Begriffsauslegung weitestgehend nach dem innerstaatlichen Recht des Anwenderstaates richten.[3] Nach dieser Auffassung schließt damit der Ausdruck die Gewinne (Gewinnanteile) aus gewerblich geprägten Personengesellschaften mit ein.[4]

► Nach einer dritten Meinung soll zwar – zunächst wie nach dem BMF-Schreiben v. 16.2.2010 – das innerstaatliche Steuerrecht des Anwenderstaates wegen Art. 3 Abs. 2 OECD-MA zum Tragen kommen, da das in der ersten Auffassung unterstellte gemeinsame Verständnis in den Randbereichen des Begriffs zu Unschärfen führe und deshalb nicht weiter helfe.[5] Dieses finde jedoch dort seine Grenze, wo Art. 7 Abs. 7 OECD-MA und die spezielle Konzeption der Verteilungsartikel des Abkommens eine Auslegung aus dem Zusammenhang erfordern[6] bzw. lediglich die Subsidiaritätsvorschriften des deutschen Einkommensteuergesetzes Einkünfte, die ihrer Art nach unter andere Einkunftsarten fallen würden, den Einkünften aus Gewerbe-

---

[1] Zum Meinungsstand vgl. ausführlich *Schmidt*, IStR 2010, S. 417 ff.
[2] Vgl. hierzu *Hemmelrath*, in: Vogel/Lehner, DBA, 5. Aufl., 2008, Anm. 29 ff. m. w. N.; *Knobbe-Keuk*, Bilanz- und Unternehmenssteuerrecht, 9. Aufl., Köln 1993, S. 545.
[3] Tz. 2.2.1.
[4] vgl. Tz. 2.2.1.
[5] Vgl. *Wassermeyer*, in: Debatin/Wassermeyer MA Art. 7 Rz. 17.
[6] Vgl. *Schaumburg*, Internationales Steuerrecht, 2. Aufl., Köln 1998, Rz. 16.230.

betrieb zuordnen.[7] Sollte Letzteres nicht der Fall sein, richte sich die Auslegung nach § 15 Abs. 2 EStG, da der einkommensteuerrechtliche Begriff „Einkünfte aus Gewerbebetrieb" dann mit dem abkommensrechtlichen Begriff „Unternehmensgewinne" synonym sei.[8] Nach dieser Auffassung würden – im Unterschied zum BMF-Schreiben vom 16.4.2010 – Einkünfte von gewerblich geprägten Personengesellschaften nicht unter den Begriff Unternehmensgewinne fallen.[9] Erforderlich ist nach Art. 3 Abs. 1 Buchst. c) OECD-MA seit dem Update 2000 zusätzlich, dass eine Geschäftstätigkeit ausgeübt wird.[10] Dies sei bei einer lediglich gewerblich geprägten Personengesellschaft nach § 15 Abs. 3 Nr. 2 EStG nicht erfüllt.

Zusammenfassend lässt sich aber feststellen, dass die wohl h. M. – anders als die Finanzverwaltung – es ablehnt, die Einkünfte einer gewerblich geprägten Personengesellschaft unter Art. 7 OECD-MA zu fassen.[11]

Mit Urteil vom 28.4.2010, I R 81/09,[12] entschied der BFH in einen bereits im dritten Rechtszug anhängigen Fall des FG Schleswig Holstein,[13] in dem es ebenfalls um die abkommensrechtliche Behandlung von Zinsen aus Überschüssen ging, die eine gewerblich geprägte US-Personengesellschaft erzielte. Der BFH stellt die in der Literatur kontrovers geführte Diskussion zusammen[14] und schließt sich der h. M. in Deutschland an, die abkommensrechtlich eine gewerbliche Prägung nicht als ausreichend ansieht, um Unternehmensgewinne nach Art. 7 Abs. 1 OECD-MA (im Streitfall Art. 7 Abs. 1 DBA-USA 1989 a. F. „gewerbliche Gewinne") zu vermitteln. Im Ergebnis bekennt sich der I. Senat zu einer weitgehend abkommensautonomen Auslegung des Begriffes „Unternehmensgewinne",[15] wenn er feststellt:

„Insoweit fordert vielmehr der in Art. 3 Abs. 2 DBA-USA 1989 a. F. genannte abkommensspezifische ‚Zusammenhang' eine vom nationalen Recht losgelöste Einordnung. ... Ein anderes Verständnis ohne hinreichenden Grund (würde) die Gefahr fördern, dass

---

[7] Vgl. *Wassermeyer*, in: Debatin/Wassermeyer MA Art. 7 Rz. 16a.

[8] Vgl. *Wassermeyer*, in: Debatin/Wassermeyer MA Art. 7 Rz. 16a; *Schaumburg*, Internationales Steuerrecht, 2. Aufl., Köln 1998, Rz. 16.230.

[9] Vgl. *Schaumburg*, Internationales Steuerrecht, 2. Aufl., Köln 1998, Rz. 16.230.

[10] So ausdrücklich auch Ziff. 4 S. 3 OECD-MK zu Art. 3 OECD-MA; vgl. auch *Wassermeyer*, in: Debatin/Wassermeyer MA Art. 7 Rz. 16a; ähnlich aber bereits *Schaumburg*, Internationales Steuerrecht, 2. Aufl., Köln 1998, Rz. 16.230, der fordert, dass „die Erwerbstätigkeit einer eigengewerblichen Tätigkeit entspricht ...".

[11] Vgl. hierzu z. B. *Wassermeyer*, IStR 2007, S. 413 ff., S. 416; *Haun/Reiser*, GmbHR 2007 S. 916; *Strunk/Kaminski*, IStR 2003 S. 182; *Hoheisel*, IWB, F. 10, Gr. 2 S. 2009 ff.

[12] IStR 2010, S. 525.

[13] Vgl. im Einzelnen *Schmidt*, IStR 2010, 417 und *derselbe*, IStR 2010, S. 520.

[14] Unter II 2. b) dd).

[15] So wohl auch die österreichische Finanzverwaltung im EAS 3010, vgl. *Ecker*, SWI 2010, S. 422 (Diskussionsbeitrag von Gahleitner).

*das Abkommen in den einzelnen Vertragstaaten unterschiedlich ausgelegt wird, und
damit der im Grundsatz angestrebten Entscheidungsharmonie entgegenwirken."*

2. Abkommensrechtliche Behandlung der Zinsen

Wenn danach in der Tätigkeit der LP keine Unternehmenstätigkeit im Sinne von
Art. 7 DBA USA (= Art. 7 OECD-MA) erblickt werden kann, können die Zinsen auch nicht
einer Betriebsstätte zugewiesen werden (Art. 11 Abs. 3 DBA USA = Art. 11 Abs. 4 OECD-
MA). Denkbar wäre deshalb allenfalls – entsprechend dem deutschen Steuerrecht nach
§ 20 Abs. 8 EStG – auch abkommensrechtlich Einkünfte aus unbeweglichem Vermögen
(Art. 6 DBA USA = Art. 6 OECD-MA) anzunehmen.

In einer Verständigungsvereinbarung mit Österreich vom 1.6.1994.[16] vertreten die
beiden Finanzministerien auch diese Auffassung. Demgegenüber sollen nach Tz. 2.3.2
des BMF-Schreibens vom 16.4.2010 Zinsen, die im Zusammenhang mit unbeweglichem
Vermögen stehen, nicht unter Art. 6 OECD-MA, sondern unter Art. 11 OECD-MA fallen.

Die (spärliche) Rechtsprechung der Finanzgerichte divergiert. Abkommensrechtlich
Zinsen i. S. v. Art. 11 OECD-MA bejahen das FG Schleswig-Holstein v. 14.7.2009[17] und
das FG Hamburg v. 22.8.2006.[18] Dagegen urteilt das FG Schleswig-Holstein in einer
Entscheidung v. 27.11.2002,[19] dass Zinserträge, die aus Liquiditätsüberschüssen einer
USPersonengesellschaft mit Einkünften aus unbeweglichem Vermögen stammten,
Art. 6 DBA USA 1989 (Art. 6 OECD-MA) zuordnen sind.

Nachdem das BFH-Urteil v. 28.4.2010, I R 81/09,[20] die Revision gegen das Urteil des FG-
Schleswig-Holstein v. 17.7.2009 betraf, hatte der I. Senat auch zu entscheiden, ob die
Zuordnung der Zinsen zu Art. 6 oder Art. 11 DBA USA (= OECD-MA) zu erfolgen hat. Er
stellte fest,[21] dass die Zinsen nur mittelbar mit der Vermietungstätigkeit zusammen-
hängen und somit abkommensrechtlich – anders als nach innerstaatlichem deutschem
Steuerrecht möglich – nicht zu den Einkünften aus unbeweglichen Vermögen nach
Art. 6 OECD-MA (Art. 6 DBA-USA 1989 a. F.) gehören. Es liegen somit Zinsen nach
Art. 11 OECD-MA (= Art. 11 DBA-USA 1989 a. F.) für beide Staaten vor.[22]

---

[16] Vgl. IWB-Kurznachrichten, IWB Nr. 15 vom 11.8.2004, S. 871; auch das mit dem BMF-Schreiben vom 16.4.2010
außer Kraft gesetzte BMF-Schreiben vom 24.9.1999, IStR 2000, S. 627, zur Beteiligung an einer ungarischen
Immobilien GmbH & Co KG geht nicht von einem Vorrang von Art. 11 OECD-MA (Art. 11 DBA Ungarn) aus.

[17] EFG 2009, S. 1998 mit Anm. Korte.

[18] DStRE 2007, S. 665 (rkr.).

[19] DStRE 2003, S. 1104.

[20] IStR 2010, S. 525.

[21] Unter II. 3.

[22] FG Köln, Urteil vom 13.8.2009 - 15 K 2900/05 (Az. BFH II R 51/09), EFG 2009, S. 1819 mit Anmerkung Korte und
FG Schleswig-Holstein vom 14.7.2009, EFG 2009, S. 1998 (Az. BFH I R 81/09); FG Düsseldorf vom 28.4.2009,
EFG 2009, S. 1395 (Az. BFH I R 49/09).

Dieser Entscheidung ist zuzustimmen. Anders als im innerstaatlichen Steuerrecht (§ 20 Abs. 8 EStG i. V. m. § 21 Abs. 3 EStG) gilt das Spezialitätenprinzip des Abkommens. Etwas anderes sollte nur dann gelten, wenn der Belegenheitsstaat in den Zinsen nach seinem innerstaatlichen Recht unmittelbar Einkünften aus unbeweglichem Vermögen sieht. Dann sollte aufgrund der in Art. 6 Abs. 2 OECD-MA ausgesprochenen weitgehenden Bindung des Ansässigkeitsstaates an das innerstaatliche Recht des Belegenheitsstaates[23] ausnahmsweise Art. 6 OECD-MA auch für diese Zinsen gelten.[24]

3. Ergebnis

Die im vorliegenden Fall von „Green house Atlanta LP" erzielten Zinsen sind bei den deutschen Anlegern nach dem DBA USA nicht befreit. Gleichzeitig besteht die Gefahr, dass die Zinsen auch in den USA steuerpflichtig sind. Denn nach US-Steuerrecht kommen die Fondsgesellschaften (genauer: die Gesellschafter) nur in den Genuss von Abschreibungen auf die Immobilien, wenn sie die Vermietungseinkünfte wie Einkünfte aus einer US-Geschäftstätigkeit („trade or business") behandeln (Sec. 871 (d) bzw. 882 (d) IRC).[25] Diese Option wird von den Investoren deshalb regelmäßig ausgeübt. Es liegt deshalb nahe, dass die USA die Zinsen als ein mit einer US-Betriebsstätte „effectively connected income" ansehen und dementsprechend besteuern, so dass der Weg eines Verständigungsverfahrens beschritten werden muss. Die Möglichkeit der Anrechnung oder des Abzug der unzutreffenderweise in den USA gezahlten Einkommensteuer auf die Zinsen nach § 34c Abs. 6 Satz 3 i. V. m. § 34c Abs. 1 und 2 EStG scheidet aus.[26]

Die „Green house Atlanta LP" ist deshalb gut beraten, wenn sie durch geeignetes Cash-Management das Entstehen von Guthabenzinsen in den USA vermeidet.

---

[23] Vgl. *Reimer*, in: Vogel/Lehner Art. 6, Rz. 64.

[24] Vgl. *Wassermeyer*, in: Debatin/Wassermeyer, Art. 11 MA Rz. 97; *Salzmann*, IStR 2010, S. 329.

[25] Vgl. hierzu ausführlich *Schmidt/Dendorfer*, IStR 2000, S. 47.

[26] Vgl. BFH v. 28.4.2010 I R 81/09 unter II. 4. d).

4. Sondervergütungen und § 50d Abs. 10 EStG

Von Prof. Dr. Christian Schmidt, Steuerberater, Nürnberg

Fall 7: An der D GmbH & Co KG mit Sitz in Nürnberg ist die Brand Corporation (US-Inc.) mit Sitz in Boston mit 80 % als Kommanditistin beteiligt. Die KG erhält von der US-Inc. auf der Grundlage einer Lizenzvereinbarung das Recht, die Produkte der US-Inc. zu vermarkten und die damit verbundenen Dienstleistungen zu erbringen sowie die Marke und den Handelsnamen Brand Corp. zu benutzen. Im Kalenderjahr 2007 wurden 500 TEUR Lizenzgebühren an die US-Inc. entrichtet. Die in Rechnung gestellten Lizenzgebühren wurden in Handels- und Steuerbilanz der D GmbH & Co KG als Aufwand bzw. Betriebsausgaben behandelt.

Im Rahmen der einheitlichen und gesonderten Ermittlung der Einkünfte nach § 180 Abs. 1 Nr. 2 AO wurden die Lizenzgebühren als nach Art. 12 DBA USA in Deutschland steuerfrei behandelt. Bei der Einreichung der Steuererklärung wies der Steuerberater der KG auf das Urteil des BFH v. 17.10.2007 I R 5/06 (BStBl II 2009, S. 356) hin. Dieser Behandlung folgte das Finanzamt nicht. Es behandelte die Lizenzgebühren als Teil des steuerpflichtigen Gewinns der KG im Wirtschaftsjahr 2007 unter Hinweis auf § 50d Abs. 10 EStG i. V. m. § 52 Abs. 59a S. 8 EStG und erhöhte das (beschränkt) steuerpflichtige Einkommen der Brand Corporation in deren Körperschaftsteuerbescheid für das Kalenderjahr 2007 entsprechende. Der steuerliche Berater legte gegen den Bescheid zur einheitlichen und gesonderten Gewinnfeststellung und gegen den Gewerbesteuermessbescheid der KG sowie gegen den Körperschaftsteuerbescheid für die Brand Corporation Einspruch ein. In seinen Einspruchsbegründungen stützte er sich auf die in der Literatur vorgebrachten Argumente gegen die Vorschriften der § 50d Abs. 10 EStG i. V. m. § 52 Abs. 59a S. 8 EStG.

Ferner wurde vorgebracht, dass eine „Brutto"hinzurechnung von Sondervergütungen nach § 15 Abs. 1 S. 1 Nr. 2 HS 2 EStG in jedem Fall ausscheidet. Die Finanzverwaltung müsse Aufwendungen, die mit den Lizenzgebühren (Sonderbetriebseinnahmen) zusammen hängen, als Betriebsausgaben (Sonderbetriebsausgaben) im Rahmen der additiven Gewinnermittlung der KG in Deutschland anerkennen.

Hinweis: Einen vergleichbaren Lizenzvertrag hat die Brand Corporation mit einer österreichischen GmbH & Co KG abgeschlossen, an der sie ebenfalls mit 80 % als Kommanditistin beteiligt ist. Die den Verträgen zugrunde liegenden immateriellen Wirtschaftsgüter, die einen Marktwert von 10 Mio. US-$ haben, werden wie folgt genutzt:

► USA: 50 %

► Deutschland: 35 %

► Österreich: 15 %

Der Leiter Finanzen der D-KG möchte wissen, ob der Einspruch Aussicht auf Erfolg hat und er eventuell Aussetzung der Vollziehung beantragen kann. Ferner möchte er wissen, ob in jedem Fall die Abschreibungen auf die überlassenen immateriellen Wirtschaftsgüter als Sonderbetriebsausgaben abzugsfähig sind, sofern die erste Frage zu verneinen wäre.

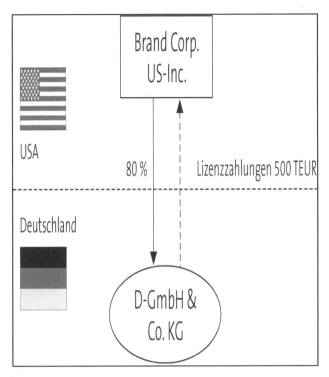

Lösungshinweise:

Schrifttum: *BFH* v. 8.9.2010, I R 74/09 (noch nicht veröffentlicht); *BFH* v. 17.10.2007, I R 5/06, BStBl. II 2009, S. 356; *FG München* v. 30.7.2009, 1 K 1816/09, IStR 2009, S. 864; *FG Baden-Württemberg* v. 9.10.2009, 10 K 3312/08 (Az. BFH: I R 106/09), DStR 2010, S. 431; *BMF-Schreiben* v. 16.4.2010, IV B 2 - S 1300/09/10003, Anwendung der Doppelbesteuerungsabkommen (DBA) auf Personengesellschaften, BStBl I 2010, S. 354; *BMF-Schreiben* v. 24.12.1999 betr. Grundsätze der Verwaltung für die Prüfung der Aufteilung der Einkünfte bei Betriebsstätten international tätiger Unternehmen (Betriebsstätten-Verwaltungsgrundsätze), BStBl. I 1999, S. 1076; *Boller/Eilinghoff/Schmidt,* IStR 2009, S. 109 ff (S. 110); *Dörfler/Rautenstrauch/Adrian,* BB 2009, S. 580 ff. (S. 583); *Frotscher,* Treaty Override und § 50d Abs. 10 EStG, IStR 2010, S. 539 ff.; *Gosch,* Über das Treaty Overriding – Bestandsaufnahme – Verfassungsrecht – Europarecht, IStR 2008, S. 413 ff.; *Gosch,* BFH - PR 2008, S. 237 ff.; *Günkel/Lieber,* Ubg 2009, S. 301 ff. (S. 304); *Hils,* DStR 2009, S. 888 ff. (S. 890); *Holthaus,* in: Lippross, Basiskommentar zu EStG, § 50d, Rz. 37; *Korn,* IStR 2009, S. 641 ff. (S. 642 f.); *Lange,* GmbH-StB 2009,S. 128 ff. (S. 132); *Lohbeck/Wagner,* DB 2009, S. 423 ff. (S. 426); *Meretzki,* IStR 2009, S. 217 ff (S. 219); *Mitsch-*

ke, DB 2010, 304; Prinz, DB 2009, S. 807 ff. (S. 812); *Salzmann*, IWB 2009, F 3, Gr. 3, S. 1539, S. 1552 f.; *Schmidt*, § 50d Abs. 10 EStG doch ein „zahnloser Tiger", DStR H. 10/2010, S. VI; *Schmidt*, Zinsen einer inländischen Personengesellschaft an ihre ausländischen Gesellschafter im Abkommensrecht – Anmerkung zum BFH-Urteil vom 17.10.2007 I R 5/06; *Schmidt*, Anwendung der Doppelbesteuerungsabkommen (DBA) auf Personengesellschaften. Eine Analyse des BMF-Schreibens vom 16.4.2010, IStR 2010, S. 413 ff.; *Wassermeyer*, Nochmal: Das Darlehen des ausländischen Mitunternehmers an seine deutsche Personengesellschaft und § 50d Abs. 10 EStG, IStR 2010, S. 241 ff.; *Wassermeyer*, Über Unternehmensgewinne im Sinne des Art. 7 OECD-MA, IStR 2010, S. 37 ff.; *Wassermeyer*, Das Besteuerungsrecht für nachträgliche Einkünfte im internationalen Steuerrecht, IStR 2010, S. 461 ff.

1. Gesetzeszweck und Anwendungsregelung der Vorschrift des § 50d Abs. 10 EStG

§ 50d Abs. 10 EStG wurde mit dem JStG 2009 ins Einkommensteuergesetz aufgenommen, um die von der Finanzverwaltung gewünschte Behandlung der Sondervergütungen als Unternehmensgewinne i. S. von Art. 7 OECD-MA festzuschreiben. Insofern war eine „rechtsprechungsbrechende Regelung" beabsichtigt. Bekanntlich laufen die Vorstellungen der Finanzverwaltung und des BFH zur Behandlung von Sondervergütungen im Abkommensrecht seit dem grundlegenden Urteil des BFH v. 27.2.1991, I R 15/89[1] auseinander. Während im Outbound-Fall etwa Zinsen – entsprechendes gilt für Lizenzgebühren, wie sie dem Sachverhalt zugrunde liegen – an die ausländische Personengesellschaft beim inländischen Gesellschafter nach beiden Vorstellungen mit entsprechend unterschiedlichen Begründungen grundsätzlich steuerpflichtig sind,[2] ist dies im Inbound-Fall anders. Der BFH hat für einen solchen Fall im Urteil vom 17.10.2007, I R 5/06[3] seine ständige Rechtsprechung bestätigt.[4] § 50d Abs. 10 EStG wurde mit dem Ziel geschaffen, diese missliebige Rechtsprechung zu beseitigen.[5] Im Ergebnis soll damit das Besteuerungsrecht für Sondervergütungen – sowohl im Outboundfall wie im Inboundfall und damit asymmetrisch – Deutschland zugewiesen werden. Die Regelung ist gemäß § 52 Abs. 59a S. 8 EStG rückwirkend auf alle noch offenen Verfahren anzuwenden. Dies gilt nach § 7 S. 6 i. V. m. § 36 Abs. 5 S. 2 GewStG auch für die Gewerbesteuer.

---

[1] BStBl. II 1991, S. 444.

[2] Vgl. hierzu z. B. *Schmidt*, IStR 2010, S. 2008, S. 290 ff. (S. 290); *Salzmann*, IWB 2009, F. 3 Gr. 3. S. 1539 ff. (S. 1540).

[3] BStBl II 2009, S. 356.

[4] Erstmals BFH v. 27.2.1991, I R 15/89, BStBl. II 1991, S. 444.

[5] Vgl. *Salzmann*, IWB 2009, F. 3 Gr. 3. S. 1539 ff. (S. 1540); *Schmidt/Loschelder*, EStG, 29. Aufl. 2010, § 50d Rz. 60.

2. Verfassungswidrige Rückwirkung

Soweit § 52 Abs. 59a S. 8 EStG anordnet, dass § 50d Abs. 10 EStG auch auf Erhebungs-
zeiträume/Veranlagungszeiträume vor 2009 anzuwenden ist, in denen die Einkom-
men- und Körperschaftsteuer noch nicht bestandskräftig festgesetzt ist, liegt eine
sogenannte *echte* Rückwirkung vor, da der Steueranspruch für diese Jahre mit ihrem
Ablauf bereits entstand und die Regelung in diese (abgeschlossenen) Jahre rückwirkend
eingreift. Im vorliegenden Fall betrifft diese das Jahr 2007. Während eine *unechte*
Rückwirkung (tatbestandliche Rückanknüpfung) nach der Rechtsprechung des BVerfG,
nach   der   Gesetzesänderungen   im   (noch)   laufenden   Erhebungszeit-
raum/Veranlagungszeitraum nicht grundsätzlich unzulässig ist,[6] ist dies bei einer ech-
ten Rückwirkung anders.[7] Es ist jedoch darauf hinzuweisen, dass nach den Beschlüssen
des BVerfG vom 7.7.2010 auch eine unechte Rückwirkung nur dann mit dem Grundgesetz und den rechtsstaatlichen Grundsätzen des Vertrauensschutzes vereinbar ist,
„wenn sie zur Förderung des Gesetzeszwecks geeignet und erforderlich ist und wenn
bei einer Gesamtabwägung zwischen dem Gewicht des enttäuschten Vertrauens und
dem Gewicht und der Dringlichkeit der die Rechtsänderung rechtfertigenden Gründe
die Grenze der Zumutbarkeit gewahrt bleibt."[8] Selbst wenn man vorliegend von einer
unechten Rückwirkung ausgehen würde, dürfte es äußerst zweifelhaft sein, ob im
Rahmen der Gesamtabwägung bei einer *unechten* Rückwirkung die Grenze der Zumutbarkeit nicht überschritten ist, da mit § 50d Abs. 10 EStG die Sicherstellung einer
asymmetrischen Besteuerungsbefugnis beabsichtigt ist, die letztlich Steuerausländer
betrifft, die sich auf das DBA als völkerrechtlichen Vertrag berufen. Nachdem im vorliegenden Fall aber eine *echte* Rückwirkung vorliegt, kann dies dahin stehen. Die ganz
herrschende Literaturmeinung sieht die Rückwirkung von § 50d Abs. 10 EStG – entgegen der dem BMF im Schreiben v. 6.4.2010 – deshalb zu Recht als einen nicht im Einklang mit Art. 20 Abs. 3 GG stehenden Verfassungsverstoß.[9]

Dem lässt sich auch nicht entgegenhalten, dass das geltende Recht in hohem Maße
unklar und damit das Vertrauen des Steuerpflichtigen (ausnahmsweise) nach der
Rechtsprechung des BVerfG nicht schutzwürdig sei. Zwar hat die Finanzverwaltung die
BFH-Rechtsprechung seit vielen Jahren ignoriert und den Gesetzgeber für die Schaffung
von § 50d Abs. 10 EStG sozusagen „instrumentalisiert".[10] Der gesetzgeberische Akt

---

[6] Vgl. hierzu die Beschlüsse des BVerfG v. 7.7.2010 2 BvR 748/05, 2 BvR 753/05, 2 BvR 1738/05, 2 und BvR
     748/05, 2 BvR 753/05, 2 BvR 1738/05 sowie 2 BvL 1/03, 2 BvL 57/06, 2 Bvl 58/06.

[7] Vgl. z. B. BVerfGE 13, S. 278, BVerfGE 39, S. 128 und BVerfGE 72, S. 258.

[8] Vgl. BVerfG v. 7.7.2010, 2 BvL 14/02, 2 BvL.

[9] Vgl. *Hahn-Joecks*, in: K/S/M § 50d Rdnr. L 2, K 5; *Schmidt/Loschelder*, EStG, 29. Aufl. 2010, § 50d EStG Rz. 60;
     Günkel/Lieber, Ubg 2009, S 301 ff. (S. 301); *Hils*, IStR 2009, S. 888 ff. (S. 891); *Salzmann*, IWB v. 9.5.2007, Gr. 3 F.
     3, S. 1465 ff. (S. 1477); *Rosenthal*, IStR 2007, S. 610 ff. (S. 615).

[10] Vgl. hierzu auch *Frotscher*, IStR 2009, S. 539, Fußnote 1.

diente gerade nicht der Klarstellung einer bis dahin unklaren Rechtslage, sondern war der Versuch der Festschreibung einer der (ständigen) BFH-Rechtsprechung widersprechenden Auffassung der Finanzverwaltung.[11]

Der BFH weist zutreffend in seinem Urteil v. 17.10.2007, I R 5/06,[12] das – wie ausgeführt – letztlich zum Auslöser der Schaffung von § 50d Abs. 10 EStG wurde, auf seine langjährige Rechtsprechung zur Behandlung von Sondervergütungen im Abkommensrecht hin.[13] Und er stellt fest, dass an dieser „festzuhalten ist". Mit anderen Worten, wäre der BFH in dem vorgenannten Urteil vom 17.10.2007 auf die Meinung der Finanzverwaltung umgeschwenkt, hätte dies die Änderung einer langjährigen, immer wieder aufs Neue bestätigten und damit vorhersehbaren Rechtsprechung (sogar mehrerer Senate) bedeutet.[14]

Dass die Finanzverwaltung seit dem Grundsatzurteil des BFH vom 27.2.1991[15] zur abkommensrechtlichen Behandlung von Sondervergütungen an ihrer Auffassung festhielt, dass solche Vergütungen unter Art. 7 Abs. 1 S. 2 OECD-MA fallen, ist zwar für den Rechtsanwender, insbesondere für die Steuerpflichtigen und ihre Berater, bedauerlich. Dies kann man jedoch nicht als unklare Rechtslage bezeichnen. Denn für die finale Auslegung von Gesetzen sind allein die Gerichte (nicht die Finanzverwaltung) zuständig. Vielmehr ist die langjährige Nichtbefolgung der BFH-Rechtsprechung als Rechtsverweigerung und Verletzung von Art. 20 Abs. 3 GG zu werten.[16] Diese Nichtbefolgung kann nicht angeführt werden, um zu begründen, dass das Vertrauen im Sinne einer Rückwirkung von Steuergesetzen zerstört und nicht schützenswert war.

3.   Unzureichende Reichweite der Fiktion in § 50d Abs. 10 EStG

Selbst wenn man von einer zulässigen rückwirkenden Anwendung der Regelung ausginge, würde sie den vorliegenden Fall tatbestandlich nicht erfassen. Denn dem Gesetzgeber sind bei Schaffung der Vorschrift „handwerkliche" Fehler unterlaufen, die das intendierte Ergebnis nicht bewirken können. § 50d Abs. 10 EStG bestimmt nämlich lediglich, dass in den Fällen, in denen das Abkommen keine ausdrückliche Regelung für Sondervergütungen i. S. v. § 15 Abs. 1 S. 1 Nr. 2 Halbsatz 2 EStG enthält, „diese Vergütungen für Zwecke der Anwendung des Abkommens ausschließlich als Unternehmensge-

---

[11] Vgl. hierzu auch *Wassermeyer*, IStR 2007, S. 413 ff. (S. 413); *derselbe*, IStR 2010, S. 37 ff. (S. 41 f.).

[12] BStBl. II 2009, S. 356 unter II b) aa).

[13] Vgl. hierzu auch *Gosch*, BFH - PR 2008, S. 237 ff.: *Gosch* stellt ausdrücklich fest, dass eine „ständige Rechtsprechung (sogar mehrerer BFH-Senate)" vorliegt (S. 238).

[14] Ebenso *Gosch*, BFH - PR 2008, S. 237 ff. (S. 238).

[15] I R 15/89, BStBl. II 1991, S. S. 444.

[16] Vgl. *Gosch*, BFH - PR 2008, S. 238; *Wassermeyer* vom 4.5.2010, in: Steuerboard, Handelsblatt-Online: www.handelsblatt.com.

winne [gelten]". Diese abkommensrechtliche Zuordnung zu den Unternehmensgewinnen bestimmt damit nicht, dass der Betriebsstättenstaat (hier Deutschland) ein Besteuerungsrecht hat. Hierzu müssten die Sondervergütungen in einer weiteren gesetzlichen Fiktion auch der Betriebsstätte der Mitunternehmerschaft zuzurechnen sein (Art. 7 Abs. 1 S. 2 OECD-MA). Dies sieht die Vorschrift des § 50d Abs. 10 EStG nicht vor. Im Ergebnis bedeutet dies, dass die Regelung für die steuerliche Erfassung der Sondervergütungen in Deutschland leerläuft.[17]

Lediglich von einem Vertreter der Finanzverwaltung wird diese Auffassung nicht geteilt. Er behauptet, dass die Regelung des § 50d Abs. 10 EStG weder gesetzestechnisch noch handwerklich misslungen sei und somit auch nicht leer laufe.[18] Nach seiner Auffassung habe der Gesetzgeber nämlich keinesfalls vergessen, das Tatbestandsmerkmal der abkommensrechtlichen Zugehörigkeit der Unternehmensgewinne zu einer inländischen Betriebsstätte zu regeln, sondern der Gesetzgeber gehe davon aus, dass die rechtliche Zuordnung zu einer inländischen Betriebsstätte einer Personengesellschaft ausreiche.[19] Dieser Vorstellung kann nicht zugestimmt werden. Sie widerspricht dem verfassungsrechtlichen Bestimmtheitsgrundsatz des Art. 20 Abs. 3 GG. Steuernormen sind Eingriffsnormen und müssen dementsprechend vom Gesetzgeber klar und eindeutig formuliert sein.[20] Der gesetzgeberische Wille muss im Wortlaut des Gesetzes seinen Ausdruck finden.

Darüber hinaus ist in diesem Zusammenhang zu berücksichtigen, dass der Gesetzgeber in einzelnen Doppelbesteuerungsabkommen Regelungen geschaffen hat, die nicht nur die Qualifikation der Sondervergütungen als Unternehmensgewinne, sondern auch die tatsächliche Zurechnung zur Betriebsstätte, aus der sie abfließen, regeln.[21] Dies zeigt, dass der Gesetzgeber sehr wohl Sondervergütungen einer Betriebsstätte zuordnet, wenn dies seinem Willen entspricht. In Übereinstimmung mit der dargestellten Auffas-

---

[17] Vgl. *Boller/Eilinghoff/Schmidt*, IStR 2009, S. 109 ff (S. 110); *Dörfler/Rautenstrauch/Adrian*, BB 2009, S. 580 ff. (S. 583); *Günkel/Lieber*, Ubg 2009, S. 301 ff. (S. 304); *Hils*, DStR 2009, S. 888 ff. (S. 890); *Korn*, IStR 2009, S. 641 ff. (S. 642 f.); *Lange*, GmbH-StB 2009,S. 128 ff. (S. 132); *Meretzki*, IStR 2009, S. 217 ff (S. 219); *Lohbeck/Wagner*, DB 2009, S. 423 ff. (S. 426); *Salzmann*, IWB 2009, F 3, Gr. 3, 1539, 1552 f.; *Prinz*, DB 2009, S. 807 ff. (S. 812); *Holthaus*, in: Lippross, Basiskommentar zu EStG, § 50d, Rz. 37. Andere Auffassung lediglich *Frotscher*, IStR 2009, S. 593 ff.; hiergegen *Boller/Schmidt*, IStR 2009, S. 852 ff.

[18] Vgl. *Mitschke*, DB 2010, 304. Im Ergebnis vertritt auch *Frotscher* diese Ansicht. *Frotscher*, IStR 2009, S. 595 f.

[19] Vgl. *Mitschke*, DB 2009, 304.

[20] Vgl. zum verfassungsrechtlichen Bestimmtheitsgrundsatz *Grzeszick*, in: Maunz/Dürig, Grundgesetz, Art. 20 Rn. 58 ff.

[21] Vgl. Art. 7 Abs. 7 DBA Österreich hat z. B. folgenden Wortlaut: „Dieser Artikel gilt auch für die Einkünfte aus der Beteiligung an einer Personengesellschaft. Er erstreckt sich auch auf Vergütungen, die ein Gesellschafter einer Personengesellschaft von der Gesellschaft für seine Tätigkeit im Dienst der Gesellschaft, für die Gewährung von Darlehen oder für die Überlassung von Wirtschaftgütern bezieht, wenn diese Vergütungen nach dem Steuerrecht des Vertragsstaats, in dem die Betriebsstätte gelegen ist, den Einkünften des Gesellschafters aus dieser Betriebsstätte zugerechnet werden."

sung, hat der BFH im Urteil vom 17.10.2007[22] entschieden, dass eine Sondervergütung für ein vom Gesellschafter der Personengesellschaft gewährtes Darlehen nicht zum Vermögen der Personengesellschaft „gehört". Auch hier werden die Zuordnungsgrundsätze der Betriebsstättenvorbehalte (vgl. Art. 11 Abs. 4, Art. 12 Abs. 3 OECD-MA) sinngemäß angewendet, obwohl Art. 7 Abs. 1 Satz 2 OECD-MA und auch Art. 7 Abs. 1 Satz 2 DBA-USA 1989 nicht von einer „tatsächlichen Zugehörigkeit" eines Wirtschaftsguts zur Betriebsstätte sprechen. Eine Forderung – bzw. im vorliegenden Fall überlassene immaterielle Wirtschaftsgüter wie ein Markenrecht – können nur dann tatsächlich zu einer Betriebsstätte im Sinne eines Doppelbesteuerungsabkommens (vgl. Art. 11 Abs. 4, Art. 12 Abs. 3 OECD-MA) gehören, wenn die Forderung bzw. die immateriellen Wirtschaftsgüter aus Sicht der Betriebsstätte einen Aktivposten bilden. Dies ist bei einer Forderung des Gesellschafters nicht der Fall. Entsprechendes gilt im vorliegenden Fall für die gegen eine Lizenzgebühr überlassenen immateriellen Wirtschaftsgüter, die einen weitaus engeren Bezug zur US-Inc. und den USA haben. Diese gehören nicht tatsächlich zu der inländischen Betriebsstätte, und eine Fiktion der Zurechnung der Lizenzgebühren zu der inländischen Betriebsstätte ordnet das Gesetz gerade nicht an.[23] Folglich bleibt es bei einer Zuweisung des Besteuerungsrechts für die Lizenzgebühren an den Ansässigkeitsstaat des Gesellschafters nach Art. 7 Abs. 1 S. 1 HS. 1 DBA-USA.

4. Unzulässiges Treaty override

Ungeachtet der unzulässigen Rückwirkung und der nicht ausreichenden Fiktion in § 50d Abs. 10 EStG ist ferner darauf hinzuweisen, dass die Vorschrift des § 50d Abs. 10 EStG nach ganz herrschender Auffassung in der Literatur ein sogenanntes Treaty override darstellt.[24] Es handelt sich in der Systematisierung von Gosch[25] um ein Treaty override zur Sicherstellung von Besteuerungssubstrat.[26]

---

[22] I R 5/06, BStBl. II 2009, S. 356.

[23] Vgl. hierzu auch *Wassermeyer*, IStR 2010, S. 37 ff. (S. 40 f.).

[24] Vgl. *Frotscher*, IStR 2009, S. 593 ff.; *Jansen/Weidmann*, IStR 2010, S. 596 ff. (S. 598); *Günkel/Lieber*, Ubg 2009, S. 301 ff. (S. 306); *Salzmann*, IWB (2009) F. 3 Gr. 3, S. 1539 ff. (S. 1548); *Schmidt/Loschelder*, EStG, 29. Aufl. 2010, § 50d EStG Rz. 60; *Schmidt*, StbJb 2008/2009, 176 f.; *Wagner*, in: Blümich, EStG, KStG, GewStG, Rz 114.

[25] Vgl. *Gosch*, IStR 2008, S. 413 ff.

[26] *Wagner*, in: Blümich, EStG, KStG, GewStG, Rz 114.

Zwar soll nach dem Bericht des Finanzausschusses in § 50d Abs. 10 EStG gerade keine abkommensverdrängende Vorschrift zu sehen sein:

> *„In einer solchen Regelung ist keine Überschreibung (treaty override) eines DBA zu sehen; denn es geht lediglich um eine – der Auffassung des BFH widersprechende – innerstaatlich verbindliche Auslegung des DBA-Ausdrucks ‚Unternehmensgewinne‘."*[27]

Dieser Auffassung folgt auch das BMF im Schreiben vom 6.4.2010 in Tz. 2.2.1. Sie ist jedoch abzulehnen. Der Gesetzgeber ist zur Auslegung von Rechtsnormen nicht berufen;[28] diese erfolgt final allein durch die Finanzgerichte, insbesondere durch den BFH. § 50d Abs. 10 EStG enthält auch keine *Auslegung*, sondern eine (im Ergebnis unvollständige) *Fiktion*. Denn der Gesetzgeber will mit seiner intendierten Anordnung in § 50d Abs. 10 EStG eine Rechtsfolge herbeiführen, die bei autonomer Abkommensauslegung durch die ständige BFH-Rechtsprechung nicht vorgesehen ist.[29]

Zu den Treaty overrides ist festzustellen, dass – entgegen der bisherigen h. M. – zunehmend in Zweifel gezogen wird, dass sie mit dem Grundgesetz vereinbar sind – jedenfalls dann, wenn sie über eine Missbrauchsverhinderung hinausgehen.[30] Die Begründungsansätze differieren. Nach *Frotscher* verstößt § 50d Abs. 10 EStG gegen Art. 14 GG (Eigentumseingriff aufgrund der durch § 50d Abs. 10 EStG bewirkten Doppelbesteuerung) und gegen Art. 3 GG (Ungleichbehandlung: Sondervergütungen der beschränkt steuerpflichtigen Gesellschafter unterliegen einer Doppelbesteuerung, die der inländischen Gesellschafter nicht).[31] Nach *Jansen/Weidmann* stellt ein Treaty override, das – wie § 50d Abs. 10 EStG – der Sicherstellung von Besteuerungssubstrat und damit einem bloßen Fiskalzweck dient, einen Verstoß gegen Art. 2 Abs. 1 GG dar.[32] Allerdings dürfte sich die US-Inc. im vorliegenden Fall wegen Art. 19 Abs. 3 GG nicht auf die Grundrechte berufen können. Dies gilt aber nicht für die inländi che KG; diese ist grundrechtsfähig.[33] Ferner liegt nach *Lieber* ein Verstoß gegen Art. 20 Abs. 3 GG vor, weil § 50d Abs. 10 EStG zwar ein Treaty override darstelle, jedoch nicht als solches gekennzeichnet sei.[34] Generell zu Treaty overrides stellt *Gosch* die Frage, ob sich aus der

---

[27] Seite 29 des Berichts des Finanzausschusses zum JStG 2009, BT-Drs. 16/11108.

[28] Vgl. *Jansen/Weidmann*, IStR 2010, S. 596 ff. (S. 598).

[29] Vgl. *Jansen/Weidmann*, IStR 2010, S. 596 ff. (S. 598).

[30] Vgl. z. B. BFH-Beschluss v. 19.5.2010, I B 191/09, IStR 2010, 530; *Gosch*, IStR 2008, S. 413 ff.; *Vogel*, in: Vogel/Lehner, DBA, 5. Aufl., Einl. Rz. 204; *Stein*, IStR 2006, S. 505 ff.; *Rust/Reimer*, IStR 2005, S. 843 ff.; *Kempf/Bandl*, DB 2007, S. 1377 ff.; *Schmidt*, IStR 2010, 413 ff. (S. 430).

[31] Vgl. IStR 2009, S. 593 ff. (S. 599).

[32] Vgl. IStR 2010, S. 596 ff. (S. 598, 604).

[33] Vgl. *Maunz/Dürig*, Art. 19, Rz. 39.

[34] Vgl. HHR, Jahreskommentierung 2009, § 50d, Anm. J 08-4.

Görgülü-Entscheidung des Bundesverfassungsgerichts[35] ein allgemeines Nichtigkeits-
verdikt für Treaty overrides aus dem Rechtsstaatsprinzip ergibt oder ob „das Über-
schreiben des Zustimmungsgesetzes im Ergebnis als dessen Teil-Widerruf, als Treaty
overruling, zu deuten und diesen Teil-Widerruf wiederum als völkerrechts- und damit
verfassungswidrigen Vertragsbruch zu bewerten" ist.[36]

5.   Rechtsprechung der Finanzgerichte und Entscheidung des BFH v. 8.9.2010 I R 74/09

Zum vorliegenden Fall liegen zwei divergierende nicht rechtskräftige Entscheidungen
von Finanzgerichten vor. Während das FG München v. 30.7.2009[37] die vorstehend genannten Argumente sämtlich nicht gelten ließ, stellt das FG Baden-Württemberg im
Urteil v. 9.10.2009[38] fest, dass die in § 50d Abs. 10 EStG aufgestellte Fiktion der Zuordnung der Sondervergütungen zu „Unternehmensgewinnen" nicht ausreicht, da die
*„zweite Voraussetzung für eine Besteuerung durch den Betriebsstättenstaat, nämlich die
Zuordnung der Vergütung zur Betriebsstätte im Inland, ... nicht geregelt worden [ist]"*.

Der BFH hat inzwischen den Fall des FG München mit Urteil v. 8.9.2010, I R 74/09, entschieden. Das Urteil wird voraussichtlich in der zweiten Novemberhälfte veröffentlicht.
Der BFH stellte – für einen nahezu identischen Fall – fest, dass die Lizenzeinnahmen
nicht dem inländischen Gewinn bzw. Gewerbeertrag hinzuzurechnen und somit in
Deutschland steuerfrei sind. Da der BFH den Fall durchentschieden und nicht dem
Bundesverfassungsgericht zur Entscheidung vorgelegt hat, kann die Entscheidung nur
auf der unscharfen Formulierung bzw. der nicht weit genug gehenden Rechtsfolgenbe-
stimmung der Vorschrift basieren.[39]

6.   Ergebnis

Es bleibt abzuwarten, wie der BFH seine Entscheidung begründet und vor allem, wie die
Finanzverwaltung darauf reagieren wird, nachdem weder die Frage der Rückwirkung
noch die eines verfassungswidrigen Treaty overrides Gegenstand der Entscheidung
waren. Allerdings ist es schwer vorstellbar, dass nach der vollständigen Aufnahme des
Authorized OECD Approach im Update 2010 des OECD-MA Finanzverwaltung bzw.
Gesetzgeber an ihrer Position festhalten. Denn im reinen Betriebsstättenfall würden
künftig fiktive Lizenzgebühren durch sogenannte „dealings" in Deutschland im Rah-

---

[35] BVerG v. 14.10.2004, 2 BvR 1481/04, BVerfGE 111, S. 307.
[36] *Gosch*, IStR 2008, S. 413 ff. (419).
[37] 1 K 1816/09, IStR 2009, 864 m. Anm. *Frotscher*.
[38] 10 K 3312/08 (Az. BFH: I R 106/09), DStR 2010, S. 431.
[39] Vgl. hierzu auch *Schmidt*, DStR 2010, H.38/2010, S. VI.

men der Gewinnabgrenzung ausgeschieden und damit nicht besteuert werden. Im Fall einer inländischen Kapitalgesellschaft sind die Lizenzgebühren ohnehin im Rahmen des Fremdvergleichs (Art. 9 OECD-MA) abzugsfähig.

Sollten Finanzverwaltung bzw. der Gesetzgeber § 50d Abs. 10 EStG „nachbessern" und die fehlende 2. Fiktion (Zuordnung der Sondervergütungen zur inländischen Betriebsstätte) in den Tatbestand der Vorschrift mit aufnehmen, könnte strittig sein, ob das den Lizenzgebühren zugrunde liegende Lizenzrecht der inländischen Betriebsstätte zuzurechnen wäre, so dass Abschreibungen als Sonderbetriebsausgaben geltend gemacht werden könnten. Bisher erkennt die Finanzverwaltung eine anteilige Aktivierung von beweglichen Wirtschaftsgütern nicht an.[40]

Ob die Finanzverwaltung dem Einspruch stattgeben wird, hängt aller Voraussicht nach von ihrer Reaktion auf das BFH-Urteil v. 8.9.2010, I R 74/09, ab. Sie wird jedoch AdV nach § 361 AO gewähren müssen.

---

[40] Vgl. BFM-Schreiben v. 24.12.1999 betr. Grundsätze der Verwaltung für die Prüfung der Aufteilung der Einkünfte bei Betriebsstätten international tätiger Unternehmen (Betriebsstätten-Verwaltungsgrundsätze), BStBl. I 1999, S. 1076, Tz. 2.4; andere Auffassung allerdings offenbar *Wassermeyer*, IStR 2010, S. 462, jedenfalls für Forderungen aus Lieferungen und Leistungen.

5. Darlehensverluste im Sonderbetriebsvermögen

Von Dr. Dirk Pohl, Dipl.-Fw., Rechtsanwalt, Fachanwalt für Steuerrecht, Steuerberater, München

Fall 8: Die inländische Handels KG ist zu 50 % an einem Joint Venture in Form einer gewerblich tätigen US Limited Partnership beteiligt. Neben einer Einlage gewährte sie ein Gesellschafterdarlehen in Höhe von USD 10 Mio. Aus der Handelsbilanz der Handels KG zum 30. Juni 2010 (abweichendes Geschäftsjahr) ergibt sich ein Währungsverlust in Höhe von € 450.000,-- durch den Verfall des USD-Kurses. Der im Inland ansässige, mit 80 % beteiligte persönlich haftende Gesellschafter A fragt seinen Steuerberater, ob dieser Verlust wenigstens seine Steuerlast in Deutschland mindert.

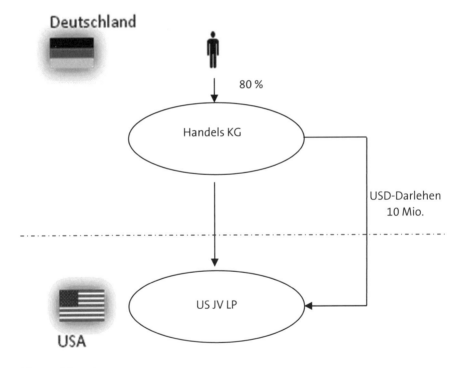

Lösungshinweise:

1. Die US Limited Partnership wird übereinstimmend von den USA und der Bundesrepublik Deutschland als transparent eingestuft

(siehe Betriebsstättenerlass vom 24. Dezember 1999, BStBl. I 1999, S. 1076 ff. Tabelle 1 zu USA; *Wolff*, in: Debatin/Wassermeyer, Art. 1 DBA USA, Rz. 31 f. auch zu sog. „check-the-box-Verfahren"; *Mittermaier*, in: Wassermeyer/Richter/ Schnittker, Personengesellschaften im Internationalen Steuerrecht, Kapitel 32).

2. Der BFH entschied für einen dem Ausgangsfall vergleichbaren Fall mit Urteil vom 19. Mai 1993, I R 60/92, BStBl. II 1993, S. 714; dass die wechselkursbedingte Wertminderung eines in französischen Franc gewährten Gesellschafterdarlehens an eine oHG französischen Rechts nicht gewinnmindernd in der Steuerbilanz des inländischen Gesellschafters geltend gemacht werden konnte. Der BFH begründete sein Urteil wie folgt:

2.1.Nach deutschem Steuerrecht gehöre die Darlehensforderung zum notwendigen Betriebsvermögen der (ausländischen) Personengesellschaft. Das Gesellschafterdarlehen sei in der aus Gesellschaftsbilanz und Sonderbilanz der Gesellschafter zu bildenden Gesamtbilanz als Eigenkapital zu behandeln. Deshalb könne der Wertverfall einer Gesellschafterforderung nicht gewinnmindernd berücksichtigt werden (siehe dazu, dass das Imparitätsprinzip nicht gelten soll, so dass sich auch im Inlandsfall Darlehensverluste erst mit Vollbeendigung der Personengesellschaft auswirken können: BFH v. 5. Juni 2003, IV R 36/02, BStBl. II 2003, S. 871/874; *Wacker*, in: L. Schmidt, 29. Aufl. 2010, § 15 EStG, Rn. 540).

Dabei bestehe nach Auffassung des BFH kein prinzipieller Unterschied zwischen Darlehensverlusten wegen einer zu erwartenden Bonitätsverschlechterung der Personengesellschaft (Darlehensnehmerin) oder wegen veränderter Wechselkurse. In beiden Fällen verändere sich der Rückzahlungsbetrag an den Darlehensgeber.

2.2 Auf die Regelung des DBA soll es nach damaliger Auffassung des BFH dagegen nicht ankommen. Selbst wenn ein Besteuerungsrecht der Bundesrepublik Deutschland für die Wertveränderungen bestünde, könnten die Wertänderungen wegen der Besonderheiten des innerstaatlichen Rechts (korrespondierende Bilanzierung) nicht berücksichtigt werden.

3. Das Urteil überzeugt nicht, soweit keine tatsächliche Zugehörigkeit der Gesellschafterforderung zu der durch die ausländische Personengesellschaft vermittelten Betriebsstätte des Gesellschafters besteht (siehe zur tatsächlichen Zugehörigkeit zur Betriebsstätte: BFH v. 27. Februar 1991, I R 18/89, BStBl. II 1991, S. 444; v. 9. August 2006, II R 59/05; BFH/NV 2006, S. 2326; v. 17. Oktober 2007, I R 5/06; IStR 2008, S. 300, ohne Festlegung bei eigenkapitalersetzenden Darlehen; siehe aber auch BFH vom 24. März 1999, I R 114/97, BStBl. II 2000, S. 399/402 f. zu doppelstöckiger Personengesellschaften über die Grenze unter Heranziehung der vergleichbaren Gewinnermitt-

lungsgrundsätze in Deutschland und Österreich; siehe auch *Kempermann*, in: Wassermeyer/Richter/Schnittker, Personengesellschaft im Internationalen Steuerrecht, S. 108 f., Rn. 3.42).

In diesem (Regel-)Fall müssen die ohnehin nur additiv ermittelnden Einkünfte des Mitunternehmers aus dem Gesamthands- und Sonderbereich m. E. für die Anwendung des DBA und die daraus resultierende Freistellung von ausländischen (hier US) Betriebsstätteneinkünften *„aufgespalten"* werden. Im Rahmen der (ausländischen) Betriebsstätteneinkünfte handelt es sich bei den Gesellschaftsverbindlichkeiten um Fremddarlehen. Im Rahmen des im Inland zu versteuernden Unternehmensgewinns, handelt es sich um eine wertzuberichtigende Forderung, deren Erträge im Inland zu versteuern sind; ggf. gestützt auf § 50d Abs. 10 Satz 1 EStG. Diese Regelung bestätigt auch ausdrücklich, dass man den Sonderbetriebsvermögens- und den Gesamthandsbereich bei Anwendung des DBA und der dort erfolgenden Aufteilung der Besteuerungsrechte getrennt sehen muss. Dann kann man aber nicht nach erfolgter Aufteilung der Besteuerungsrechte nach DBA anschließend die freizustellenden Betriebsstätteneinkünfte und die zu besteuernden Mitunternehmensgewinne im Rahmen einer additiven Gewinnermittlung wieder zusammenfügen.

4. Die Vorrangigkeit der Aufspaltung der für den Mitunternehmer zu ermittelnden Einkünfte aus Gewerbebetrieb entsprechend dem DBA entspricht nicht nur der in § 50 d Abs. 10 Satz 1 EStG angelegten Systematik, sondern auch derjenigen des § 4 Abs. 1 Satz 3 EStG, wonach der Ausschluss oder die Beschränkung des Besteuerungsrechtes nach einem DBA sich als Entstrickung im Rahmen der Gewinnermittlung auswirkt. Ebenso spricht dafür die Selbständigkeitsfiktion der Betriebsstätte, hier entsprechend Art. 7 Abs. 2 DBA USA.

5. Ansonsten stellt sich auch die Rechtsfrage inwieweit die Grundsätze des Dotationskapitals anzuwenden sind (siehe dazu *Rosenberg/Farle*, in: Wassermeyer/Richter/Schnittger, Personengesellschaften im Internationalen Steuerrecht, Rn. 13.17) und innerhalb der EU der Währungsverlust entsprechend der EuGH-Entscheidung in der Rs. Shell vom 28. Februar 2008, Rs. C-293/06, EuGHE 2008, S. I-1129) auf Grund der im Ausgangsfall aber nicht einschlägigen Niederlassungsfreiheit im Inland zu berücksichtigen ist.

6. Anwendung des Methodenartikels (insbesondere bei intransparenter Behandlung der Personengesellschaften im Sitzstaat)

Von Prof. Dr. Christian Schmidt, Steuerberater, Nürnberg

Fall 9: Die Solar GmbH & Co KG (KG), mit Sitz in Hannover, plant, errichtet und betreibt Solaranlagen im In- und Ausland. An ihr sind die Herren Christof F. mit 20 % und Lukas F. mit 80 % beteiligt; beide wohnhaft in Hannover. Die KG ist ein internationaler Familienkonzern mit in- und ausländischen Beteiligungen. Die KG ist u. a. zu 99 % an einer spanischen Sociedad en Commandita (S.C.), vergleichbar einer deutschen KG,[1] beteiligt. Persönlich haftende Gesellschafterin der S.C. und mit 1 % beteiligt ist die E-S.L., eine ebenfalls spanische Gesellschaft in der Rechtsform der Sociedad de Responsabilidad Limitada, die mit einer deutschen GmbH vergleichbar ist.[2] Die S.C. betreibt erfolgreich einen Solarpark in Nordspanien. Der spanische Energieversorger Endrola möchte die Anlage erwerben. Ihm ist es egal, ob er die Anlage (assets) oder die Anteile an der S.C. und der R.L. (shares) erwirbt. Die Gesellschafter der Solar-Gruppe wollen wissen, wie die steuerliche Behandlung in Deutschland ist, wenn

a) die KG den Kommanditanteil von 99 % an der S. C. veräußert oder wenn

b) die S.C. den Solarpark verkauft und der Veräußerungsgewinn an die KG ausgeschüttet wird.

---

[1] Vgl. auch Tabelle 1 Betriebsstätten-Verwaltungsgrundsätze v. 24.12.1999, BStBl. I 1999, S. 1076.
[2] Vgl. ebenda.

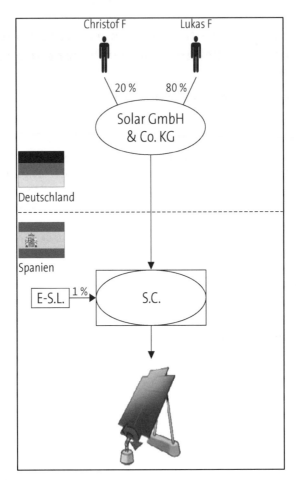

Lösungshinweise:

Schrifttum: *BFH-Beschluss* v. 19.5.2010, I B 191/09, IStR 2010, S. 530; *BFH-Urteil* v. 4.4.2007, I R 110/05, BStBl. II 2007, S. 521; *RFH-Urteil* v. 12.2.1930, RStBl. S. 444 (Venezuela-Entscheidung); *BMF-Schreiben* v. 16.4.2010, IV B 2 - S 1300/09/10003, Anwendung der Doppelbesteuerungsabkommen (DBA) auf Personengesellschaften, BStBl I 2010, S. 354; *BMF-Schreiben* v. 24.12.1999, BStBl I S. 1076 (unter Berücksichtigung der Änderungen durch die BMF-Schreiben vom 20. November 2000, BStBl I S. 1509, und vom 29. September 2004, BStBl I S. 917 – Betriebsstätten-Verwaltungsgrundsätze); *OECD-Partnership-Report*, The Application of the OECD Model Tax Convention to Partnerships, Issues on International Taxation No. 6, OECD, 1999; *Burwitz*, BFH widerspricht in zwei Entscheidungen dem neuen BMF-Schreiben zu Personengesellschaften, NZG 2010, S. 860; Jacobs, Internationale Unternehmensbesteuerung, 6. Aufl., München, S. 533; *Knobbe-Keuk*, „Qualifikationskonflikte" im internationalen Steuerrecht der Personengesellschaften, RIW 1991, S. 306 ff.; *Lang, M.*, Die abkommensrechtliche Behandlung von ausländischen Personengesellschaften mit Steuersubjektivität im Ausland, Festschrift für Lutz Fischer, Berlin 1999, S. 713-730; *Lang, M.*, Qualifikations- und Zurechnungskonflikte im DBA-Recht, IStR 2010, S. 114 ff.; *Prokisch* in Vogel/Lehner, DBA, 5. Aufl., Art. 1 Rz. 34b; *Schmidt*, Anwendung der Doppelbesteuerungsabkommen (DBA) auf Personengesellschaften. Eine Analyse des BMF-Schreibens vom 16.4.2010, IStR 2010, S. 413 ff.; *Schmidt*, (Weitere) Infragestellung des BMF-Schreibens vom 16.4.2010 „Anwendung der Doppelbesteuerungsabkommen (DBA) auf Personengesellschaften" durch zwei neue Entscheidungen des BFH. Anmerkungen zum BFH-Urteil vom 28.4.2010, I R 81/09 und zum BFH-Beschluss vom 19.5.2010, I B 191/09 IStR 2010, S. 520 ff.; *Schmidt*, Personengesellschaften im Abkommensrecht, Wpg. 2002, S. 1134 ff. und S. ff.; *Schmidt*, Zur DBA-Anwendung und inländischen Steuerpflicht bei im Sitzstaat rechtsfähigen ausländischen Personengesellschaften, IStR 1996, S. 14 ff.; *Schmidt/ Blöchle*, Anrechnungs- oder Freistellungsmethode bei (bloßen) Immobilieneinkünften aus Personengesellschaften, wenn die Zielländer dem Intransparenzprinzip folgen, IStR 2003, S. 685 ff.; *Spengel/Schaden/Wehrße*, Besteuerung von Personengesellschaften in den 27 EU-Mitgliedstaaten und den USA, StuW 2010, S. 44 ff.; *Vogel*, Zur Abkommensberechtigung ausländischer Personengesellschaften, IStR 1999, S. 5 ff.; *Wassermeyer*, Die Beurteilung der Abkommensberechtigung ausländischer Personengesellschaften durch Deutschland als den Nichtansässigkeitsstaat der Personengesellschaft, IStR 1998, S. 489 ff.; *Wassermeyer*, Duplik, IStR 1999, S. 8 f.

1. Behandlung der S.C. nach spanischem (Steuer-)Recht

Die S.C. ist nach spanischem Zivilrecht juristische Person und unterliegt der Körperschaftsteuer.[1] Gewinnausschüttungen sind deshalb – anders als in Deutschland bei einer KG – Dividenden und unterliegen grundsätzlich der spanischen Quellensteuer.

2. Behandlung der S.C. nach deutschem innerstaatlichem Steuerrecht

Ausgangspunkt der steuerrechtlichen Behandlung eines ausländischen Rechtsgebildes im innerstaatlichen deutschen Steuerrecht ist seine Klassifikation (Steuersubjektqualifikation). Das BMF-Schreiben v. 16.4.2010 führt in Tz. 1.2 zutreffend aus, dass es für die Einordnung einer ausländischen Gesellschaft – als Personengesellschaft oder Körperschaft – für Zwecke der innerstaatlichen deutschen Besteuerung ausschließlich auf das deutsche Steuerrecht ankommt. Hierbei sollen die allgemeinen Grundsätze des Rechts-

---

[1] Vgl. *Spengel/Schaden/Wehrße*, StuW 2010, S. 46 f.

typenvergleichs in Abschnitt IV des BMF-Schreibens vom 19.3.2004 zur Klassifikation einer US-LLC,[2] sowie das BFH-Urteil vom 20.8.2008,[3] das ebenfalls zu einer US-LLC ergangen ist, angewendet werden. Auf die Tabellen 1 und 2 im Anhang zu den Betriebsstätten-Verwaltungsgrundsätzen,[4] die einen solchen Rechtsformvergleich für eine Vielzahl von Ländern beinhalten, wird dabei ausdrücklich Bezug genommen. Nach Tabelle 1 ist die S.C. einer deutschen KG vergleichbar und somit für die Anwendung des innerstaatlichen deutschen Steuerrechts als transparent zu behandeln.

Diese Vorgehensweise, dass es bei der Klassifikation (Feststellung des Rechtstyps; Steuersubjektqualifikation) eines ausländischen Rechtsgebildes für Zwecke der rein *innerstaatlichen* deutschen Behandlung nicht auf das Zivil- oder Steuerrecht des jeweiligen Sitzstaates ankommt, sondern sich diese ausschließlich nach deutschem (Steuer-) Recht richtet, entspricht der ganz herrschenden Meinung in Deutschland.[5] Sie entspricht auch der im OECD-Partnership-Report vertretenen Auffassung.[6]

Insoweit ist festzuhalten, dass nach innerstaatlichem deutschen Steuerrecht sowohl die durch die S.C. erzielten Einkünfte (hier insbesondere der Gewinn aus der Veräußerung der Assets) als auch die durch die KG erzielten Einkünfte (Gewinn aus der Veräußerung der Anteile an der S.C. durch die KG) den beiden natürlichen Personen Christof und Lukas F. zuzurechnen sind. Die Gewinnausschüttung durch die S.C. an die KG wäre keine Dividende, sondern wie ein bloßer Geldtransfer von einer ausländischen Betriebsstätte zum deutschen Stammhaus zu werten, der ebenso wenig steuerbar ist, wie eine Weiterleitung der KG an die Gesellschafter (nicht steuerbare Entnahme).

3. Abkommensrechtliche Behandlung der beiden alternativen Veräußerungsvorgänge

3.1. Grundsätzliches zur Behandlung von Personengesellschaften im Abkommensrecht

Zwischen Deutschland und Spanien besteht ein Doppelbesteuerungsabkommen v. 5.12.1966.[7] Für die abkommensrechtliche Behandlung ist zu unterscheiden, ob die

---

[2]   BStBl I S. 411.

[3]   BStBl. II 2009, S. 263.

[4]   Das BMF-Schreiben vom 24.12.1999, BStBl I S. 1076 (unter Berücksichtigung der Änderungen durch die BMF-Schreiben vom 20. November 2000, BStBl I S. 1509, und vom 29. September 2004, BStBl I S. 917 – Betriebsstätten-Verwaltungsgrundsätze) enthält in Anhang I, Tabellen 1 und 2 Hinweise für die Einordnung ausgewählter ausländischer Gesellschaftsformen.

[5]   Vgl. hierzu grundlegend die Venezuela-Entscheidung des RFH v. 12.2.1930, RStBl. S. 444.

[6]   OECD-Partnership-Report, Tz. 12.

[7]   BGBl. 1968 II S. 10.

Veräußerung von Wirtschaftsgütern durch die S.C. oder eine *Veräußerung eines Kommanditanteils an einer spanischen S.C.* vorliegt.

Hierbei ist jedoch zuerst die grundsätzlich Frage zu klären, ob die deutsche Rechtsauffassung, dass sowohl die KG als auch die S.C. transparentsind, auf die abkommensrechtliche Behandlung durchschlägt. Der BFH hat für ausländische Personengesellschaften, die in ihrem Sitzstaat nicht selbst steuerpflichtig sind, also transparent behandelt werden, entschieden, dass jede Personengesellschaft – selbst bei Doppelstöckigkeit – abkommensrechtlich anteilige Betriebsstätten für jeden an ihr beteiligten Gesellschafter vermittelt.[8] Gegen diese Auffassung spricht allerdings im vorliegenden Fall, dass die spanische S.C. juristische Person und selbst (körperschaft)steuerpflichtig ist, also intransparent behandelt wird.

Personengesellschaften, die in ihrem Sitzstaat für die Besteuerung intransparent behandelt werden und dort der unbeschränkten Körperschaftsteuerpflicht unterliegen oder die sogar – wie Personengesellschaften aus dem romanischen Rechtskreis[9] – in ihrem Sitzstaat zu den juristischen Personen zählen, sind nach herrschender Meinung[10] – dem an sich klaren Wortlaut des OECD-MA folgend – „ansässige Personen" i. S. von Art. 4 Abs. 1, Art. 3 Abs. 1 Buchst. b) OECD-MA und damit selbst abkommensberechtigt. Es ist deshalb auch die Personengesellschaft, die abkommensrechtlich das Unternehmen betreibt (Art. 3 Abs. 1 Buchst. d) OECD-MA). Für die Anwendung des Abkommens durch Deutschland als Ansässigkeitsstaat stellt sich die Frage, wie weit diese Auffassung trägt und welche Bedeutung dies für die Steuerpflicht des Gewinnanteils eines in Deutschland ansässigen Gesellschafters hat.

Im Wesentlichen werden drei Auffassungen vertreten:[11]

(1) Der Ansässigkeitsstaat legt nach seinem innerstaatlichen Steuerrecht – losgelöst von der Qualifikation des Quellenstaates (Sitzstaat der Personengesellschaft) – fest, wer „ansässige Person" im Sinne des Abkommens ist. Dies ist der in seinem Ansässigkeitsstaat steuerpflichtige Gesellschafter. Diese Auffassung liegt dem BMF-Schreiben vom 16.4.2010 zugrunde.[12]

---

[8] St. Rspr., vgl. z. B. BFH v. 13.2.2008, BStBl II 2009, 414, und v. 16.10.2002, BStBl II 2003, 631 unter III. 3. b) bb) aaa) mit weiteren Urteilsnachweisen.

[9] Vgl. *Vogel*, IStR 1999, S. 5 ff. (S. 6) m. w. N.

[10] Vgl. die Zusammenstellung der Meinungen bei *Wassermeyer*, in: Debatin/Wassermeyer MA Art. 1 Rz. 27a, *Vogel*, IStR 1999, S. 5 ff.; *Schmidt*, Wpg. 2002, S. 1139 m. w. N.; gegen die h. M. aussprechend *Wassermeyer*, IStR 1998, S. 489 ff. (S. 490) und *derselbe*, in: Debatin/Wassermeyer MA Art. 1 Rz. 27c.

[11] Vgl. hierzu ausführlich *Schmidt*, IStR 2010, S. 425 ff. sowie den Meinungsstreit zwischen *Vogel* und *Wassermeyer*, ausgehend vom Beitrag *Wassermeyers*, IStR 1998, S. 489 ff., mit der Replik von *Vogel*, IStR 1999, S. 5 ff. und dem Duplik von *Wassermeyer*, IStR 1999, S. 8 jeweils m. w. N.

[12] Vgl. Tz. 2.1.1. und 4.1.4.1; ebenso aber auch *Wassermeyer*, IStR 1998, S. 489 ff.

(2) Der Ansässigkeitsstaat der Gesellschafter ist an die Abkommenssubjektfestlegung des Sitzstaates der Personengesellschaft (Quellenstaat) gebunden. Er darf jedoch (inkonsequenterweise) den (unverteilten) Gewinnanteil in der Hand der Gesellschafter versteuern. Eine Freistellung kann sich aber aus dem Methodenartikel i. V. m. Art. 7 Abs. 1 S. 1 *zweiter Halbsatz* OECD-MA ergeben. Dies ist die OECD-Auffassung.[13]

(3) Der Ansässigkeitsstaat ist auch für die Anwendung des Methodenartikels an die Abkommenssubjektfestlegung des Sitzstaates der Personengesellschaft (Quellenstaat) gebunden. Der unverteilte Gewinn unterliegt dem abkommensrechtlichen Intransparenzprinzip. Die Personengesellschaft wird abkommensrechtlich wie eine Kapitalgesellschaft behandelt. Die Freistellung ergibt sich allein aus dem vollständigen Verteilungsartikel des Art. 7 Abs. 1 *erster Halbsatz* OECD-MA. Art. 23A OECD-MA ist nicht mehr zu prüfen.[14] Nachdem jedoch im innerstaatlichen deutschen Steuerrecht Steuersubjekte die einzelnen Gesellschafter sind, ist der Abkommensvorteil auf sie überzuleiten.[15]

Zwei weitere Varianten werden von Knobbe-Keuk und M. Lang vertreten: *Knobbe-Keuk* folgt grundsätzlich der unter (3) dargestellten Auffassung.

Sofern aber die ausländische Personengesellschaft ausschüttet, sollen die abkommensrechtlichen Dividenden nach innerstaatlichem Steuerrecht steuerpflichtig sein, weil nach deutschem Steuerrecht Einkünfte aus Gewerbebetrieb vorliegen und die Besteuerung durch das Abkommen nur für nicht ausgeschüttete Gewinne eingeschränkt wird.[16] M. Lang folgt im Grundsatz der unter (1) vertretenen Auffassung. Er geht jedoch davon aus, dass abkommensrechtlich die Beteiligung an der ausländischen intransparenten Personengesellschaft einen Gesellschaftsanteil i. S. v. Art. 10 Abs. 3 OECD-MA darstellt. Für Einkünfte aus Gesellschaftsanteilen habe Deutschland das Besteuerungsrecht – und zwar für alle Gewinne, die über dem Gesellschaftsanteil der „ansässigen Person" des Gesellschafters zuzurechnen sind. Die Gewinne müssen (formal) nicht ausgeschüttet sein. Im Ergebnis bedeutet dies, dass die Gewinn doppelt besteuert werden – einmal als Gewinne einer steuerpflichtigen Körperschaft in ihrem Sitzstaat

---

[13] Vgl. hierzu das Beispiel 18 im OECD-Partnership-Report und Ziff. 6.1 des OECD-MK zu Art. 1.

[14] Vgl. *Schmidt*, IStR 1996, S. 14 ff. (S. 21 f.), *derselbe*, Wpg 2002, S. 1235; Entsprechendes gilt m. E. auch für den Progressionsvorbehalt. Der BFH hat jedoch seine frühere Rechtsprechung aufgeben und sieht inzwischen den innerstaatlichen Progressionsvorbehalt in § 32b Abs. 1 Nr. 2 und 3 EStG weitgehend losgelöst vom abkommensrechtlichen Progressionsvorbehalt in Art. 23A Abs. 3 OECD-MA; vgl. BFH v. 19.12.2001 - I R 63/00, IStR 2002, S. 439; bestätigt durch BFH v. 15.5.2002, I R 40/01, IStR 2002, S. 1435.

[15] Vgl. *Vogel*, IStR 1999, S. 5 ff. (S. 7), *Schmidt*, IStR 1996, S. 14 ff. (S. 17 f.); *derselbe*, Wpg 2002, S. 1235; *Prokisch*, in: Vogel/Lehner, DBA, 5. Aufl., Art. 1 Rz. 34b; *Safarik*, in: Debatin/Wassermeyer, DBA Tschechien Art. 23 Rz 21; *Jacobs*, Internationale Unternehmensbesteuerung, 6. Aufl., München, S. 533.

[16] RIW 1991, S. 315.

und einmal als Gewinn aus Gesellschaftsanteilen. Hinzu kommt die Quellensteuer auf tatsächlich ausgeschüttete Gewinne im Quellenstaat, die allerdings Deutschland anzurechnen habe.[17]

Welcher Auffassung der BFH folgen möchte, hat er bisher noch nicht entschieden. Im Urteil v. 4.4.2007, I R 110/05[18] lässt er diese Frage ausdrücklich offen. In seinem Beschluss v. 19.5.2010, I B 191/09,[19] in einem AdV-Verfahren stellt er fest:[20]

> *„Es ist ernstlich zweifelhaft, ob die Besteuerung des in Deutschland ansässigen Gesellschafters einer spanischen, nach dortigem im Gegensatz zum deutschen Recht steuerlich als intransparent behandelten Personengesellschaft nach Maßgabe des DBA-Spanien auf der Grundlage des deutschen oder aber des spanischen Steuerrechts vorzunehmen ist ...“*

3.2. Veräußerung der Solaranlage durch die S.C.

Nach der von der Finanzverwaltung im BMF-Schreiben vom 16.4.2010 vertretenen Auffassung (Tz. Tz. 4.1.4.1 i. V. m. Tz. 4.1.1) wird bei Anwendung des Abkommens durch Deutschland auf die natürlichen Personen Christof und Lukas F. abgestellt, und es werden deren Gewinnanteile betrachtet. Zu prüfen ist danach, ob deren Gewinnanteil nach den gleichen Grundsätzen wie bei einer transparent besteuerten Personengesellschaft freigestellt werden kann. Davon ist im vorliegenden Fall auszugehen. Bei der Ausschüttung des Veräußerungsgewinns fällt nach spanischem Recht eine Quellensteuer in Höhe von 10 % an (Art. 10 Abs. 2 Buchst. a) 2. Alt. DBA Spanien). Eine Anrechnung bzw. ein Abzug der Quellensteuer nach § 34c Abs. 1 oder 2 EStG scheidet nach dem BMF-Schreiben aus, weil die Gewinnausschüttung nach deutschem Steuerrecht, nicht steuerbar ist (Tz. 4.1.4.1).

Würde man demgegenüber auch für die Abkommensanwendung durch Deutschland davon ausgehen, dass es die Personengesellschaft selbst ist, die das Unternehmen betreibt, würde sich die Freistellung aus der (vollständigen) Verteilungsnorm des Art. 7 Abs. 1 S. 1 HS. 1 DBA Spanien ergeben.

Art. 7 Abs. 1 DBA Spanien lautet:

> *Art. 7 [Unternehmensgewinne]*
>
> *(1) Gewinne eines Unternehmens eines Vertragstaates können nur in diesem Staat besteuert werden, es sei denn, dass das Unternehmen seine Tätigkeit im anderen*

[17] Vgl. *Lang*, M., Die abkommensrechtliche Behandlung von ausländischen Personengesellschaften mit Steuersubjektivität im Ausland, Festschrift für Lutz Fischer, Berlin 1999, S. 713-730.
[18] BStBl. II 2007, S. 521.
[19] IStR 2010, S. 530.
[20] Vgl. hierzu *Schmidt*, IStR 2010, S. 520 ff.

Vertragstaat durch eine dort gelegene Betriebstätte ausübt. Übt das Unternehmen eine Tätigkeit in dieser Weise aus, so können die Gewinne des Unternehmens in dem anderen Staat besteuert werden, jedoch nur insoweit, als sie dieser Betriebstätte zugerechnet werden können.

3.3. Veräußerung des Kommanditanteils von 99 % an der S.C.

Im Unterschied zu dem Gewinn aus der Veräußerung der Solaranlage (Assets), der – mit unterschiedlichen Begründungen – nach beiden Auffassungen freigestellt wäre, ergibt sich bei der Veräußerung des Kommanditanteils durch die deutsche KG etwas anderes.

Erkennt man die S.C. als solche für die DBA-Anwendung durch Deutschland an, so untersteht der Veräußerungsgewinn dem Regime des Art. 13 Abs. 3 DBA Spanien (sonstiges, in den vorstehenden Absätzen nicht genanntes Vermögen). Das ausschließliche Besteuerungsrecht steht Deutschland zu. Nach innerstaatlichem deutschem Steuerrecht liegen Einkünfte aus Gewerbebetrieb vor, die der Einkommensteuer unterliegen.

Nach der vom BMF im Schreiben v. 16.4.2010 vertretenen Auffassung liegt die Veräußerung von Bruchteilen von Wirtschaftsgütern vor, die unter Art. 13 Abs. 1 – soweit sie unbewegliches Vermögen darstellen – sonst unter Art. 13 Abs. 2 DBA Spanien zu subsumieren sind. Eine Freistellung soll jedoch unterbleiben, weil § 50d Abs. 9 Nr. 1 EStG die ansonsten bestehende Doppelfreistellung verhindert.[21] Nach der OECD-Auffassung würde bei dem hier bestehenden Qualifikationskonflikt die Freistellung durch eine einschränkende Auslegung von Art. 23 DBA Spanien (entspricht diesbezüglich Art. 23A Abs. 1 OECD-MA) verhindert.[22]

Demgegenüber hat der BFH in seinem Beschluss v. 19.5.2010 bei summarischer Prüfung im AdV-Verfahren Zweifel, ob es richtig ist, dass der Gewinn aus der Anteilsveräußerung nicht befreit ist. Er führt aus, dass DBA auch gelten, wenn nur eine virtuelle Doppelbesteuerung gegeben ist. Und er bezweifelt, dass das Auslegungskonzept des OECD-Partnership-Reports, das Eingang in den OECD-MK 2000 gefunden hat, zutrifft. Ferner hält er es für möglich, dass § 50d Abs. 9 Nr. 1 EStG sowohl aufgrund seiner Rückwirkung als auch in seiner Wirkung als Treaty override verfassungswidrig ist.[23]

Ergebnis:

Sofern die S.C. abkommensrechtlich auch bei deutscher Abkommensanwendung als Gesellschaft anzusehen wäre, wovon die wohl h. M. ausgeht, wäre der Gewinn aus der Anteilsveräußerung in Deutschland steuerpflichtig. Entsprechendes gilt nach OECD-

---

[21] Vgl. hierzu ausführlich *Schmidt*, IStR 2010, S. 427 f.

[22] Vgl. hierzu ausführlich *Schmidt*, Wpg 2002, S. 1145.

[23] Ausführlich zur Begründung des BFH vgl. *Schmidt*, IStR 2010, S. 521 ff.

Auffassung und nach Auffassung der deutschen Finanzverwaltung, die auf die Regelung des § 50d Abs. 9 Nr. 1 EStG abstellt. Der BFH hält es im Beschluss vom 19.5.2010 dagegen für möglich, dass der anteilige Veräußerungsgewinn aus dem Verkauf des Kommanditanteils durch die KG bei Christof und Lukas F. als Veräußerung von anteiligen Wirtschaftsgütern einer Betriebsstätte nach Art. 23 Abs. 1 i. V. m. Art. 13 Abs. 1 und 2 DBA Spanien freizustellen ist.

II. Brennpunkte des AStG

1. § 1 AStG

Von Dr. Xaver Ditz, Steuerberater, Bonn

a) Funktionsverlagerungen nach Änderung des § 1 Abs. 3 AStG durch das Gesetz zur Umsetzung steuerlicher EU-Vorgaben/ VWG-Funktionsverlagerung v. 13.10.2010

Fall 10: Funktionsverlagerung auf ein Routineunternehmen

Die A GmbH mit Sitz in Bonn ist in den Bereichen der Entwicklung, der Herstellung und des Vertriebs von Kühlschränken tätig. Die Kühlaggregate, die im Rahmen der Produktion der Kühlschränke benötigt werden, werden derzeit in Bonn entwickelt und hergestellt. Daneben werden die Kühlaggregate in erheblichem Umfang an externe Kunden der A GmbH vertrieben. Zur Herstellung der Kühlaggregate sind Patente notwendig, die von der A GmbH selbst entwickelt wurden. Die Kühlaggregate werden permanent weiterentwickelt; üblicherweise haben sie einen Produktlebenszyklus von fünf Jahren.

Auf Grund des zunehmenden Wettbewerbsdrucks aus Asien und den steigenden Lohnkosten in Deutschland erwirtschaftet die Sparte „Kühlaggregate" der A GmbH seit geraumer Zeit Verluste. Die in diesem Zusammenhang eingeleiteten Restrukturierungsmaßnahmen konnten daran nichts ändern. Es wird dauerhaft von jährlichen Verlusten in Höhe von mindestens EUR 400.000 ausgegangen. Falls die A GmbH die Sparte „Kühlaggregate" schließen würde, könnte sie aus dem Verkauf der bestehenden Produktionsanlagen Einnahmen in Höhe von EUR 500.000 erzielen. Gleichzeitig würden Schließungskosten in Höhe von EUR 800.000 entstehen.

Die Geschäftsführung der A GmbH beschließt, die Produktion der Kühlaggregate in Bonn einzustellen und diese zukünftig in Ungarn durch die neu gegründete Tochtergesellschaft B Kft. herzustellen. Die Produktionsanlagen wurden bereits nach Ungarn überführt. Die Patente verbleiben jedoch bei der A GmbH. Zum Aufbau der Produktionsanlagen sowie zur Einarbeitung der ungarischen Fachkräfte sollen zudem Ingenieure der A GmbH entsandt werden.

Die B Kft. soll ausschließlich für die A GmbH produzieren und erhält dafür eine nach der Kostenaufschlagsmethode berechnete Vergütung. Die A GmbH hat sich zudem vertraglich zur Abnahme der gesamten Produktion verpflichtet.

Lösungshinweise:

1.   B Kft. als reiner Lohnfertiger

In Fall 1 agiert die B Kft. als reiner Lohnfertiger zur Herstellung der Kühlaggregate für die A GmbH. Nach Tz. 4.1.2 VWG-Funktionsverlagerung[1] sind – in Ergänzung zu den Regelungen der VWG 1983[2] – für einen Lohnfertiger die folgenden Merkmale typisch:[3]

► Der Lohnfertiger trägt keine Produktionsrisiken (z. B. Qualitätsrisiko, Auslastungsrisiko, Absatzrisiko und Lagerrisiko).

► Der Lohnfertiger hat die Produkte nicht selbst entwickelt und besitzt oder erwirbt kein Eigentum an den für die Produktion erforderlichen immateriellen Wirtschaftsgütern (hier: Patente).

► Der Lohnfertiger nimmt keine Vermarktungsfunktion wahr und trägt keine Marktrisiken.

► Der Lohnfertiger verfügt über keine entsprechenden Entscheidungskompetenzen.

► Der Lohnfertiger erhält die für seine Produktionsschritte notwendigen Roh-, Hilfs- und Betriebsstoffe und ggf. auch die Produktionsanlagen vom Auftraggeber beigestellt.

Diese Voraussetzungen sind bei der B Kft. erfüllt. Infolgedessen werden auf die B Kft. weder Geschäftschancen noch Gewinnpotenzial von der A GmbH übertragen. Denn der A GmbH stehen weiterhin alle Chancen und Risiken aus der Herstellung der Kühlaggregate bzw. der Kühlschränke zu, die sich z. B. aus der Vermarktung und Weiterverarbeitung ergeben. Da folglich die Chancen und Risiken sowie die wesentlichen Wirtschaftsgüter bei der A GmbH verbleiben (insbesondere Kundenstamm und Patente), kommt es nicht zu einer Funktionsverlagerung im Sinne des § 1 Abs. 3 Satz 9 AStG. Vielmehr greift § 1 Abs. 7 FVerlV, wonach keine Funktionsverlagerung vorliegt, wenn ausschließlich Wirtschaftsgüter veräußert oder zur Nutzung überlassen werden oder nur Dienstleistungen erbracht werden.[4]

Selbst wenn man – entgegen den o.g. Grundsätzen – von einer Funktionsverlagerung ausgehen würde, wäre § 2 Abs. 2 FVerlV einschlägig. Denn die B Kft. produziert die Kühlaggregate ausschließlich für die A GmbH und der entsprechende Verrechnungspreis wird nach der Kostenaufschlagsmethode ermittelt. In diesem Fall geht auch die

---

[1] Vgl. BMF v. 13.10.2010, BStBl. I 2010, S. 774.

[2] Vgl. BMF v. 23.2.1983, BStBl. I 1983, S. 218, Tz. 3.1.3. Bsp. 3.

[3] Vgl. auch *Baumhoff*, in: Flick/Wassermeyer/Baumhoff, Außensteuerrecht, Kommentar, § 1 AStG Rz. 583 ff.; *Ditz*, DStR 2006, S. 1629; *Ditz/Just*, DStR 2009, S. 141 f.

[4] Vgl. auch Tz. 2.1.7.1 VWG-Funktionsverlagerung.

Finanzverwaltung[5] davon aus, dass mit dem übergehenden Transferpaket keine wesentlichen immateriellen Wirtschaftsgüter und Vorteile übertragen werden. Damit ist die Escape-Klausel des § 1 Abs. 3 Satz 10, 1. Alt. AStG anwendbar, die im Ergebnis zu einer Einzelbewertung der übergegangenen Produktionsanlagen führt.[6]

Die Entsendung der Ingenieure an sich stellt keine Funktionsverlagerung dar. Vielmehr sind – soweit die Voraussetzungen des BMF-Schreibens zur Arbeitnehmerentsendung v. 9.11.2001[7] erfüllt sind – lediglich die für die Ingenieure angefallenen Kosten an die B Kft. zu verrechnen.[8] Sind diese Voraussetzungen nicht erfüllt, können die Dienstleistungen der Ingenieure anhand der Kostenaufschlagsmethode verrechnet werden.

2. Aufteilung von Standortvorteilen

Hinsichtlich der Anwendung der Kostenaufschlagsmethode ist noch die Aufteilung von Standortvorteilen zu beachten. Standortvorteile werden bei der B Kft. durch niedrigere Produktionskosten auf Grund eines niedrigeren Lohnniveaus, geringerer Sozialabgaben etc. realisiert. Die günstigere Kostensituation führt ceteris paribus zu einem Mehrgewinn im Vergleich zur Inlandsproduktion durch die A GmbH ohne Einschaltung der B Kft. Der aus den Standortvorteilen resultierende Mehrgewinn darf allerdings nicht einseitig über die Kostenaufschlagsmethode (z. B. durch Anwendung eines pauschalen Gewinnaufschlags in Höhe von 5 % bis 10 %) an die A GmbH „abgegeben" werden. Denn Standortvorteile entstehen auf Grund der wirtschaftlichen Rahmenbedingungen des jeweiligen Staates. Somit sollte das grundsätzliche Besteuerungsrecht der daraus resultierenden Gewinne auch dem betreffenden Staat (hier: Ungarn) zustehen. Vor diesem Hintergrund sind nach h. M. der Literatur die durch die niedrigeren Kosten im Ausland resultierenden Standortvorteile zwischen Auftraggeber und Lohnfertiger aufzuteilen.[9] Im Übrigen geht auch das Finanzgericht Münster in seinem (rechtskräftigen) Urteil v. 16.3.2006 davon aus, dass Standortvorteile zwischen Auftraggeber (hier: A GmbH) und Lohnfertiger (hier: B Kft.) hälftig aufzuteilen sind.[10] So machte das FG Münster in seiner Urteilsbegründung zutreffend deutlich, dass der durch die Produktion im Ausland entstandene Kostenvorteil nicht vollständig dem inländischen Auftraggeber zuzuordnen ist, sondern auch dem Lohnfertiger zusteht. Konkret hat dabei das FG Münster bei einer hälftigen Teilung des Kostenvorteils keinen Verstoß gegen den

---

[5] Vgl. Tz. 4.1.3 VWG-Funktionsverlagerung.

[6] Vgl. auch *Baumhoff/Ditz/Greinert*, DStR 2008, S. 1950.

[7] Vgl. BMF v. 9.11.2001, BStBl. I 2001, S. 796.

[8] Vgl. auch § 1 Abs. 7 FVerlV; Tz. 2.1.7.2 VWG-Funktionsverlagerung.

[9] Vgl. *Baumhoff/Greinert*, IStR 2006, S. 791; *Schreiber*, in: Oestreicher, Internationale Verrechnungspreise, 2003, S. 319; *Wassermeyer*, StbJb 1997/98, S. 163; *Rödder*, StbJb 1997/98, S. 122; *Kroppen*, in: Kroppen, Handbuch der internationalen Verrechnungspreise, Rz. W 59.

[10] Vgl. FG Münster v. 16.3.2006, 8 K 2348/02 E, EFG 2006, 1562.

Grundsatz des Fremdvergleichs gesehen. Dies ist insofern sachgerecht, als auch § 1 Abs. 3 Satz 7 AStG bei einer Anwendung des hypothetischen Fremdvergleichs im Zweifel eine hälftige Aufteilung des Einigungsbereiches zwischen Leistungserbringer und Leistungsempfänger vorsieht.

Fall 11: Funktionsverlagerung auf einen Eigenproduzenten

Der Sachverhalt entspricht dem Sachverhalt in Fall 10. Allerdings beschließt die Geschäftsführung der A GmbH, auch die mit der Produktion der Kühlaggregate zusammenhängenden Patente auf die B Kft. zu übertragen. Zukünftig soll die B Kft. die Kühlaggregate selbstständig weiterentwickeln. Darüber hinaus soll die B Kft. den Vertrieb
der Kühlaggregate an die externen Kunden im eigenen Namen und auf eigene Rechnung vornehmen. Die erwarteten Gewinne der B Kft. aus der Produktion und dem Vertrieb der Kühlaggregate betragen pro Jahr EUR 1 Mio.

Lösungshinweise:

1.   Erfüllung der Voraussetzungen einer Funktionsverlagerung

Im Gegensatz zu Fall 10 agiert die B Kft. in Fall 11 nicht als Lohnfertiger, sondern als
Eigenproduzent. Nach Tz. 4.1.1 VWG-Funktionsverlagerung sind folgende Merkmale für
einen Eigenproduzenten typisch:[1]

▶ Der Eigenproduzent übt die volle Produktionsfunktion aus (z. B. Fertigung, Produkti-
onsentwicklung, Produktauswahl, Einkauf, Lagerhaltung, Forschung und Entwicklung).

▶ Der Eigenproduzent nimmt auch Vertriebs- und Vermarktungsfunktionen wahr (z. B.
Werbung, Marketing, Vertrieb).

▶ Der Eigenproduzent verfügt über eigene Entscheidungskompetenzen in Bezug auf
die Produktions-, Vertriebs- und Vermarktungsfunktionen.

▶ Der Eigenproduzent ist im Besitz der wesentlichen materiellen und insbesondere
immateriellen Wirtschaftsgüter (Eigentum oder Lizenz).

▶ Der Eigenproduzent trägt die mit der Ausübung dieser Funktionen verbundenen
Chancen und Risiken, insbesondere das Markt- und Absatzrisiko.

Da in Fall 11 die F&E-, die Herstellungs- und die Vertriebsfunktion für die Kühlaggregate und darüber hinaus sämtliche damit zusammenhängenden Chancen und Risiken
sowie die wichtigsten immateriellen Wirtschaftsgüter (Patente) von der A GmbH auf
die B Kft. übertragen werden, liegt eine Funktionsverlagerung gem. § 1 Abs. 2 Satz 1
FVerlV vor. Denn mit diesen Funktionen im Zusammenhang stehende Wirtschaftsgüter
und sonstige Vorteile gehen auf die B Kft. über und bei der A GmbH werden die entsprechenden Funktionen nach der Funktionsverlagerung eingestellt.[2] Ferner ist § 2
Abs. 2 FVerlV (Übertragung von Funktionen auf ein Routineunternehmen und Anwendung der Kostenaufschlagsmethode) nicht anwendbar. Ebensowenig sind die Ausnah-

---

[1] Vgl. auch *Jacobs*, Internationale Unternehmensbesteuerung, 2007, S. 1037.
[2] Zu Einzelheiten vgl. auch *Baumhoff/Ditz/Greiner*, DStR 2008, S. 1946.

metatbestände der Funktionsverdoppelung (§ 1 Abs. 6 FVerlV) und der bloßen Übertragung von Wirtschaftsgütern/Personalentsendung (§ 1 Abs. 7 FVerlV) einschlägig.[3]

2. Folge der Funktionsverlagerung: Bewertung der Funktion als Ganzes

Da in Fall 11 die Tatbestandsvoraussetzungen einer Funktionsverlagerung erfüllt sind, hat die A GmbH das entsprechende Entgelt auf der Grundlage einer Verlagerung „der Funktion als Ganzes" zu bestimmen, d. h. den Wert für ein sog. Transferpaket zu ermitteln. Das Transferpaket besteht nach § 1 Abs. 3 FVerlV aus den von der A GmbH auf die B Kft. übergehenden Funktionen und der mit diesen Funktionen zusammenhängenden Chancen und Risiken sowie den Wirtschaftsgütern und Vorteilen, die auf die B Kft. übertragen werden. Im Ergebnis beinhaltet damit das Transferpaket ein Konglomerat aus allen denkbaren Lieferungs- und Leistungsbeziehungen, die zwischen der A GmbH und der B Kft. im Zusammenhang mit der Funktionsverlagerung stattfinden.[4]

Da vorliegend die Anwendung eines tatsächlichen Fremdvergleichs nicht möglich ist, ist nach der Grundregel des § 1 Abs. 3 Satz 5 ff. AStG der Wert des Transferpakets unter Anwendung des hypothetischen Fremdvergleichs zu ermitteln. Im Rahmen des hypothetischen Fremdvergleichs sind auf Grund einer Funktionsanalyse und innerbetrieblicher Planrechnungen ein Einigungsbereich aus dem Mindestpreis der A GmbH und dem Höchstpreis der B Kft. zu ermitteln. Dabei ist bei der Ermittlung der Preisunter- bzw. Preisobergrenze auf die zukünftigen kapitalisierten Gewinnerwartungen („Gewinnpotenzial") der Funktion abzustellen. Dies läuft auf eine Anwendung des Ertragswertverfahrens hinaus, wobei folgende – im Rahmen der VWG-Funktionsverlagerung v. 13.10.2010 ausführlich dargelegten – Gesichtspunkte zu berücksichtigen sind:

▶ Isolierung und Prognose der „Reingewinne nach Steuern", die auf das Transferpaket entfallen;[5]

▶ Bestimmung des Kapitalisierungszeitraums;[6]

▶ Bestimmung eines angemessenen Kapitalisierungszinssatzes.[7]

Die Preisuntergrenze aus Sicht der A GmbH ergibt sich aus dem Barwert der „Reingewinne nach Steuern", den die A GmbH bei einer Fortführung der entsprechenden Funktionen erwartet hätte. Da die A GmbH allerdings dauerhaft Verluste erwirtschaften

---

[3] Vgl. auch Tz. 4.1.1 VWG-Funktionsverlagerung.

[4] Vgl. Tz. 2.1.3 VWG-Funktionsverlagerung; *Baumhoff/Ditz/Greinert*, DStR 2008, S. 1947 f.

[5] Vgl. dazu Tz. 2.3 VWG-Funktionsverlagerung.

[6] Vgl. dazu Tz. 2.6 VWG-Funktionsverlagerung.

[7] Vgl. dazu Tz. 2.5 VWG-Funktionsverlagerung.

wird, bestimmt sich die Preisuntergrenze gem. § 7 Abs. 3 FVerlV nach dem niedrigeren der beiden folgenden Werte:[8]

► Barwert der erwarteten Verluste (hier: ./. EUR 400.000 x Barwertfaktor) oder

► Liquidationswert der Funktion (hier: EUR 500.000 ./. EUR 800.000 = ./. EUR 300.000).

Damit ergibt sich nach den Grundsätzen des § 7 Abs. 3 FVerlV eine Preisuntergrenze aus Sicht der A GmbH in Höhe von ./. EUR 300.000.

Die Preisobergrenze aus Sicht der B Kft. bestimmt sich aus dem Barwert der Reingewinne nach Steuern, welche die B Kft. aus der Herstellung und dem Vertrieb der Kühlaggregate erwartet. Dabei kann nach Auffassung der Finanzverwaltung das Ertragswertverfahren angewendet werden.[9] Dem hier durchgeführten Ertragswertverfahren werden folgende Annahmen zu Grunde gelegt:

► Erwarteter Gewinn: EUR 1 Mio. p.a.

– Kapitalisierungszinssatz: 7 % (Basiszinssatz von 2 % zzgl. Risikozuschlag von 5 %)[10]

– Kapitalisierungszeitraum: fünf Jahre[11]

– Kapitalisierungsfaktor: 4,1

Unter Berücksichtigung dieser Parameter im Rahmen der Anwendung des Ertragswertverfahrens ergibt sich eine Preisobergrenze aus Sicht der B Kft. in Höhe von EUR 4,1 Mio. Mithin beträgt damit der Einigungsbereich zwischen ./. EUR 300.000 (Preisuntergrenze der A GmbH) und EUR 4,1 Mio. (Preisobergrenze der B Kft.).

Nach § 1 Abs. 3 Satz 7 AStG ist aus dem Einigungsbereich der Preis für das Transferpaket zu wählen, der dem Fremdvergleichsgrundsatz mit höchster Wahrscheinlichkeit entspricht. Der Steuerpflichtige hat dies anhand nachvollziehbarer und plausibler Gesichtspunkte glaubhaft darzulegen, wobei alle Umstände des Einzelfalles, z. B. die jeweiligen Marktpositionen, das betriebliche Eigeninteresse des verlagernden Unternehmens, das Angewiesensein des übernehmenden Unternehmens auf die Wirtschaftsgüter und Vorteile, die Kapitalausstattung und Ertragslage der beteiligten Unternehmen, die Entstehung von Synergieeffekten, die Standortvorteile sowie die Höhe der ersparten Anlaufkosten zu berücksichtigen sind.[12] Kann kein anderer Wert glaubhaft gemacht werden, ist der Mittelwert des Einigungsbereiches zu Grunde zu legen.

---

[8] Zu Einzelheiten vgl. Tz. 2.7.3 VWG-Funktionsverlagerung.
[9] Vgl. Tz. 2.3.2.1 VWG-Funktionsverlagerung.
[10] Zu einem Bsp. vgl. auch *Ditz/Just*, DB 2009, S. 144.
[11] Der Zeitraum muss von der A GmbH „glaubhaft" gemacht werden, vgl. § 6 FVerlV; Tz. 2.6 VWG-Funktionsverlagerung.
[12] Vgl. Tz. 2.7.6 VWG-Funktionsverlagerung; kritisch: *Baumhoff/Ditz/Greinert*, DStR 2008, S. 1950 f.

Bei Anwendung der Mittelwertbetrachtung ergibt sich in Fall 2 ein Wert des Transfer-pakets in Höhe von EUR 1,9 Mio. Da die A-GmbH allerdings aus der Produktion der Kühlaggregate Verluste erwirtschaftet, könnte dies zum Anlass genommen werden, einen Preis am unteren Ende des Einigungsbereiches auszuwählen. Dabei wäre es ggf. sogar vertretbar, dass die A GmbH der B Kft. eine Ausgleichszahlung von EUR 300.000 leistet, um sich von der entsprechenden Verlustquelle zu lösen.

Sollte ein Entgelt für das Transferpaket in Höhe von EUR 1,9 Mio. von der A GmbH an die B Kft. verrechnet werden, besteht das Risiko, dass die ungarische Finanzverwaltung

► das Konzept der Transferpaketbewertung dem Grund nach nicht anerkennt oder

► die Wertermittlung auf Basis eines hypothetischen Fremdvergleichs (Einigungsbe-reichsbetrachtung) nicht anerkennt.

Eine entsprechende Doppelbesteuerung könnte nur durch ein Verständigungs- bzw. EU-Schiedsverfahren beseitigt werden.

3.   Anwendung der Escape-Klauseln des § 1 Abs. 3 Satz 10 AStG

Die Escape-Klauseln des § 1 Abs. 3 Satz 10 AStG lassen eine Ausnahme zur Gesamtbe-wertung eines Transferpakets zu. Danach ist eine Einzelbewertung der im Rahmen einer Funktionsverlagerung übertragenen Wirtschaftsgüter und erbrachten Dienstleis-tungen zulässig, wenn der Steuerpflichtige glaubhaft macht,

► dass keine wesentlichen immateriellen Wirtschaftsgüter und Vorteile mit der Funk-tion übergegangen sind oder zur Nutzung überlassen wurden oder

► dass das Ergebnis der Einzelpreisbestimmungen, gemessen an der Preisbestimmung für das Transferpaket als Ganzes, dem Fremdvergleichsgrundsatz entspricht.

Beiden, bereits mit dem Unternehmenssteuerreformgesetz 2008 eingefügten, Escape-Klauseln kommt in der Praxis kaum eine Bedeutung zu. Dies insbesondere deswegen, weil in der Regel im Rahmen von Funktionsverlagerungen wesentliche immaterielle Wirtschaftsgüter übergehen (erste Alternative) bzw. ein Vergleich der Einzelpreisbe-stimmungen mit dem Wert des Transferpakets sehr aufwendig ist (zweite Alternative).

Da vorliegend davon auszugehen ist, dass die von der A GmbH auf die B Kft. überge-henden Patente „wesentliche immaterielle Wirtschaftsgüter" darstellen,[13] kommt eine Anwendung der ersten Escape-Klausel des § 1 Abs. 3 Satz 10 AStG (keine Übertragung eines wesentlichen immateriellen Wirtschaftsguts) nicht in Betracht.

Mit dem Gesetz zur Umsetzung steuerlicher EU-Vorgaben sowie zur Änderung steuerli-cher Vorschriften[14] wurde eine dritte Escape-Klausel in § 1 Abs. 3 Satz 10 AStG einge-

---

[13] Zur Definition vgl. § 1 Abs. 5 FVerlV.
[14] Vgl. EU-Umsetzungsgesetz v. 8.4.2010, BGBl. II 2010, S. 386.

fügt. Durch diese Escape-Klausel sollen die Vorgaben des Koalitionsvertrages, die negativen Auswirkungen der Funktionsverlagerungsbesteuerung auf den Forschungs- und Entwicklungsstandort zu beseitigen, umgesetzt werden. In § 1 Abs. 3 Satz 10, 2. HS AStG heißt es demnach: „Macht der Steuerpflichtige glaubhaft, dass zumindest ein wesentliches immaterielles Wirtschaftsgut Gegenstand der Funktionsverlagerung ist, und bezeichnet er es genau, sind Einzelverrechnungspreise für die Bestandteile des Transferpakets anzuerkennen."

Mit dieser Regelung soll dem Steuerpflichtigen eine dritte Befreiungsmöglichkeit von der Gesamtbewertung eines Transferpakets eingeräumt werden. Allerdings wirft die Gesetzesformulierung zahlreiche Fragen auf, die sich auf die folgenden Begrifflichkeiten beziehen:

► Immaterielles Wirtschaftsgut,

► Wesentlichkeit,

► zumindest ein,

► glaubhaft machen,

► genau bezeichnen,

► Bestandteil des Transferpakets.

Hinsichtlich der Frage, wann ein immaterielles Wirtschaftsgut „wesentlich" ist, verweist Tz. 2.2.3.3 VWG-Funktionsverlagerung auf die Legaldefinition des § 1 Abs. 5 FVerlV. Danach ist ein immaterielles Wirtschaftsgut „wesentlich", wenn es für die verlagerte Funktion erforderlich ist und sein Fremdvergleichspreis insgesamt mehr als 25 % der Summe der Einzelpreise aller Wirtschaftsgüter und Vorteile des Transferpakets beträgt. Eine Anwendung dieser Definition des wesentlichen immateriellen Wirtschaftsgutes ist allerdings insofern nicht zweckmäßig, als durch die neu eingeführte Escape-Klausel gerade von einer Gesamtbewertung eines Transferpakets abgesehen werden soll. Die quantitative Gegenüberstellung des Werts eines immateriellen Wirtschaftsguts mit dem Wert des Transferpakets ist daher angesichts des Mehraufwands nicht nachvollziehbar. Die Auffassung der Finanzverwaltung in der VWG-Funktionsverlagerung wird allerdings insoweit eingeschränkt, als die Glaubhaftmachung, dass ein wesentliches immaterielles Wirtschaftsgut vorliegt, „keine präzise Wertberechnung für das Transferpaket" erfordert.[15]

Nach § 1 Abs. 3 Satz 10, 2. HS AStG muss „zumindest ein" wesentliches immaterielles Wirtschaftsgut Gegenstand der Funktionsverlagerung sein. Dies ist annahmegemäß im vorliegenden Sachverhalt mit den auf die B Kft. übergehenden Patenten der Fall. Die

---

[15] Vgl. Tz. 2.2.3.3 VWG-Funktionsverlagerung.

Bezeichnung „zumindest" macht deutlich, dass für die Anwendung der Escape-Klausel auch mehrere wesentliche immaterielle Wirtschaftsgüter Gegenstand der Funktionsverlagerung sein können.[16] Sollte demnach – neben den Patenten – auch ein Kundenstamm von der A GmbH auf die B Kft. übergehen, würde dies einer Anwendung der dritten Escape-Klausel des § 1 Abs. 3 Satz 10 AStG nicht entgegenstehen.

Schließlich muss der Steuerpflichtige glaubhaft machen, dass zumindest ein wesentliches immaterielles Wirtschaftsgut Gegenstand der Funktionsverlagerung ist.[17] Nach Auffassung der Finanzverwaltung soll dabei ein immaterielles Wirtschaftsgut dann genau bezeichnet sein, „wenn es auf Grund der Angaben des Steuerpflichtigen so eindeutig identifiziert werden kann, dass entweder ausreichende Vergleichswerte ermittelt werden können oder eine sachgerechte Preisbestimmung nach dem hypothetischen Fremdvergleich möglich ist".[18]

Es ist davon auszugehen, dass sämtliche Tatbestandsvoraussetzungen der dritten Escape-Klausel des § 1 Abs. 3 Satz 10 AStG im vorliegenden Sachverhalt erfüllt sind. Denn mit den Patenten werden wesentliche immaterielle Wirtschaftsgüter, die genau bezeichnet werden können, von der A GmbH im Rahmen der Funktionsverlagerung auf die B Kft. übertragen. Im Ergebnis ist damit eine Einzelbewertung aller übergehenden Wirtschaftsgüter (d. h. der Patente und der Produktionsanlagen) möglich. Im Einzelnen:

Was die Bewertung der übergehenden Patente betrifft, ist nach Ansicht der Finanzverwaltung zunächst die Anwendung der Preisvergleichsmethode zu prüfen.[19] Dieser sind jedoch im Rahmen der Ermittlungen von angemessenen Lizenzgebühren in der Praxis enge Grenzen gesetzt, da in der Regel fremdübliche Vergleichslizenzen nicht ermittelt werden können. Da ferner die Wiederverkaufspreismethode und die Kostenaufschlagsmethode zur Bestimmung angemessener Lizenzgebühren als wenig praktikabel gelten, kommt den gewinnorientierten Methoden in diesem Zusammenhang eine übergeordnete Bedeutung zu. Denn es ist davon auszugehen, dass eine Lizenzgebühr von dem ordentlichen Geschäftsleiter eines Lizenzunternehmens nur bis zu der Höhe gezahlt wird, bei der für ihn ein angemessener Betriebsgewinn aus dem lizenzierten Produkt verbleibt. Ausgangspunkt für die Bestimmung der angemessenen Lizenzgebühren sind daher die Gewinnerwartungen aus der Überlassung des immateriellen Wirtschaftsguts.

In der Besteuerungspraxis haben sich mittlerweile vereinfachte Verrechnungspreismethoden herausgebildet, bei denen zugleich die gewünschte Gewinnorientierung gege-

---

[16] So explizit auch Tz. 2.2.3.3 VWG-Funktionsverlagerung.

[17] Vgl. auch *Baumhoff/Ditz/Greinert*, DStR 2010, S. 1312.

[18] Tz. 2.2.3.3 VWG-Funktionsverlagerung.

[19] Vgl. BMF v. 23.2.1983, BStBl. I 1983, S. 218, Tz. 5.2.3.

ben ist. Die wohl bekannteste Vereinfachung bildet die sog. Knoppe-Formel.[20] Wenngleich sie konzeptionell angreifbar ist, so werden in der Verrechnungspreispraxis Lizenzsätze für immaterielle Wirtschaftsgüter oft nach dieser Formel ermittelt bzw. verprobt.[21] Diese Formel sieht für den Lizenzgeber (hier: A GmbH) eine Lizenz in Höhe von 25 % bis 331/3 % des vorkalkulierten Gewinns des Lizenznehmers (hier: B Kft.) aus den zur Nutzung überlassenen immateriellen Wirtschaftsgütern ohne Berücksichtigung der Lizenzgebühr vor.[22]

Auch wenn die Knoppe-Formel wegen ihrer Herleitung und pauschalen Vorgehensweise vielfach Kritik erfährt, so gibt es mittlerweile recht umfassende Studien, die ihren Gehalt bestätigen und präzisieren. Besonders erwähnenswert ist in diesem Zusammenhang die Arbeit von *Goldscheider*. Dieser hatte bereits vor Jahrzehnten die sog. 25 %-Rule zur Ermittlung angemessener Lizenzsätze auf Basis eigener empirischer Studien sowie Vorarbeiten anderer Experten abgeleitet. Diese Regel besagt, dass ein angemessener Lizenzsatz so zu bemessen ist, dass der Lizenzgeber 25 % des mit den lizenzierten immateriellen Wirtschaftsgütern generierten Gewinns erhält.[23]

Wendet man die Knoppe-Formel bzw. die 25 %-Rule im vorliegenden Sachverhalt an, würde auf die A GmbH als Lizenzgeber – bei einem erwarteten Gewinn der B Kft. von EUR 1 Mio. p.a. – eine Lizenzgebühr von EUR 250.000 p.a. entfallen. Bewertet man dann die Patente in Anlehnung an IDW S5 basierend auf dem anteiligen erwarteten Gewinn als Barwert der Gewinne über die Nutzungsdauer von fünf Jahren, ergibt sich ein Wert der Patente in Höhe von ca. EUR 1 Mio.:

▶ Kapitalisierungszinssatz 7 % (Basiszinssatz 2 % zzgl. Risikozuschlag 5 %),

▶ Kapitalisierungsfaktor: 4,1

▶ Barwert: ca. EUR 1 Mio.

Die überführten Produktionsanlagen haben einen auf Basis der Preisvergleichsmethode ermittelten Wert in Höhe von EUR 500.000.

Bei Einzelbewertung der verlagerten Wirtschaftsgüter ist somit ein Entgelt in Höhe von ca. EUR 1,5 Mio. angemessen. Dieses Entgelt liegt allerdings unter dem Wert von EUR 1,9 Mio., welcher im Rahmen der Bewertung der Funktion als Ganzes ermittelt wurde.

---

[20] Vgl. *Knoppe*, Die Besteuerung der Lizenz- und Know-how-Verträge, 1972.

[21] Vgl. etwa *Zech*, IStR 2009, S. 419; *Ditz*, IStR 2009, S. 423.

[22] Vgl. zu Einzelheiten *Baumhoff*, in: Flick/Wassermeyer/Baumhoff, Außensteuerrecht, Kommentar, § 1 AStG Rz. 715.2.

[23] Vgl. *Goldscheider/Jarosz/Mulhern*, in: Parr, Royalty Rates for Licensing Intellectual Property, 2007, S. 31; *Granstarnd*, Les Nouvelles 2006, S. 179; *Baumhoff/Greinert*, Ubg 2009, S. 547.

Insofern stellt sich die Frage, ob bei Anwendung der dritten Escape-Klausel des § 1 Abs. 3 Satz 10 AStG neben den übertragenen materiellen und immateriellen Einzelwirtschaftsgütern auch ein funktionsbezogener Geschäfts- oder Firmenwert anzusetzen ist. Dieser Wert lässt sich indessen nicht einzeln, sondern nur indirekt als Differenz aus dem Wert des Transferpakets und dem Wert der einzelnen übertragenen Wirtschaftsgüter ermitteln.[24]

Im Rahmen der Anwendung der dritten Escape-Klausel bleibt m. E. für den Ansatz eines funktionsbezogenen Geschäfts- oder Firmenwertes kein Raum.[25] Dies ergibt sich zwar nicht ausdrücklich aus dem Wortlaut der gesetzlichen Neuregelung, lässt sich jedoch aus der Entstehung der Vorschrift ableiten. Gemäß dem Bericht des Finanzausschusses wird durch den angeführten zweiten Halbsatz an den bisherigen § 1 Abs. 3 Satz 10 AStG die Vereinbarung der Regierungsparteien im Koalitionsvertrag umgesetzt.[26] Dort vereinbarten die Parteien, „bei den grenzüberschreitenden Leistungsbeziehungen unverzüglich die negativen Auswirkungen der Neuregelung zur Funktionsverlagerung auf den Forschungs- und Entwicklungsstandort Deutschland [zu] beseitigen".[27] Dieses Ziel lässt sich allerdings nur dann realisieren, wenn in Bezug auf die neu eingeführte dritte Escape-Klausel des § 1 Abs. 3 Satz 10 AStG tatsächlich von einer reinen Bewertung der übergehenden Wirtschaftsgüter ohne den Ansatz eines funktionsbezogenen Geschäfts- oder Firmenwerts auszugehen ist.

Der Ansatz eines funktionsbezogenen Geschäfts- oder Firmenwerts ist vielmehr nur dann gerechtfertigt, wenn der Erwerber einen für sich lebensfähigen Betriebsteil (Betrieb oder Teilbetrieb) übernimmt, der künftig selbstständig Gewinne erwirtschaften kann. Dabei müssen die den Geschäftswert bildenden Faktoren mit übergehen. Nur unter dieser Voraussetzung wäre ein fremder Erwerber bereit, den Wert für eine Einheit durch Diskontierung der erwarteten künftigen Erträge zu bestimmen.[28] Diese Überlegungen spiegeln sich auch im OECD-Bericht über „Transfer Pricing Aspects of Business Restructuring" wider. Hier wird ausschließlich für den Fall des „Transfer of an Ongoing Concern", also einer Übertragung eines für sich lebensfähigen Betriebsteils, der eigenständig Überschüsse erwirtschaften kann, der Ansatz eines funktionsbezogenen Geschäfts- oder Firmenwerts zugestanden. Dies trifft jedoch bei einer reinen Funktions-

[24] Vgl. etwa BFH v. 26.11.2009, III R 40/07, DStR 2010, S. 371.
[25] Vgl. *Baumhoff/Ditz/Greinert*, DStR 2010, S. 1312; *Kroppen/Rasch*, IWB 2010, S. 320; *Frischmuth*, IWB 2010, S. 435 f.; a. A. *Pohl*, IStR 2010, S. 360.
[26] Vgl. Bericht des Finanzausschusses zu dem Gesetzentwurf der Bundesregierung, BTDrs. 17/939, S. 16.
[27] Vgl. Koalitionsvertrag v. 26.10.2009.
[28] Vgl. *Haas*, in: Festschrift Schaumburg, 2009, S. 717; *Lenz/Rautenstrauch*, DB 2010, S. 698.

verlagerung wie im vorliegenden Sachverhalt nicht zu. Die Funktionsverlagerung ist vielmehr mit einer Betriebsverlagerung gerade nicht vergleichbar.[29]

Im Ergebnis sind damit in Anwendung der dritten Escape-Klausel des § 1 Abs. 3 Satz 10 AStG nur folgende Werte abzurechnen:

▸ Für die Übertragung der Patente: EUR 1 Mio.,

▸ für die Übertragung der Produktionsanlage: EUR 500.000.

---

[29] Vgl. *Kroppen/Rasch*, IWB 2010, S. 322.

Fall 12: Nutzungsüberlassung eines Transferpakets

Der Sachverhalt entspricht dem Ausgangssachverhalt in Fall 10. Die Geschäftsführung der A GmbH beschließt jedoch, der B Kft. die mit der Produktion der Kühlaggregate zusammenhängenden Patente im Rahmen einer Nutzungsüberlassung (Laufzeit vier Jahre) zur Verfügung zu stellen, damit die B Kft. als Eigenproduzent agieren kann. Die F&E-Abteilung bleibt weiterhin bei der A GmbH in Bonn angesiedelt. Die erwarteten Gewinne der B Kft. betragen weiterhin EUR 1 Mio. p.a.

Lösungshinweise:

Auch die Nutzungsüberlassung von Wirtschaftsgütern (im Sinne einer Lizenzierung) kann zu einer (zeitlich begrenzten) Funktionsverlagerung im Sinne des § 1 Abs. 3 Satz 9 AStG führen.[1] Während die Übertragung eines Transferpakets zur Sofortversteuerung der darin enthaltenen stillen Reserven führt, wird im Rahmen einer Lizenzierung die Aufdeckung der stillen Reserven zeitlich verteilt. Dies führt zu Liquiditäts- und Zinsvorteilen.

Im Zusammenhang mit der Abgrenzung zwischen einer Übertragung eines Transferpakets und einer Nutzungsüberlassung eines Transferpakets sieht § 4 Abs. 2 FVerlV vor, dass im Zweifel auf Antrag des Steuerpflichtigen von einer Nutzungsüberlassung auszugehen ist.

In Anwendung der Knoppe-Formel, welche grundsätzlich auch im Zusammenhang mit Funktionsverlagerungen Anwendung finden kann,[2] könnte eine angemessene Lizenzgebühr bei ca. EUR 250.000 p.a. liegen (d. h. 25 % des erwarteten Jahresgewinns der B Kft.). Die insoweit resultierenden Lizenzgebühren sind bei der A GmbH in vollem Umfang zu versteuern und sollten bei der B Kft. als Betriebsausgaben abzugsfähig sein. Ungarn behält keine Quellensteuer auf die Lizenzzahlungen ein.[3]

---

[1] Vgl. nur § 1 Abs. 2 Satz 1 FVerlV; *Baumhoff/Ditz/Greinert*, DStR 2008, S. 1938.

[2] Vgl. *Baumhoff/Greinert*, Ubg 2009, S. 547 m. w. N.

[3] Vgl. Art. 12 DBA Deutschland/Ungarn; EU-Zins- und Lizenzgebühren-Richtlinie.

b) § 1 AStG und SGI-Urteil des EuGH

Fall 13: Einkünftekorrekturen gem. § 1 AStG im Rahmen einer Außenprüfung

Bei der A GmbH ist der VZ 2008 Gegenstand einer Außenprüfung. Der Betriebsprüfer sieht Einkünftekorrekturen im Rahmen einer Funktionsverlagerungsbesteuerung vor, wobei er sich auf die Vorschrift des § 1 Abs. 3 Satz 9 AStG, die Transparenzklausel des § 1 Abs. 1 Satz 3 AStG und die Preisanpassungsklausel des § 1 Abs. 3 Satz 1 ff. AStG stützt. Die Einkünftekorrektur soll dabei konkret auf den Mittelwert eines durch den Betriebsprüfer selbst ermittelten Einigungsbereiches bezogen werden.

Stehen der durch die Außenprüfung vorgesehenen Einkünftekorrektur gem. § 1 Abs. 1 AStG europarechtliche Gründe entgegen?

Lösungshinweise:

1. Europarechtswidrigkeit des § 1 AStG in der Rechtsprechung und im Schrifttum

Bei § 1 AStG handelt es sich um eine Einkünftekorrekturvorschrift, welche sich auf Geschäftsbeziehungen zum Ausland mit einer dem Steuerpflichtigen nahestehenden Person bezieht. Mithin bezieht sich damit § 1 AStG nur auf grenzüberschreitende Geschäftsbeziehungen. Infolgedessen greift § 1 AStG in die Niederlassungs- und Kapitalverkehrsfreiheit ein. Denn § 1 AStG sieht eine Einkünftekorrektur nur bei Geschäftsbeziehungen zum Ausland, nicht jedoch bei reinen Inlandssachverhalten vor. Eine andere Rechtsgrundlage, die eine Einkünftekorrektur auch bei Inlandssachverhalten erlauben würde, ist – mangels verdeckter Einlage – z. B. bei Dienstleistungsverhältnissen oder Nutzungsüberlassungen nicht gegeben. So erzielt z. B. der Darlehensgeber nach der Rechtsprechung des BFH bei der Gewährung eines zinslosen Darlehens im Inlandsfall keine fiktiven Einkünfte.[1]

Diese Ungleichbehandlung ist Ursache dafür, dass § 1 Abs. 1 AStG im Schrifttum ganz überwiegend für europarechtswidrig gehalten wird.[2] Die Rechtsprechung der Finanzgerichte ist dieser Auffassung des Schrifttums weitgehend gefolgt. So hat der BFH § 1 Abs. 1 AStG bereits in einem Urteil in 2000 als „aus gemeinschaftsrechtlicher Sicht bedenklich"[3] bezeichnet und kurz darauf in einem Aussetzungsverfahren „ernstliche Zweifel" an der Vereinbarkeit des § 1 AStG mit der Niederlassungs- und Kapitalverkehrsfreiheit bejaht.[4] Ferner haben das Finanzgericht Düsseldorf[5] und das Finanzgericht

---

[1] Vgl. BFH v. 16.10.1987, GrS 2/86, BStBl. II 1988, S. 348.

[2] Vgl. etwa *Wassermeyer*, IStR 2001, S. 113; *Schaumburg*, DB 2005, S. 1129; *Herlinghaus*, FR 2001, S. 240; *Rödder*, DStR 2004, S. 1632; *Schön*, IStR 2004, S. 299; *Ditz*, IStR 2009, S. 121; a. A. *Naumann/Sydow/Becker/Mitschke*, IStR 2009, S. 665 ff.

[3] BFH v. 29.11.2000, I R 85/99, IStR 2001, S. 318.

[4] Vgl. BFH v. 21.6.2001, I B 141/00, IStR 2001, S. 509.

[5] Vgl. FG Düsseldorf v. 19.2.2008, 17 K 894/05 E, IStR 2008, S. 449.

Münster[6] die Europarechtswidrigkeit des § 1 AStG bestätigt. Insbesondere das FG Münster hat die Europarechtswidrigkeit des § 1 AStG explizit festgestellt und aus diesem Grund die Anwendbarkeit dieser Vorschrift im Streitfall ausgeschlossen. Weil die Finanzverwaltung die zugelassene Revision allerdings wieder zurückgenommen hatte, wurde das Urteil rechtskräftig, ohne dass der BFH in dieser Angelegenheit entscheiden musste.

In seinem aktuellen Urteil v. 23.6.2010 hatte der BFH nochmals die Möglichkeit, zur Europarechtswidrigkeit des § 1 Abs. 1 AStG Stellung zu beziehen. Auf Grund der besonderen Umstände des Sachverhaltes ging der BFH allerdings in dieser Entscheidung davon aus, dass diese Frage „nicht erörtert werden" muss.[7]

2.   Urteil des EuGH in der Rechtssache SGI v. 21.1.2010

a)   Sachverhalt

Grundlage der Entscheidung des EuGH in der Rechtssache SGI ist eine belgische Vorschrift, nach welcher Verrechnungspreiskorrekturen durchzuführen sind, wenn außergewöhnliche oder unentgeltliche Vorteile an ein im Ausland ansässiges Unternehmen gewährt werden, mit dem das vorteilsgewährende, in Belgien ansässige Unternehmen gesellschaftsrechtlich verbunden ist. Konkret hatte die in Belgien ansässige SGI ein unverzinsliches Darlehen an eine französische Tochtergesellschaft gewährt, an der sie zu 65 % beteiligt war. Nach einer Regelung des belgischen Steuerrechts (konkret: Art. 26 Code des Empôts sur le Revenues) führte dies zu einer Erhöhung der Einkünfte der SGI in Höhe fremdüblicher Zinsen. Hätte hingegen die in Belgien ansässige SGI dieses unverzinsliche Darlehen an eine belgische Tochtergesellschaft gewährt, wäre keine Einkünftekorrektur vorgenommen worden. Fraglich war daher, ob die entsprechende belgische Vorschrift gegen primäres Gemeinschaftsrecht verstößt.[8]

b)   Entscheidung des EuGH v. 21.1.2010

Der EuGH sieht in der Anwendung der belgischen Vorschrift, die sich wie § 1 AStG nur auf grenzüberschreitende Sachverhalte bezieht, eine Beschränkung der Niederlassungsfreiheit. Diese Beschränkung sei allerdings gerechtfertigt. Dabei werden zur Rechtfertigung der Ungleichbehandlung einerseits die Notwendigkeit einer ausgewogenen Aufteilung der Besteuerungsbefugnis zwischen den Mitgliedstaaten und andererseits die Verhütung von Steuerumgehungen angeführt. Ein Absehen von der Besteuerung solcher außergewöhnlichen und unentgeltlichen Vorteile würde die Gefahr der Verlagerung von in Belgien erwirtschafteten Gewinnen in Niedrigsteuerländer mit

---

[6] Vgl. FG Münster v. 22.2.2008, 9 K 509/07 K, F, EFG 2008, S. 928.

[7] Vgl. BFH v. 23.6.2010, I R 37/09, DStR 2010, S. 1883.

[8] Vgl. EuGH v. 21.1.2010, Rs. C-311/08, *SGI*, IStR 2010, S. 144.

sich bringen. Im Ergebnis gelangt daher der EuGH aus der Zusammenschau der beiden vorgenannten Rechtfertigungsgründe zur Auffassung, dass die entsprechende belgische Regelung den Gründen des Allgemeininteresses entspricht und zur Zielerreichung geeignet ist.[9]

Im Rahmen der Verhältnismäßigkeitsprüfung hat der EuGH sodann auf folgende Bedingungen hingewiesen, die erfüllt sein müssen, damit der Verhältnismäßigkeitsgrundsatz gewahrt ist:[10]

▶ Zunächst muss die nationale Regelung eine Prüfung objektiver und nachprüfbarer Umstände vorsehen, damit festgestellt werden kann, ob ein geschäftlicher Vorgang eine rein künstliche Konstruktion zu steuerlichen Zwecken darstellt. Dabei wurde der Fremdvergleichsgrundsatz vom EuGH als „objektives, für Dritte nachprüfbares Kriterium"[11] bezeichnet, anhand dessen festgestellt werden kann, ob eine rein künstliche Konstruktion zu steuerlichen Zwecken vorliegt oder nicht.

▶ Ferner muss dem Steuerpflichtigen Gelegenheit gegeben werden, wirtschaftliche Gründe für den Abschluss des beanstandeten Geschäfts nachzuweisen. Auch ein Abweichen vom Fremdvergleichsgrundsatz führt damit nicht zwangsläufig zu einer Verrechnungspreiskorrektur, wenn die Preisfindung gleichwohl von außersteuerlichen Erwägungen getragen wird.[12]

▶ Schließlich darf eine Einkünftekorrektur auf Grund unangemessener Verrechnungspreise nur insoweit durchgeführt werden, als das vereinbarte Entgelt zu Lasten des nationalen Fiskus nicht dem Fremdvergleichsgrundsatz entspricht.

Im Ergebnis sah der EuGH eine grenzüberschreitende Einkünftekorrektur auf Grund unangemessener Verrechnungspreise bei der Gewährung von unentgeltlichen oder außergewöhnlichen Vorteilen für grundsätzlich zulässig an. Um dem Grundsatz der Verhältnismäßigkeit zu entsprechen, unterliegt die Einkünftekorrektur jedoch Einschränkungen.

3. Konsequenzen für die Europarechtswidrigkeit des § 1 AStG

Vertreter der Finanzverwaltung ziehen aus der Entscheidung des EuGH v. 21.1.2010 in der Rechtssache SGI die Schlussfolgerung, dass es sich bei § 1 AStG um eine „zur Wahrung einer international ausgewogenen Aufteilung der Besteuerungsrechte und zur Verhütung von Steuerumgehungen dienende verhältnismäßige Regelung" handelt,

---

[9] Vgl. EuGH v. 21.1.2010, Rs. C-311/08, *SGI*, IStR 2010, S. 144, Rn. 69.
[10] Vgl. EuGH v. 21.1.2010, Rs. C-311/08, *SGI*, IStR 2010, S. 144, Rn. 71 ff.; *Englisch*, IStR 2010, S. 141 f.; *Scheipers/Linn*, IStR 2010, S. 472.
[11] Vgl. EuGH v. 13.3.2007, Rs. C-524/04, *Thin Cap GLO*, IStR 2007, S. 249.
[12] Vgl. auch *Englisch*, IStR 2010, S. 141; *Schön*, IStR 2009, S. 888.

„die den EG-rechtlichen Anforderungen *vollumfänglich* standhält".[13] Diese Aussage ist
in ihrer Allgemeinheit unzutreffend. Zwar hat der EuGH klargestellt, dass Einkünftekor-
rekturvorschriften, die sich auf unangemessene Verrechnungspreise beziehen, als solche nicht europarechtswidrig sind. Dies gilt auch für den in § 1 Abs. 1 Satz 1 AStG niedergelegten Fremdvergleichsgrundsatz.[14] Allerdings geht die Vorschrift des § 1 AStG
teilweise über das hinaus, was der EuGH zur Rechtfertigung einer Ungleichbehandlung
(Notwendigkeit einer ausgewogenen Aufteilung der Besteuerungsbefugnis zwischen
den Mitgliedstaaten und Verhütung von Steuerumgehungen) als verhältnismäßig
ansieht und was im Übrigen auch durch Art. 9 Abs. 1 OECD-MA gedeckt ist.[15] Im Einzelnen:

► Nach Auffassung des EuGH müssen objektive und nachprüfbare Umstände den
  Verdacht einer nicht dem Fremdvergleichsgrundsatz entsprechenden Vereinbarung
  zwischen den verbundenen Unternehmen begründen.[16] Im Umkehrschluss sind
  folglich Vorschriften, die nicht durch den Fremdvergleichsgrundsatz gedeckt sind,
  nicht verhältnismäßig. Folglich sollten insbesondere die Transparenzhypothese des
  § 1 Abs. 1 Satz 2 AStG, die Preisanpassungsklausel des § 1 Abs. 1 Satz 11 AStG sowie
  die Einigungsbereichsbetrachtung im Hinblick auf die Bewertung von Transferpake-
  ten bei Funktionsverlagerungen nicht verhältnismäßig sein.[17]

► Soweit der Steuerpflichtige nachweisen kann, dass sonstige wirtschaftliche Gründe
  für den Abschluss des beanstandeten Geschäfts bestehen, ist eine Einkünftekorrektur ebenfalls unverhältnismäßig. Kann daher z. B. nachgewiesen werden, dass eigene betriebliche Gründe der Muttergesellschaft für ein zinsloses Darlehen an die
  Tochtergesellschaft vorliegen, scheidet eine Einkünftekorrektur aus. Das ist bspw.
  der Fall, wenn die Tochtergesellschaft im betrieblichen Interesse der Muttergesellschaft Produkte im Ausland vertreibt und damit gute wirtschaftliche Gründe für eine Zinslosigkeit sprechen.

► Im Übrigen darf eine Verrechnungspreiskorrektur nur insoweit durchgeführt werden, als sie durch den Fremdvergleichsgrundsatz gedeckt wird. Damit ist äußerst
  fraglich, ob etwa Regelungen wie in § 1 Abs. 3 Satz 4 AStG (generelle Korrektur auf
  den Median) oder in § 1 Abs. 3 Satz 7 AStG (Ansatz des Mittelwerts innerhalb des Einigungsbereiches) verhältnismäßig sind. Denn bereits nach Auffassung des BFH ge-

---

[13] *Becker/Sydow*, IStR 2010, S. 196.
[14] Gl. A. *Musil/Fähling*, DStR 2010, S. 1505; *Englisch*, IStR 2010, S. 141.
[15] Vgl. auch *Gosch*, in: Gosch, KStG, 2. Aufl., § 8 Rz. 313.
[16] Vgl. EuGH v. 21.1.2010, Rs. C-311/08, *SGI*, IStR 2010, S. 144; EuGH v. 13.3.2007, C-524/04, *Thin Cap GLO*, IStR
     2007, S. 249.
[17] Vgl. auch *Englisch*, IStR 2010, S. 141 m. w. N.

nügen sämtliche innerhalb einer Bandbreite fremdüblicher Preise liegenden Werte einem Fremdvergleich,[18] so dass eine „pauschale" Korrektur auf den Median bzw. Mittelwert unverhältnismäßig ist.[19] Dies gilt im Übrigen auch in Bezug auf die Funktionsverlagerungsbesteuerung, die mit dem Ansatz des Mittelwertes im Einigungsbereich dazu führt, dass wesentliche im Ausland realisierte Standortvorteile und Synergieeffekte einer deutschen Besteuerung unterworfen werden.[20]

---

[18] Vgl. BFH v. 17.10.2001, I R 103/02, BStBl. II 2004, S. 171; *Baumhoff/Ditz/Greinert*, DStR 2007, S. 1464.

[19] Gl. A. *Englisch*, IStR 2010, S. 142.

[20] Kritisch auch *Musil/Fähling*, DStR 2010, S. 1505.

c)   Teilwertabschreibungen auf Gesellschafter-Darlehen und § 1 AStG

Fall 14: Teilwertabschreibung auf ein Darlehen gegenüber ausländischen Tochtergesellschaften

Die im Inland ansässige M AG gewährt in 2005 ihrer französischen Tochtergesellschaft ein Darlehen in Höhe von EUR 1 Mio. Das Darlehen hat eine Laufzeit bis 2010 und wird fremdüblich mit 5,5 % verzinst. Das Darlehen ist nicht durch Vermögen der Tochtergesellschaft besichert.

Bei der französischen Tochtergesellschaft handelt es sich um eine Vertriebsgesellschaft, die die in Deutschland durch die M AG hergestellten Produkte in Frankreich im eigenen Namen und auf eigene Rechnung vertreibt. Wider Erwarten entwickelt sich der französische Markt für die von der M AG hergestellten Produkte sehr schlecht. Die französische Tochtergesellschaft kommt deswegen bereits Ende 2006 in wirtschaftliche Schwierigkeiten. Ende 2007 wird offensichtlich, dass die französische Tochtergesellschaft – trotz Restrukturierungsmaßnahmen – das Darlehen in Höhe von EUR 1 Mio. nicht zurückzahlen kann. Darüber hinaus wird erkennbar, dass die Tochtergesellschaft in Frankreich voraussichtlich in 2008 – nach erheblichen Verlusten – geschlossen werden soll. Vor diesem Hintergrund nimmt die Muttergesellschaft zum 31.12.2007 eine Teilwertabschreibung auf das an ihre französische Tochtergesellschaft gewährte Darlehen (in voller Höhe) vor.

Die Finanzverwaltung erkennt im Rahmen einer Betriebsprüfung die Teilwertabschreibung dem Grunde und der Höhe nach an. Da das Darlehen allerdings nicht fremdüblich besichert war, sei eine Einkünftekorrektur nach § 1 AStG vorzunehmen. Infolgedessen sei – so der Betriebsprüfer –, die Teilwertabschreibung außerbilanziell hinzuzurechnen.

Lösungshinweise:

1.   Ansicht der Finanzverwaltung

Erfahrungsgemäß vertritt die Finanzverwaltung – insbesondere in Betriebsprüfungen – im Rahmen der Gewährung eines Darlehens von einer inländischen Mutter-Kapitalgesellschaft an ihre ausländische Tochter- Kapitalgesellschaft die Auffassung, dass entsprechende Teilwertabschreibungen auf das Gesellschafterdarlehen gem. § 1 AStG zu korrigieren sind. Hintergrund der Argumentation der Finanzverwaltung ist, dass auf Grund einer fehlenden Besicherung des Darlehens „fremdunübliche" Bedingungen vorliegen und folglich die durch die Teilwertabschreibung resultierende Einkünfteminderung bei der inländischen Mutter-Kapitalgesellschaft durch § 1 Abs. 1 AStG außerbilanziell zu korrigieren sei.

Im aktuellen BMF-Schreiben v. 29.3.2011 hat die Finanzverwaltung nunmehr die Anwendung des § 1 AStG auf Teilwertabschreibungen auf Darlehen an ausländische
Tochter-Kapitalgesellschaften „offiziell" bestätigt.[1] Gewährt demnach ein inländischer,
beherrschender Anteilseigner an eine ihm nahestehende, ausländische Gesellschaft ein
Darlehen ohne Vereinbarung einer tatsächlichen Sicherheit und wird diese fehlende
Besicherung nicht im Rahmen eines adäquaten Risikozuschlags auf den Darlehenszins
berücksichtigt, ist eine Teilwertabschreibung auf das Darlehen gem. § 1 AStG zu korrigieren.[2] Eine Anwendung des § 1 AStG scheidet allerdings nach Ansicht der Finanzverwaltung aus, wenn der sog. Rückhalt im Konzern als fortbestehende fremdübliche
Sicherheit angesehen werden kann. In einem solchen Fall sei für eine Teilwertabschreibung schon nach § 6 Abs. 1 Nr. 2 Satz 2 EStG kein Raum, „da der Rückzahlungsanspruch
(Darlehen) nicht als gefährdet anzusehen ist, solange der Rückhalt im Konzern besteht".[3] In diesem Fall ist eine dennoch vorgenommene Teilwertabschreibung – so die
Finanzverwaltung – bereits wegen Fehlens der Voraussetzungen des § 6 Abs. 1 Nr. 2
Satz 2 EStG nicht anzuerkennen.

Wie die nachfolgenden Ausführungen zeigen, kann der Argumentation der Finanzverwaltung, Teilwertabschreibungen auf Gesellschafterdarlehen in Auslandsfällen gem.
§ 1 Abs. 1 AStG zu korrigieren, nicht gefolgt werden.

2.   Zweck und Tatbestandsvoraussetzungen des § 1 AStG

a)   Überblick

Der Sinn und Zweck des § 1 AStG besteht in der Sicherung des inländischen Steuerauf-
kommens. Aus der Gesetzesbegründung zu § 1 AStG ergibt sich, dass die Vorschrift
grundsätzlich zum Ziel hat, Gewinnverlagerungen ins Ausland zu verhindern.[4] Dies
wurde in der Regierungsbegründung zu den (umfassenden) Änderungen des § 1 AStG
durch das UntStRefG 2008[5] nochmals klargestellt.[6]

Für die Durchführung einer Einkünftekorrektur nach § 1 Abs. 1 AStG müssen die folgenden drei Tatbestandsvoraussetzungen erfüllt sein:

▶ Es muss sich um eine Geschäftsbeziehung zum Ausland handeln (§ 1 Abs. 1 i. V. m.
   Abs. 5 AStG i. d. F des UntStRefG 2008);

---

[1] Vgl. BMF v. 29.3.2011, IV B 5-S 1341/09/10004.
[2] Vgl. BMF v. 29.3.2011, IV B 5-S 1341/09/10004, Rz. 12 ff.
[3] Vgl. BMF v. 29.3.2011, IV B 5-S 1341/09/10004, Rz. 13.
[4] Vgl. BT-Drucks. VI/2883, Teil B Buchst. a) Tz. 15 ff.; vgl. dazu auch *Wassermeyer*, DB 2006, S. 299.
[5] Vgl. UntStRefG 2008 v. 14.8.2007, BGBl. I 2007, S. 1912.
[6] Vgl. BT-Drucks. 16/4841, S. 84.

▶ die Geschäftsbeziehung muss zwischen einem inländischen Steuerpflichtigen und einer ihm „nahestehenden Person" bestehen (§ 1 Abs. 1 i. V. m. Abs. 2 AStG);

▶ die Geschäftsbeziehung führt auf Grund der Vereinbarung einer fremdunüblichen Bedingung zu einer Einkünfteminderung beim inländischen Steuerpflichtigen (§ 1 Abs. 1 AStG).

b) Tatbestandsvoraussetzungen der Geschäftsbeziehung

Die Tatbestandsvoraussetzung der Geschäftsbeziehung wird in § 1 Abs. 5 AStG i. d. F des UntStRG 2008 definiert. Danach umfasst die Geschäftsbeziehung „jede den Einkünften zugrunde liegende schuldrechtliche Beziehung, die keine gesellschaftsvertragliche Vereinbarung ist und entweder beim Steuerpflichtigen oder bei der nahestehenden Person Teil einer Tätigkeit ist, auf die die Vorschriften des EStG über die Besteuerung von Einkünften aus Land- und Forstwirtschaft (§ 13 EStG), Gewerbebetrieb (§ 15 EStG), selbstständige Arbeit (§ 18 EStG) oder Vermietung und Verpachtung (§ 21 EStG) anzuwenden sind oder im Fall eines ausländischen Nahestehenden anzuwenden wären, wenn die Tätigkeit im Inland ausgeübt würde". Mit der gesetzlichen Neufassung der Geschäftsbeziehung im Rahmen des StVergAbG,[7] die erstmals für den VZ 2003 anzuwenden war,[8] wurde klargestellt, „dass eine nach den Grundsätzen des Fremdvergleichs zu würdigende Geschäftsbeziehung zwischen dem Steuerpflichtigen und einem ihm Nahestehenden immer dann anzunehmen ist, wenn es sich um eine auf schuldrechtlichen Vereinbarungen beruhende Beziehung handelt".[9] Nach dem Wortlaut des § 1 Abs. 4 AStG a. F. bzw. § 1 Abs. 5 AStG n. F. kann es zu einer Geschäftsbeziehung nur dann kommen, wenn eine schuldrechtliche Beziehung, d. h. keine gesellschaftsvertragliche Vereinbarung vorliegt.[10] Damit gehören nach der Gesetzesbegründung verbindliche Kreditgarantien, zinslose und zinsgünstige Darlehen sowie die unentgeltliche oder teilentgeltliche Gewährung anderer Leistungen zu den Geschäftsbeziehungen und zwar unabhängig davon, ob sie fehlendes Eigenkapital der Tochtergesellschaft ersetzen oder die wirtschaftliche Betätigung dieser Gesellschaft stärken sollen.[11] Folglich stellt die Gewährung eines eigenkapitalersetzenden Darlehens von der Muttergesellschaft an ihre ausländische Tochtergesellschaft ab dem VZ 2003 eine Geschäftsbeziehung i. S. d. § 1 Abs. 4 AStG a. F. bzw. § 1 Abs. 5 AStG n. F. dar.

---

[7] Vgl. Steuervergünstigungsabbaugesetz v. 16.5.2003, BGBl. I 2003, S. 660.

[8] Vgl. § 21 Abs. 11 Satz 1 AStG.

[9] So die Begründung zur Neufassung des damaligen § 1 Abs. 4 AStG (jetzt § 1 Abs. 5 AStG), vgl. BT-Drucks. 15/119 v. 2.12.2002, S. 53.

[10] Somit kann durch die Zuführung von Nominalkapital an eine ausländische Tochtergesellschaft in Form einer gesellschaftsrechtlichen Einlage keine Geschäftsbeziehung i.S.d. § 1 Abs. 5 AStG begründet werden. Vgl. dazu BFH v. 17.7.2008, I R 77/06, DStR 2008, S. 2001; *Ditz*, IStR 2009, S. 120.

[11] Vgl. *Ditz*, IStR 2009, S. 422; *Rödder/Schumacher*, DStR 2003, S. 817.

Mit der Neufassung des § 1 Abs. 4 AStG durch das StVergAbG v. 16.5.2003[12] reagierte der Gesetzgeber auf das sog. „Patronatsurteil" des BFH v. 29.11.2000.[13] In diesem Urteil, das mehrfach durch die Rechtsprechung bestätigt wurde,[14] hatte der BFH entschieden, dass eine Geschäftsbeziehung nicht vorliegt, wenn eine inländische Muttergesellschaft ihre ausländische Tochtergesellschaft unzureichend mit Eigenkapital ausstattet und zum Ausgleich unentgeltliche Stützungsmaßnahmen – im Urteilsfall eine harte Patronatserklärung – getroffen werden. Zudem konstatierte der BFH, dass die Herstellung der Kreditwürdigkeit einer Tochtergesellschaft sich „schon ihrer Natur nach" einem Fremdvergleich entziehe, da „derartige Leistungen immer nur im Verhältnis zwischen Gesellschaft und Gesellschafter"[15] erbracht werden. Damit ging der BFH davon aus, dass eigenkapitalersetzende Finanzierungsmaßnahmen nicht in den Anwendungsbereich des § 1 AStG a. F. einzubeziehen waren.

Im Ergebnis lag damit in der Gewährung eines eigenkapitalersetzenden Gesellschafterdarlehens von einer deutschen Muttergesellschaft an ihre ausländische Tochtergesellschaft bis zum VZ 2002 in der Regel[16] keine Geschäftsbeziehung i. S. d. § 1 Abs. 4 AStG a. F. vor.[17] Folglich scheitert eine Anwendung des § 1 AStG auf Teilwertabschreibungen auf eigenkapitalersetzendeDarlehen bis zum VZ 2002 bereits an der Tatbestandsvoraussetzung der Geschäftsbeziehung. Dies wird wohl auch von der Finanzverwaltung anerkannt.[18]

3. Einkünfteminderung auf Grund einer fremdunüblichen Bedingung

a) Fehlende Besicherung als Bedingung i. S. d. § 1 Abs. 1 Satz 1 AStG

Eine Einkünftekorrektur auf Basis des § 1 AStG ist nur möglich, soweit eine Einkünfteminderung auf Grund einer fremdunüblichen Bedingung vorliegt. Die Einkünfteminderung kann dabei unmittelbar – z. B. durch verringerte Betriebseinnahmen bzw. erhöhte Betriebsausgaben – oder mittelbar – z. B. durch Verzicht auf Einnahmenerzielung – zum Ausdruck kommen.[19] Im Falle der Darlehensgewährung einer Muttergesellschaft an ihre ausländische Tochtergesellschaft erfolgt die Einkünfteminderung durch die

---

[12] Steuervergünstigungsabbaugesetz v. 16.5.2003, BGBl. I 2003, S. 660.

[13] Vgl. BFH v. 29.11.2000, I R 85/99, BStBl. II 2002, S. 720, und den dazu ergangenen Nichtanwendungserlass BMF v. 17.10.2002, BStBl. I 2002, S. 1025. Der Nichtanwendungserlass ist mittlerweile aufgehoben, vgl. BMF v. 12.1.2010, DStR 2010, S. 112; *Baumhoff/Ditz/Greinert*, DStR 2010, S. 476.

[14] Vgl. BFH v. 27.8.2008, I R 28/07, BFH/NV 2009, S. 123; FG München v. 1.7.2008, 10 K 1639/06, EFG 2009, S. 226; FG Münster v. 24.8.2006, 6 K 2655/03 E, EFG 2007, S. 92.

[15] Vgl. BFH v. 29.11.2000, I R 85/99, BStBl. II 2002, S. 720.

[16] Vgl. aber BFH v. 23.6.2010, I 37/09, DStR 2010, S. 1883.

[17] Vgl. *Ditz*, IStR 2009, S. 421; *Schmidt*, NWB 2009, S. 1987.

[18] Vgl. BMF v. 29.3.2011, IV B 5-S 1341/09/10004, Rz. 33.

[19] Vgl. *Wassermeyer*, in: Flick/Wassermeyer/Baumhoff, Außensteuerrecht, Kommentar, § 1 AStG, 2004, Rz. 252.

durch bilanzielle Vorschriften vorgesehene Teilwertabschreibung (Niederstwertprinzip). Nach Ansicht der Finanzverwaltung ist diese Einkünfteminderung dann auf eine fremdunübliche Bedingung zurückzuführen, wenn das an die ausländische Tochtergesellschaft gewährte Darlehen nicht ausreichend besichert wurde.

Es ist indessen fraglich, ob die Unterlassung einer Darlehensbesicherung als Bedingung i. S. d. § 1 Abs. 1 AStG angesehen werden kann. Denn der im Wortlaut des § 1 Abs. 1 AStG a. F. verwendete Begriff der „Bedingung" wurde bis zum VZ 2007 regelmäßig mit dem Synonym „Verrechnungspreis" gleichgesetzt. Beispielhaft wurden diesbezüglich „Warenpreis", „Lieferpreis", „Dienstleistungsgebühr", „Zins" oder ähnliche Entgelte aufgeführt.[20] Damit kann eine fehlende Besicherung bis zum VZ 2007 nicht als Bedingung i. S. d. § 1 Abs. 1 AStG a. F. in Betracht kommen. Denn hierbei handelt es sich unzweifelhaft nicht um einen Verrechnungspreis.

Ab VZ 2008 stellt der im Zuge des UntStRefG 2008[21] geänderte Gesetzeswortlaut des § 1 Abs. 1 Satz 1 AStG n. F. auf die Vereinbarung von „Bedingungen, insbesondere Preise (Verrechnungspreise)" ab. Die Gesetzesbegründung enthält in diesem Zusammenhang lediglich den Hinweis, dass dadurch die Begriffe „Verrechnungspreise" und „Fremdvergleichsgrundsatz" in inhaltlicher Übereinstimmung mit den internationalen Grundsätzen definiert werden sollen.[22] Daraus lässt sich allerdings nicht schließen, dass der Begriff „Bedingungen" über den Bereich der Verrechnungspreise hinaus erweitert wurde. Damit kann in der Unterlassung einer Kreditbesicherung weiterhin keine „Bedingung" i. S. d. § 1 Abs. 1 Satz 1 AStG n. F. gesehen werden. Es besteht indessen zur Rechtslage bis zum VZ 2007 insofern ein Unterschied, als die Konkretisierung der Bedingung durch „*insbesondere* Preise (Verrechnungspreise)" mit dem Begriff „insbesondere" eine weitergehende Auslegung der Bedingung zulässt. Insofern verbleibt hier ein gewisser Interpretationsspielraum zu Gunsten der Finanzverwaltung.[23]

b) Fremdübliche Besicherung bei einem Mutter-Tochter-Verhältnis

Selbst wenn die Darlehensbesicherung als Bedingung i. S. d. § 1 Abs. 1 Satz 1 AStG angesehen werden sollte, stellt sich die Frage, ob innerhalb eines Mutter-Tochter-Verhältnisses eine Darlehensbesicherung überhaupt fremdüblich ist.[24] So hat der BFH zur verdeckten Gewinnausschüttung entschieden, dass die Besicherung des Darlehensanspruchs in einem Konzern schon durch die Einflussnahmemöglichkeiten des beherr-

---

[20] Vgl. *Baumhoff*, in: Flick/Wassermeyer/Baumhoff, Außensteuerrecht, Kommentar, § 1 AStG, 2002, Rz. 270.

[21] Vgl. UntStRefG 2008 v. 14.8.2007, BGBl. I 2007, S. 1912.

[22] Vgl. BT-Drucks. 16/4841 v. 27.3.2007, S. 85.

[23] In diesem Sinne auch BMF v. 29.3.2011, IV B 5-S 1341/09/10004, Rz. 6.

[24] Vgl. *Schmidt*, NWB 2009, S. 1987.

schenden Gesellschafters bei der Tochtergesellschaft gegeben ist.[25] Dabei ist es unerheblich, dass die Rückzahlung des Darlehens nicht in einem Maße sichergestellt werden kann, wie es von einem fremden Dritten üblicherweise zur Voraussetzung der Darlehenshingabe gemacht worden wäre.[26] Denn eine Besicherung von Darlehensforderungen zwischen Kapitalgesellschaften, die demselben Konzern angehören, ist unüblich, da die Konzernbeziehung für sich gesehen eine Sicherheit bedeutet.[27] Gerade deshalb kommt als angemessener Zins nur derjenige in Betracht, der für besicherte Darlehen gilt.[28] Folglich ist nach der Rechtsprechung des BFH die fehlende Besicherung von Darlehen an verbundene Gesellschaften „mit dem Fremdvergleich vereinbar".[29] Damit liegt keine fremdunübliche Bedingung vor.

Dem stimmt die Finanzverwaltung jedenfalls in den Fällen zu, in denen ein Risikozuschlag auf den Zinssatz deswegen nicht erfolgt, weil zwischen Mutter- und Tochtergesellschaft ein Rückhalt im Konzern gegeben ist.[30] Denn zumindest insoweit erkennt die Finanzverwaltung an, dass der Rückhalt im Konzern eine ausreichende Sicherheit darstellt und nimmt folgerichtig für die Prüfung des Zinssatzes an, dass der Rückhalt im Konzern als fremdübliche Sicherheit anzusehen ist.[31] Nach Auffassung der Finanzverwaltung besteht dabei ein Rückhalt im Konzern immer dann, wenn die Muttergesellschaft die Zahlungsfähigkeit der Tochtergesellschaft als Darlehensnehmerin im Außenverhältnis gegenüber fremden Dritten tatsächlich sicherstellt bzw. solange die Tochtergesellschaft ihre Verpflichtungen im Außenverhältnis tatsächlich erfüllt. Für Downstream-Darlehen ist demnach nach Auffassung der Finanzverwaltung wohl regelmäßig von einem gesicherten Darlehen auszugehen.[32]

Die Übertragung dieser Grundsätze auf den Fremdvergleich i. S. d. § 1 AStG setzt voraus, dass die Fremdvergleichsmaßstäbe für die Annahme einer verdeckten Gewinnausschüttung einerseits und für die Einkünftekorrektur gem. § 1 AStG andererseits identisch sind. In diesem Zusammenhang hat der BFH in mehreren Entscheidungen angenommen, dass bei der Prüfung einer gesellschaftsrechtlichen Veranlassung als Tatbestandsvoraussetzung einer verdeckten Gewinnausschüttung neben dem ordentlichen und gewissenhaften Geschäftsleiter der betroffenen Kapitalgesellschaft auch dessen

---

[25] Vgl. BFH v. 29.10.1997, I R 24/97, BStBl. II 1998, S. 573; BFH v. 21.12.1994, I R 65/94, DB 1995, S. 1312; vgl. auch *Gosch*, in: Gosch, KStG, 2. Aufl., § 8 Rz. 688; *Hoffmann*, GmbH-StB 2008, S. 155.

[26] Vgl. FG Köln v. 22.8.2007, 13 K 4234/03, EFG 2008, S. 154.

[27] Vgl. BFH v. 29.10.1997, I R 24/97, BStBl. II 1998, S. 573, Abschnitt II.3 d) der Entscheidungsgründe.

[28] Vgl. BFH v. 21.12.1994, I R 65/94, DB 1995, S. 1312, Abschnitt II.B.4. der Entscheidungsgründe.

[29] BFH v. 29.10.1997, I R 24/97, BStBl. II 1998, S. 573.

[30] Vgl. BMF v. 29.3.2011, IV B 5-S 1341/09/10004, Rz. 8 Buchst. c).

[31] Vgl. BMF v. 29.3.2011, IV B 5-S 1341/09/10004, Rz. 10.

[32] Vgl. BMF v. 29.3.2011, IV B 5-S 1341/09/10004, Rz. 11 und 15.

hypothetischer Vertragspartner einzubeziehen ist (sog. „Prinzip des doppelten ordentlichen Geschäftsleiters").[33] Dementsprechend ist hinsichtlich der Frage der gesellschaftsrechtlichen Veranlassung als Tatbestandsvoraussetzung der verdeckten Gewinnausschüttung darauf abzustellen, ob das Vereinbarte von dem abweicht, was unabängige Dritte unter gleichen oder ähnlichen Verhältnissen untereinander vereinbart hätten.[34] Dies entspricht indessen dem in § 1 Abs. 1 AStG niedergelegten Fremdvergleichsgrundsatz.[35]

Folglich sind die Grundsätze der o. g. BFH-Rechtsprechung, wonach die fehlende Besicherung von Darlehensgewährungen im Konzern mit dem Fremdvergleichsgrundsatz vereinbar ist, auch auf Darlehensgewährungen i. S. d. § 1 AStG anzuwenden.[36] Im Ergebnis ist die Forderung der Finanzverwaltung, derartigen Geschäftsbeziehungen das Verhalten der Banken zu Grunde zulegen, abzulehnen. Dies im Übrigen auch deswegen, weil in der Regel eigene betriebliche Gründe der Muttergesellschaft für die Gründung einer Tochtergesellschaft bestehen. Dies gilt insbesondere für ausländische Tochter-Vertriebsgesellschaften, die die im Inland von der Muttergesellschaft hergestellten Produkte im Ausland vertreiben. In diesem Fall hat die inländische Mutter-Produktionsgesellschaft ein unmittelbares eigenes Interesse an der Gründung der Vertriebsgesellschaft. Da die Muttergesellschaft durch die Geschäftsanteile die Kapitalstruktur und damit die Kreditwürdigkeit der Tochtergesellschaft beeinflussen kann, kommt es weniger auf die Kreditbesicherung an als dies bei der Kreditvergabe der Banken üblich ist.[37] Somit lässt sich das Verhalten der Banken nicht zum Maßstab der Beurteilung von Einkünftekorrekturen nach § 1 AStG machen.[38]

4. Gewinnverlagerung ins Ausland

§ 1 AStG hat zum Ziel, Gewinnverlagerungen ins Ausland zu verhindern. *Wassermeyer* hebt in diesem Zusammenhang zutreffend hervor, dass dieser Sinn und Zweck bei der Auslegung der Vorschrift zu berücksichtigen ist.[39] Es stellt sich somit die Frage, ob durch die Teilwertabschreibung eine Gewinnverlagerung ins Ausland eintritt. Eine Gewinnverlagerung ins Ausland tritt regelmäßig ein, wenn die Muttergesellschaft und

---

[33] Vgl. BFH v. 17.5.1995, I R 147/93, BStBl. II 1996, S. 204; BFH v. 6.12.1995, I R 88/94, BStBl. II 1996, S. 383; BFH v. 19.5.1998, I R 36/97, BStBl. II 1998, S. 689; BFH v. 27.3.2001, I R 27/99, DStR 2001, S. 982.

[34] Vgl. BFH v. 6.12.1995, I R 88/94, BStBl. II 1996, S. 383, Orientierungssatz.

[35] Vgl. *Wassermeyer*, DB 1994, S. 1107; *ders.*, GmbHR 1998, S. 162; *Baumhoff*, in: Mössner u.a. Steuerrecht international tätiger Unternehmen, 2005, Rn. C 257; *Ditz*, Internationale Gewinnabgrenzung bei Betriebsstätten, Berlin 2004, S. 209 f.; *Kuckhof/Schreiber*, IStR 1999, S. 518; vgl. dazu auch BMF v. 23.2.1983 (Verwaltungsgrundsätze 1983), BStBl. I 1983, S. 218, Tz. 2.1.1.

[36] So auch *Schmidt*, NWB 2009, S. 1989.

[37] Vgl. *Baumhoff*, in: Flick/Wassermeyer/Baumhoff, Außensteuerrecht, Kommentar, § 1 AStG, 2000, Rn. 742.

[38] Vgl. *Schmidt*, NWB 2009, S. 1989.

[39] Vgl. *Wassermeyer*, DB 2006, S. 299.

die Tochtergesellschaft gem. § 1 Abs. 1 Satz 1 AStG Bedingungen (Fremdkapitalvergütungen oder Verrechnungspreise) vereinbaren, die einem Fremdvergleich nicht standhalten. Konsequenterweise wäre eine Korrektur der vereinbarten Leistungsentgelte nach § 1 AStG vorzunehmen.

In dem hier betrachteten Fall handelt es sich jedoch nicht um fremdunübliche Vergütungen für eine Fremdkapitalüberlassung. Es liegt vielmehr eine Teilwertabschreibung auf den mit der Geschäftsbeziehung verbundenen Bilanzansatz der Darlehensforderung vor. Dadurch entsteht keine Gewinnverlagerung ins Ausland, die § 1 AStG seiner Zielsetzung nach erfassen soll. Insbesondere ist die durch die Teilwertabschreibung verursachte Einkünfteminderung im Inland nicht mit einer korrespondierenden Einkünfteerhöhung bei der ausländischen Tochtergesellschaft verbunden.

5. Einkünfteminderung auf Grund bilanzieller Vorschriften

Darlehensforderungen sind mit den Anschaffungskosten anzusetzen.[40] Als Anschaffungskosten einer Forderung gilt in der Regel ihr Nennwert.[41] Ist der Teilwert einer Forderung aufgrund einer voraussichtlich dauernden Wertminderung niedriger, so „kann" dieser gem. § 6 Abs. 1 Nr. 2 Satz 2 EStG angesetzt werden. Aufgrund des Maßgeblichkeitsprinzips bestand allerdings bis zum VZ 2008 nach Maßgabe der §§ 253 Abs. 2 Satz 3 2. HS (Anlagevermögen) bzw. 253 Abs. 3 Satz 2 (Umlaufvermögen) HGB bei einer voraussichtlich dauernden Wertminderung auch steuerlich die Pflicht zum Ansatz des niedrigeren Teilwerts.[42] Mit der Abschaffung der umgekehrten Maßgeblichkeit gem. § 5 Abs. 1 Satz 2 EStG a. F. im Rahmen des BilMoG[43] kann ab dem VZ 2009 – zumindest nach dem Gesetzeswortlaut und der Auffassung der Finanzverwaltung[44] – das steuerliche Wahlrecht hinsichtlich der Teilwertabschreibung unabhängig von der handelsbilanziellen Abschreibungspflicht wahrgenommen werden (§ 5 Abs. 1 Satz 1 2. HS EStG i. d. F des BilMoG).[45]

Durch die Teilwertabschreibung wird das handelsrechtliche Imparitätsprinzip verwirklicht, wonach noch nicht durch Umsatz realisierte Verluste bereits in der Periode zu erfassen sind, in der sie erkannt werden (§ 252 Abs. 1 Nr. 4 HGB). Dies gilt unabhängig

---

[40] Vgl. § 253 Abs. 1 Satz 1 HGB i. V. m. § 8 Abs. 1 Satz 1 KStG und § 6 Abs. 1 Nr. 2 EStG.

[41] Vgl. BFH v. 30.11.1988, I R 114/84, BStBl. II 1990, S. 117.

[42] Vgl. BFH v. 20.8.2003, I R 49/02, BStBl. II 2003, S. 941.

[43] Bilanzrechtsmodernisierungsgesetz (BilMoG) v. 25.5.2009, BGBl. I 2009, S. 1102.

[44] Die Ansicht der Bundesregierung, wonach ein steuerliches Wahlrecht bei Teilwertabschreibungen aufgrund des Maßgeblichkeitsgrundsatzes und des in § 253 Abs. 3 Satz 3 HGB normierten strengen Niederstwertprinzips nicht besteht, lässt sich dem Gesetzeswortlaut nicht entnehmen. Vgl. Anlage 4 der BT-Drucks. 16/10067, S. 124. Nach § 5 Abs. 1 Satz 1 2. HS EStG i.d.F. des BilMoG ist die Handelsbilanz für die Steuerbilanz maßgeblich, „es sei denn, im Rahmen der Ausübung eines steuerlichen Wahlrechts wird oder wurde ein anderer Ansatz gewählt."

[45] Vgl. *Hoffmann*, StuB 2009, S. 516; *Werth*, DStZ 2009, S. 509 f.

davon, ob eine Geschäftsbeziehung zu einer nahestehenden Person oder eine solche zum Ausland vorliegt. Damit ergibt sich die Teilwertabschreibung nicht aus der Geschäftsbeziehung zu der ausländischen Tochtergesellschaft, sondern aus der Umsetzung bilanzieller Vorschriften.[46]

6. Ergebnis

Eine Korrektur der auf die Forderung der M-AG vorgenommenen Teilwertabschreibung gem. § 1 AStG ist nicht sachgerecht.

---

[46] Vgl. *Wassermeyer*, DB 2006, S. 299.

2. Hinzurechnungsbesteuerung §§ 7 – 14, § 20 AStG

Von Dr. Dirk Pohl, Dipl.-Fw., Rechtsanwalt, Fachanwalt für Steuerrecht, Steuerberater, München

a) Änderungen durch das Jahressteuergesetz 2010 (LexMalta)

Fall 15: Der CFO eines in Deutschland börsennotierten Unternehmens bittet seinen Steuerabteilungsleiter zu sich. In dem Gespräch führt er aus, dass er erheblich unter Druck stehe, weil die effektive Konzernsteuerrate zu hoch sei. Ein Aufsichtsratmitglied aus den USA habe ihn auf die Vorteile einer konzerneigenen Versicherungsgesellschaft (Capitive Insurance Company) auf den Bermudas hingewiesen. Er habe zwar sofort mit dem Hinweis auf die deutsche Hinzurechnungsbesteuerung abgewunken, dann aber noch einmal im Internet gegoogelt und dort das sog. „*Malta-Modell*" gefunden. Daraufhin habe er mit einer maltesischen Anwaltskanzlei Kontakt aufgenommen, die folgendes vorschlägt:

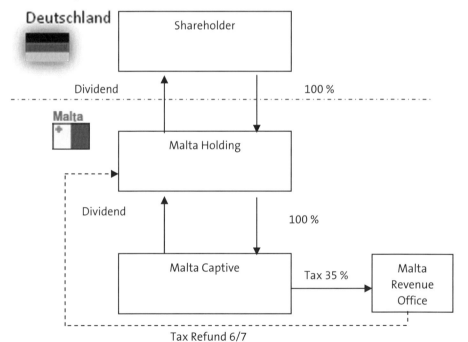

Er sei sehr enttäuscht, dass solche interessanten Vorschläge nicht aus der Steuerabteilung an ihn herangetragen würden und bittet um sofortige Prüfung.

Lösungshinweise:

Schrifttum:

Benecke/Schnittker, Neuerungen im internationalen Steuerrecht durch das JStG 2010, IStR 2010, S 432; *Ellul/Bringewat*, Rechtliche und steuerliche Aspekte des Wirtschaftsstandorts Malta, IWB Nr. 10 vom 26. Mai 2010, S. 363; *Köhler/Luckey/Kohlruss*, Das Malta-Modell nach dem Regierungsentwurf des Jahressteuergesetzes 2010, Ubg. 2010, S. 465; *Quiltizsch/Gebhard*, Kritische Würdigung der Änderungen im AStG durch das JStG 2010, BB 2010, S. 2212;

I.   Vorbemerkung

1. Die Gründung einer Captive kann auch als Eigenversicherer eines einzigen Konzerns ("pure single captive") erhebliche Vorteile bieten, obwohl sowohl Versicherungsprämien als auch Schadensleistungen im wirtschaftlichen Ergebnis im Konzern verbleiben u. a.:

   ▶ günstiger Verlauf der Prämienentwicklung aus Sicht der einzelnen Konzerngesellschaft (keine Informationsasymmetrie zwischen Versicherer und Versicherung);

   ▶ psychologische Auswirkungen auf das Risikoverhalten der Konzerngesellschaften;

   ▶ gezielter Zugriff auf den Rückversicherungsmarkt im Vergleich zu Fremdversicherungslösungen.

2. Darüber hinaus kann eine (ausländische) Captive auch Steuervorteile für den Konzern bieten. Die Versicherungsprämien sind steuerlich als Betriebsausgaben abzugsfähig, soweit sie dem Fremdvergleich entsprechen. Dadurch kann sich zumindest ein Besteuerungseffekt ergeben, wenn für das (abstrakte) versicherte Risiko selbst noch keine Rückstellung gebildet werden könnte. Darüber hinaus können von der Captive erzielte Gewinne bei der richtigen Standortwahl einer niedrigeren Besteuerung unterliegen. Im Fall einer Captive sollte aber stets auch der mögliche Anfall von Versicherungssteuer bedacht werden.

II.   Malta als Standort

3. Malta wirbt offensiv um die Ansiedlung von Captives (sowie auch Finanzierungs- bzw. Beteiligungsholdinggesellschaften). Dabei wird auf die Mitgliedschaft in der EU, Englisch als Landessprache sowie, dass die Regierungsbehörde, die Malta Financial Service Authority, *„firm but flexible"* sei und jederzeit für informelle Gespräche zur Verfügung stehe (www.captive.com). Derzeit soll es 40 Captives auf Malta ge-

ben, wobei auch mehrere US Multinationals aus den Fortune 100 diese Möglichkeit nutzen. Auf Grund eines Gesetzes aus dem Jahre 2003 ist der identitätswahrende Zuzug von ausländischen Captives (bspw. von den Bermudas) möglich. Ebenso kann eine maltesische Limited Liability Company nach dem Companies Act von 1995 gegründet werden, wobei innerhalb einer Gesellschaft auch Risikoabsicherung erfolgen kann (Protective cell companies). Die Anforderungen an das Mindestkapital sind vergleichsweise hoch (€ 2,2/3,2 Mio., www.captive.com).

4. Jedoch unterliegen in Malta Gesellschaften dem Einkommensteuerhöchstsatz von 35 % (Art. 56 Abs. 6a des Income Tax Act- Malta); siehe *Ellul/Bringewat*, IWB Nr. 10 vom 26. Mai 2010, S. 363. Diese Einkommensteuer ist von der maltesischen Gesellschaft zu zahlen, was den Standort auf den ersten Blick nicht sehr attraktiv macht.

5. Das maltesische Steuersystem sieht aber im Fall einer Dividendenausschüttung der hoch besteuerten maltesischen Gesellschaft im Grundsatz eine Erstattung von 6/7 der Einkommensteuer der Gesellschaft nach Art. 48 Abs. 4A Buchst. a Income Tax Act-Malta an den Gesellschafter vor. Davon gibt es wiederum verschiedene Ausnahmen (bei ausländischen Dividenden aus einer Participation Holding kann es zu einer vollständigen Erstattung kommen; bei bestimmten passiven Zinsen und Lizenzgebühren nur zu einer 5/7 Erstattung und bei Nutzung bestimmter DBA Vergünstigungen nur zu einer 2/3 Erstattung; siehe näher *Ellul/Bringewat*, a. a. O). Im Ergebnis ergibt sich daraus bei einer 6/7 Erstattung in der Zusammenschau eine effektive Steuerlast von 5 %. Erstaunlicherweise kann eine Holding in Malta sowohl eine Freistellung der Dividenden nutzen als auch die Erstattung von 6/7 der von ihrer (maltesischen) Tochtergesellschaft gezahlten maltesischen Einkommensteuer steuerfrei vereinnahmen. Dabei soll der Fiskus in Malta die Erstattung sehr zügig vornehmen.

6. Es ergibt sich folgende Steuerbelastung:

Gewinn der Captive	1.000
./. Einkommensteuer Malta	./. 350
	650
Dividendenausschüttung (keine KapErSt)	650
Erstattung 6/7 an Malta Holding	300
Dividende an ausländischen Gesellschafter	950

III.   Besteuerung in Deutschland

7. Die Malta Captive ist keine nachgeschaltete Untergesellschaft i. S. v. § 14 AStG für Zwecke der Hinzurechnungsbesteuerung. Zwar dürfte sie passive Einkünfte i. S. v. § 8 Abs. 1 Nr. 3 AStG erzielen, jedoch unterliegt die Malta Captive einer Einkom-

mensteuer in Höhe von 35 %, die auch bei ihr erhoben wird. Deshalb liegt keine niedrige Besteuerung im Sinne von § 8 Abs. 3 AStG der Captive vor. Auf den Nachweis einer tatsächlichen wirtschaftlichen Tätigkeit im Sinne von § 8 Abs. 2 AStG, wie er bei einer Gesellschaft mit Sitz oder Ort der Geschäftsleitung in der EU möglich wäre, kommt es deshalb nicht mehr an.

8. Die Malta Holding selbst soll dagegen aus der Hinzurechnungsbesteuerung herausfallen, weil sie nur aktive Einkünfte im Sinne von § 8 Abs. 1 Nr. 8 AStG ("*Gewinnausschüttungen von Kapitalgesellschaften*") erzielt. Jedoch erscheint nicht gesichert, dass darunter auch der maltesische Einkommensteuererstattungsanspruch fällt. Dafür spricht aber, dass dieser untrennbar mit der Dividende verbunden ist. [Das würde m. E. auch dafür sprechen, dass ohne Zwischenschaltung der Malta Holding der Anspruch einer deutschen Kapitalgesellschaft gegen den maltesischen Fiskus auf Erstattung von 6/7 der von der maltesischen Gesellschaft gezahlten Einkommensteuer unter § 8b Abs. 1 Satz 1 KStG fallen würde.]

9. Eine von der Malta Holding Gesellschaft ausgeschüttete Dividende fällt bei der deutschen Muttergesellschaft unter § 8b Abs. 1 Satz 1 KStG (siehe dazu, dass Malta-Doppelstrukturen auch gerade dazu dienen, Probleme im Ansässigkeitsstaat des ausländischen Gesellschafters mit der dortigen Besteuerung eines Erstattungsanspruchs gegen den maltesischen Fiskus zu vermeiden, *Ellul/Bringewat*, a. a. O).

IV.   Jahressteuergesetz 2010

10. Mit Wirkung des ersten Wirtschaftsjahres der ausländischen Zwischengesellschaft nach dem 31. Dezember 2010 (§ 21 Abs. 19Satz 1 AStG-E) sollte nach einem neuen § 8 Abs. 3 Satz 2 AStG gelten:

> *„In die Belastungsrechnung sind Ansprüche des unbeschränkt Steuerpflichtigen oder einer ausländischen Gesellschaft gegenüber dem Staat oder dem Gebiet der ausländischen Gesellschaft auf Erstattung oder Anrechnung der Ertragsteuern einzubeziehen, die von der ausländischen Gesellschaft gezahlt wurden."*

11. Dabei wurde ein *„gravierender konzeptioneller Mangel"* der beabsichtigten Neuregelung im Schrifttum gerügt, wenn jeder Fall der indirekten Abrechnung in den Belastungsrechnungen einbezogen werden müsste (*Köhler/Luckey/Kollruss*, Ubg. 2010, S. 465/469). Der Gesetzeswortlaut sollte m. E. dahingehend ergänzt werden, dass die Anrechnung einer Erstattung gleichkommen muss und nicht lediglich der Vermeidung der Doppelbedeutung dient. [Oder könnte man hier auf eine teleologischen Reduktion des Wortlautes durch den BFH vertrauen?] Deshalb wurde in der vom BT am 29. Oktober 2010 beschlossenen Fassung der Wortlaut wie folgt geändert:

*"In die Belastungsberechnung sind Ansprüche **einzubeziehen, die der Staat** oder **das Gebiet der ausländischen Gesellschaft im Fall** einer **Gewinnausschüttung der** ausländischen Gesellschaft dem **unbeschränkt Steuerpflichtigen** oder **einer ande-** ren Gesellschaft, an **der der Steuerpflichtige** direkt **oder indirekt beteiligt ist, ge-** währt."*

12. Die vorgestellte Änderung sollte entsprechend der Stellungnahme des Bundesrates und der zustimmenden Gegenäußerung der Bundesregierung (BTDrs. 17/2823) dadurch ergänzt werden, dass in § 10 Abs. 1 AStG folgender Satz eingefügt wird:

   „In den Fällen des § 8 Abs. 3 Satz 2 sind die Steuern um die dort bezeichneten Ansprüche des unbeschränkt Steuerpflichtigen oder einer ausländischen Gesellschaft zu kürzen."

Damit soll verhindert werden, dass der Hinzurechnungsbetrag um die volle Steuerbelastung der (maltesischen Gesellschaft) (hier 35 %) gemindert wird. Die nunmehr vom BT am 29. Oktober 2010 beschlossene Fassung lautet:

"In den Fällen des § 8 Absatz 3 Satz 2 sind die Steuern um die dort bezeichneten Ansprüche des unbeschränkt Steuerpflichtigen oder einer anderen Gesellschaft an der der Steuerpflichtige direkt oder indirekt beteiligt ist, zu kürzen."

V.   Zum Fall

13. Im Fall müssten daher Strukturen geschaffen werden, bei denen der Entlastungsbeweis nach § 8 Abs. 2 AStG gelingt, um zukünftig die Hinzurechnungsbesteuerung der Gewinne der Captive vermeiden zu können.

b) Hinzurechnungsbesteuerung und Gewerbesteuer

Fall 16: Im vorstehenden Fall steht der nächste Termin des Steuerabteilungsleiters mit seinem CFO an. Er berichtet, dass es in der Fachabteilung Bedenken gebe, ob man die notwendige Substanz in Malta schaffen könne. Der CFO entgegnet, dass er diese ewigen Bedenkenträger leid sei. Man solle doch erst einmal eine Captive mit einem abweichenden Wirtschaftsjahr vom 1. Dezember bis 30. November gründen und darüber hinaus könne man sich doch zunächst einmal mit Dividendenausschüttungen zurückhalten und die 35 % in Malta zahlen. Dadurch könne man doch sicher Zeit gewinnen. Im übrigen stelle sich für ihn auch die Frage, wie hoch ein Hinzurechnungsbetrag überhaupt in Deutschland sein würde. Es könne ja wohl allenfalls Körperschaftsteuer aber keine Gewerbesteuer auf den Hinzurechnungsbetrag anfallen.

Lösungshinweise:

Schrifttum:

Günkel/Lieber, Anmerkung zu BFH-Urteil v. 21. Dezember 2005; I R 4/05, IStR 2006, S. 459; *Kollruss*, Fiktive Anrechnung ausländischer Steuern im System der Hinzurechnungsbesteuerung: Lässt sich die Hinzurechnung durch Gewinnausschüttung der ausländischen Zwischengesellschaft vermeiden?, IStR 2006, S. 513; *Rödder*, Ist der Hinzurechnungsbetrag gewerbesteuerpflichtig?, IStR 2009, S. 873; *Ruf/Wohlfahrt*, Gewerbesteuerliche Folgen der Hinzurechnungsbesteuerung, Ubg. 2009, S. 498.

1. Ein abweichendes Geschäftsjahr schiebt die Geltung des AStG in der Fassung des JStG 2010 nach der Anwendungsregelung des § 21 XIX AStG hinaus. Die Umstellung des Geschäftsjahr einer ausländischen Gesellschaft ist ohne Zustimmung des deutschen Fiskus möglich, da es hier um das ausländische Geschäftsjahr der Gesellschaft geht und nicht um die Frage, ob auf den Hinzurechnungsbetrag über § 10 Abs. 3 Satz 1 AStG auch § 4a Abs. 1 Nr. 2 Satz 2 anzuwenden ist (siehe dazu *Wassermeyer/Schönfeld*, in: Flick/Wassermeyer/Baumhoff, Außensteuerrecht, § 10 AStG, Rn. 238). Angesichts der umfassenden Bedeutung des Geschäftsjahres für die ausländische Handelsbilanz etc. kann regelmäßig auch § 42 AO einer Umstellung des Wirtschaftsjahres nicht entgegen stehen.

2. Nach § 8 Abs. 3 Satz 2 AStG n. F. sind nur Erstattungsansprüche für eine niedrige Besteuerung einzubeziehen. Solange die (hier maltesische) Gesellschaft keine Dividende ausschüttet besteht kein solcher Erstattungsanspruch. Es liegt allenfalls ein noch nicht zu berücksichtigender bedingter Erstattungsanspruch vor. Jedoch muss man wohl davon ausgehen, dass der Bedingungseintritt (=Dividendenausschüttung) ein rückwirkendes Ereignis i. S. v. § 175 Abs. 1 Nr. 2 AO darstellt (a. A. *Köhler/Luckey/Kollruss*, Ubg 2010, S. 465/469). Deshalb kann man

durch eine Verzögerung der Ausschüttung keine Zeit im Hinblick auf eine Anreiche-
rung der Substanz der ausländischen Zwischengesellschaft gewinnen. Es sind die
tatsächlichen Verhältnisse im Zeitpunkt der Erzielung der Gewinne der Zwischengesellschaft und nicht im Zeitpunkt der Dividendenausschüttung maßgebend.

3. Soweit es zu einer Hinzurechnung kommt, erhöht der Hinzurechnungsbetrag den
    Gewinn für das Wirtschaftsjahr, das nach dem Ablauf des maßgebenden Wirt-
    schaftsjahres der ausländischen Gesellschaft endet; § 10 Abs. 2 Satz 2 AStG. § 8b
    Abs. 1 KStG ist nicht anwendbar, § 10 Abs. 2 Satz 3 AStG. Der Hinzurechnungsbe-
    trag unterliegt deshalb bei der inländischen Muttergesellschaft der Körperschafts-
    teuer.

4. Deshalb erhöht der Hinzurechnungsbetrag im Grundsatz nach § 7 Abs. 1
    Satz 1 GewStG den Gewerbeertrag. Im Schrifttum wird jedoch vertreten, dass eine
    Kürzung entweder nach § 9 Nr. 3 oder Nr. 7 GewStG erfolgen kann.

4.1 *Gosch*, in: Blümich, § 7 GewStG, Rn. 221a, geht davon aus, dass der Sache nach die
    Gleichbehandlung der Hinzurechnungsbeträge mit ausländischen Betriebsstätten-
    einkünften gerechtfertigt wäre. Er stellt fest, dass sich dies auch mit dem Geset-
    zeswortlaut des § 9 Nr. 2 GewStG ohne weiteres vereinbaren lassen würde, weil die
    Hinzurechnungsbeträge durchaus auf die ausländische Betriebsstätte *„entfallen".*
    Dagegen spricht aber, dass es sich bei der ausländischen Betriebsstätte nicht um
    eine direkte Betriebsstätte des unbeschränkt Steuerpflichtigen handelt (siehe auch
    Ruf/Wohlfahrt, Ubg 2009, S. 498).

4.2 Ansonsten greift aber bei einer in den Anwendungsbereich der EU-Mutter-Tochter-
    Richtlinie fallenden Zwischengesellschaft die Kürzung nach § 9 Nr. 7 Satz 1 2. Halb-
    satz GewStG, da diese für eine Kürzung nicht die Aktivitätsanforderungen des § 9
    Nr. 7 Satz 1 1. Halbsatz AStG erfüllen muss (siehe z. B. *Günkel/Lieber*, IStR 2006,
    S. 459, 461; *Rödder*, IStR 2009, S. 5 ff.). Bei dem Hinzurechnungsbetrag handelt es
    sich um *„Gewinne aus Anteilen an Kapitalgesellschaften"*; siehe § 10 Abs. 2
    Satz 1 AStG, wonach der Hinzurechnungsbetrag zu den Einkünften aus § 20 Abs. 1
    Nr. 1 EStG gehört, der wiederum den Begriff *„Gewinnanteil"* verwendet. Mittelbar
    wird diese Aussage durch das BFH-Urteil vom 21. Dezember 2005, I R 4/05, BStBl. II
    2006, S. 555 bestätigt, wo davon ausgegangen wurde, dass die in § 12 Abs. 1
    Satz 1 AStG a. F. angeordnete Erhöhung des Hinzurechnungsbetrages um die nach
    § 10 Abs. 1 i. V. m. Abs. 2 Satz 2 AStG a. F. abziehbaren Steuern sich einerseits auf
    die Ermittlung des Gewerbeertrages auswirkt, andererseits dieser Aufstockungsbe-
    trag aber auch einen eventuellen Kürzungsbetrag nach § 9 Nr. 7 GewStG erhöht
    (siehe auch *Gosch*, in: Blümich, § 9 AStG, Rn. 315).

4.3 Es stellt sich dann die Frage, ob unter diese Kürzung auch eine nach § 14 AStG nachgeordnete Drittstaaten-Gesellschaft einer EU-Zwischenholding fällt. Nach dem Wortlaut des § 9 Nr. 7 Satz 1 2. Halbsatz GewStG ist das der Fall (siehe dazu auch *Rödder*, IStR 2009, S. 875/877). Im Ergebnis kann so auch für Drittstaatengesellschaften die Gewerbesteuer auf den Hinzurechnungsbetrag vermieden werden. In Einzelfällen könnte die Finanzverwaltung aber versucht sein, § 42 AO zu prüfen.

5. Im Fall müsste deshalb die Captive ab 1. Dezember 2011 über genügend Substanz i. S. v. § 8 Abs. 2 AStG verfügen, ansonsten greift die Hinzurechnungsbesteuerung, jedoch ist dies auf die Körperschaftsbesteuerung der inländischen Muttergesellschaft begrenzt. Gewerbesteuer fällt nicht an.

c)   § 20 AStG nach Columbus Container

Fall 17: In der Fortsetzung des vorherigen Falles fragt der CFO seinen Steuerabteilungsleiter beim nächsten Berichtstermin, ob er denn auch das „Ei des Columbus" kenne. Er habe im Herrenclub vom Prozessglück einer bekannten deutschen Familie gehört. Er frage sich, ob man nicht vermehrt ausländische Betriebsstätten für die Konzernsteuerplanung nutzen solle.

Lösungshinweise:

1. Das Schlussurteil des BFH in dem Verfahren „Columbus Conainer" erging am 21. Oktober 2009, I R 114/08, IStR 2008, S. 142. In der Sache war über eine KG belgischen Rechts zu entscheiden, deren Gesellschafter Angehörige einer bekannten deutschen Unternehmerfamilie waren und die die Koordinierung der Unternehmensgruppe übernahm (also auch über erhebliche Substanz in Belgien verfügte). Es konnten damals in Belgien die Steuervergünstigungen für sog. Koordinierungscenter in Anspruch genommen werden.

2. Der EuGH hatte auf Vorlage des FG Münster in dem bereits mit dem damaligen § 20 Abs. 2 AStG a. F. verbundenen treaty override (völkerrechtswidriger switch over von der Anrechnungs- zur Feststellungsmethode) keinen Verstoß gegen die Niederlassungsfreiheit gesehen (EuGH v. 6. Dezember 2007, C-298/05, Columbus Container Services, Slg. 2007, I-10451, IStR 2008, S. 63 mit Anm. *Rainer*). Denn letztlich wurden die Gewinne der durch die belgische KG vermittelten ausländischen Betriebsstätten der inländischen Gesellschafter nur auf das Besteuerungsniveau des Inlands hochgeschleust.

3. Der BFH hat in dem Schlussurteil (a. a. O.) jedoch entschieden, dass die Revision gegen das nach dem EuGH-Urteil ergangene, die Klage abweisende Urteil des FG Münster dennoch begründet war. Denn § 20 Abs. 2 AStG a. F. sieht vor, dass die (primäre) Missbrauchsabwehr durch §§ 7 ff. AStG im Fall der Zwischenschaltung einer niedrig besteuerten Kapitalgesellschaft durch Nutzung einer Betriebsstätte *„umgangen"* wird. Das war aber auf Grund der Substanz der belgischen KG unter Heranziehung des EuGH-Urteils vom 12. September 2006, C-196/04, Cadbury Schweppes (Slg. 2006, I-7995) gerade nicht der Fall.

> *„Die in §§ 7 ff AStG a. F. vorausgesetzte Typisierung eines gestaltungsmissbräuchlichen Verhaltens widerspricht den Anforderungen der gemeinschaftsrechtlich verbürgten Niederlassungsfreiheit (Art. 43 i. V. m. Art. 48 EG), weil sie den Steuerpflichtigen die Möglichkeit eines Gegenbeweises im Einzelfall vorenthält (...) Diese Möglichkeit wurde – allerdings unter Ausschluss von Gesellschaften mit Einkünften aus Kapitalanlagen (vgl. § 7 Abs. 6 a. F./n. F.) und deswegen ggf. nach wie vor*

unter unzulänglichen Voraussetzungen ... erst ... durch § 8 Abs. 2 AStG i. d. F des JStG 2008 ... geschaffen."

4. Darin liegt letztlich eine geltungserhaltene Reduktion der Vorschrift (siehe z. B. *Lieber*, IStR 2010, S. 142/143 und allgemein *Gosch*, Ubg 2009, S. 73/77 f.). Daran wird sich § 8 Abs. 2 AStG n. F. und die dort vorgesehenen Anforderungen an die Substanz der Zwischengesellschaft messen lassen müssen, wobei der BFH im Urteil vom 29. Januar 2008, I R 26/06, BStBl. II 2008, S. 978 für Finanzierungsgesellschaften ausführt:

   „Zwar werden für Kapitalanlage- und Finanzierungsfunktionen gemeinhin keine besondere sachliche, räumliche und personelle Abspaltung und kein besonderer 'Apparat' gewährt, was es – bei einer im Ausland ansässigen nicht anders als bei der im Inland ansässigen Kapitalgesellschaft – rechtfertigen kann, die Substanzforderungen im konkreten Einzelfall herabzusetzen."

5. Letztlich ergibt sich aus dem Schlussurteil des BFH in Sachen Columbus Container (a. a. O.), dass auch § 20 Abs. 2 AStG in der Fassung des JStG 2008 nicht EG-rechtskonform ist. Denn in § 20 Abs. 2 AStG wurde nur ergänzt, dass die Vorschrift *„ungeachtet des § 8 Abs. 2 AStG"* gilt, soweit die Einkünfte im Fall einer ausländischen Zwischengesellschaft als Zwischeneinkünfte steuerpflichtig wären. Auch ohne § 8 Abs. 2 AStG ergibt sich aber schon aus dem EG-Recht das Erfordernis, einen Gegenbeweis im Einzelfall zuzulassen (so im Ergebnis auch *Lieber*, IStR 2010, S. 142/14).

6. Jedenfalls ändert der switch over in § 20 Abs. 2 AStG a. F./n. F. nichts daran, dass die ausländischen Betriebsstätteneinkünfte nicht der Gewerbesteuer unterliegen, § 9 Nr. 3 GewStG.

7. Durch das Jahressteuergesetz 2010 wurde nunmehr in § 20 Abs. 2 Satz 2 AStG geregelt, damit es nicht zu einem switch over von der Freistellungsmethode nach einem DBA kommt, wenn in der Betriebsstätte passive Einkünfte i. S. d. § 8 Abs. 5a AStG erzielt werden. Der Gesetzesentwurf begründet dies damit, dass Freiberufler oder Gewerbebetreibende, die Dienstleistungen in einer ausländischen Betriebsstätte erbringen, verschont werden sollen. Die Begrenzung auf § 8 Abs. 1 Nr. 5a AStG wird im Schrifttum kritisiert (*Benecke/Schnittker*, IStR 2010, S. 432/437; *Quilitsch/Gebhart*, BB 2010, S. 2212/2214). Dabei befällt einen eine gewisse Skepsis, wenn im Handelsblatt-Blog vom 18. Mai 2010 durch *Prof. Kessler* darauf hingewiesen wird, dass es sich um eine *„lex Mikrochirurgie"* handeln soll. So hätte bspw. die Schweiz für Mikrochirurgen eine hohe Anziehungskraft, weil dort die Mehrwertsteuer auf Schönheitsoperationen nur 7,6 % und nicht – wie im Inland – 19 % beträgt.

III. Internationale Entwicklungen bei Verrechnungspreisen und Betriebsstätten

1. Neufassung und Ergänzung der OECD-Verrechnungspreisrichtlinien

Von Dr. Xaver Ditz, Steuerberater, Bonn

Fall 18: Anwendung der TNMM bei Unternehmen ohne Routinefunktionen

Die in Frankreich ansässige A S.A. bildet mit ihren international verbundenen Unternehmen einen Konzern, der medizinische Geräte entwickelt, herstellt und vertreibt sowie entsprechende Dienstleistungen erbringt. Die A S.A. ist in Frankreich sowohl für die Forschung und Entwicklung, die Produktion und den Vertrieb der Produkte verantwortlich und bestimmt in diesem Zusammenhang auch die Produkt- und Marketingstrategie. Darüber hinaus bedient sie den französischen Markt mit den von ihr hergestellten Produkten.

Die A S.A. vertreibt ihre Produkte über ein weltweites Netz von Vertriebsgesellschaften. Die Vertriebsgesellschaften vertreiben die von der A S.A. gelieferten Produkte im eigenen Namen und auf eigene Rechnung und erbringen darüber hinaus eine Vielzahl von Dienstleistungen an die Kunden. Mithin handelt es sich damit bei den Vertriebsgesellschaften um funktions- und risikostarke Unternehmen.

In Deutschland werden die Produkte von der A S.A. über ihre Tochtergesellschaft, die B GmbH, vertrieben. Die B GmbH übt die folgenden Funktionen aus:

▶ Vertrieb von Produkten der A S.A. im eigenen Namen und auf eigene Rechnung;

▶ Vertrieb von externer Handelsware;

▶ Kundenakquisition und Kundenbindung;

▶ Vertragsverhandlungen mit den Kunden;

▶ Auftragsabwicklung;

▶ Unterhaltung eines Warenlagers sowie Abwicklung des Warenein- und Warenausgangs;

▶ Kundenzufriedenheitsmessung nach Auftragsauslieferung;

▶ Marktforschung, Marktanalyse und Werbung;

▶ die B GmbH ist Inhaberin des Kundenstamms.

Neben ihrem eigentlichen Vertriebsgeschäft, das sich auf konzerninterne und konzern-externe Ware bezieht, erbringt die B GmbH wesentliche Dienstleistungen:

► Erbringung von Dienstleistungen im unmittelbaren Zusammenhang mit der Pro-duktlieferung (z. B. Produkteinführung beim Kunden, Schulung des Kunden);

► Erbringung von Reparaturdienstleistungen;

► Erbringung von kontinuierlichen Wartungsdienstleistungen und Inspektionen;

► Ausbildung und Schulung der Kunden (z. B. Krankenhaustechniker);

► Abwicklung von Garantiefällen (die B GmbH trägt dabei die Kosten für die Techniker selbst, die entsprechenden Ersatzteile muss sie bei der A S.A. einkaufen);

► Nachrüstung und Updates von Produkten.

Das Personal der B GmbH ist sowohl im Bereich des Vertriebs als auch im Bereich der Dienstleistungen sehr gut qualifiziert (i. d. R. Ingenieurausbildung oder zumindest technische Ausbildung mit deutschen sowie französischen Sprachkenntnissen). Die A S.A. hat mit der B GmbH einen seit 2007 gültigen Vertriebsvertrag abgeschlossen. Darin ist geregelt, dass die Verrechnungspreise für Lieferungen der medizintechnischen Pro-dukte von der A S.A. an die B GmbH auf Basis der „Transactional Net Margin Method" („TNMM") ermittelt werden. In diesem Zusammenhang wurde eine Datenbankanalyse durchgeführt, die im Hinblick auf die angemessene Vertriebsmarge (Erstattung als Umsatzrendite auf EBIT-Basis) eine Rendite der B GmbH in Höhe von 2 % vorsieht (Me-dian).

Im Rahmen einer Außenprüfung der VZ 2007-2009 werden die Verrechnungspreise der B GmbH mit ihrer Muttergesellschaft, der A S.A., geprüft. In diesem Zusammenhang vertritt die Finanzverwaltung die Auffassung, dass die TNMM nicht anwendbar sei, da es sich bei der B GmbH um kein sog. „Routineunternehmen" handele. Vielmehr sei die Wiederverkaufspreismethode anzuwenden, wobei der Betriebsprüfer die angemessene Handelsspanne über einen internen Preisvergleich ermitteln möchte. So hat die B GmbH – in sehr geringem Umfang (lediglich 1 % ihres Umsatzes) – Produkte eines externen Lieferanten vertrieben, welcher der B GmbH eine Handelsspanne in Höhe von 30 % eingeräumt hat. Bei den Produkten handelt es sich um Ersatzteile, welche übli-cherweise im Rahmen der Wartungsarbeiten eingesetzt werden. Die Anwendung einer Handelsspanne von 30 % führt dazu, dass die B GmbH im Betriebsprüfungszeitraum eine Rendite von über 8,5 % erwirtschaftet. Rechtsgrundlage einer Einkünftekorrektur soll eine verdeckte Gewinnausschüttung sein.

Lösungshinweise:

1. Vorgehensweise der TNMM

Bei Anwendung der TNMM werden Verrechnungspreise für gruppeninterne Lieferungen und Leistungen unter Berücksichtigung angemessener Nettomargen ermittelt. Nettomargen sind dabei zu verstehen als das (betriebliche) Ergebnis aus einer Transaktion (i. d. R. EBIT), das in Bezug zu einer geeigneten Größe (meist Umsatzerlöse) gesetzt wird. Für die Verrechnungspreisermittlung werden die anzusetzenden Nettomargen anhand der Nettomargen abgeleitet, die von unabhängigen Unternehmen mit vergleichbarem Funktions- und Risikoprofil bei vergleichbaren Geschäften erzielt werden. Typischerweise geschieht dies mittels einer Datenbankstudie.[1]

Auf Basis der sich aus der Datenbankstudie ergebenden Bandbreite von Renditemargen werden zu Jahresbeginn vorläufige Verrechnungspreise festgesetzt. Sofern die tatsächliche Rendite am Ende des Jahres außerhalb des Zielkorridors liegt, erfolgt eine nachträgliche Korrektur der Verrechnungspreise durch Ausgleichszahlungen (sog. „adjustment payments"). Die Ausgleichszahlungen können dabei sowohl in Form von Erstattungen (tatsächliche Rendite liegt unterhalb des Zielkorridors), als auch in Form von Rückzahlungen (tatsächliche Rendite liegt oberhalb des Zielkorridors) geleistet werden.

In der Verrechnungspreispraxis läuft die Anwendung der TNMM häufig auf eine modifizierte Anwendung der Wiederverkaufspreismethode hinaus. Der besondere Vorteil der TNMM besteht darin, dass diese Methode auf eine Nettomarge abstellt, die sich i. d. R. relativ einfach aus einer Datenbankstudie ableiten lässt. Ein weiterer Vorteil der TNMM liegt darin, dass bei Anwendung der TNMM eine Zusammenfassung einzelner Transaktionen erfolgen kann. Dies setzt indessen voraus, dass die einzelnen Geschäftsvorfälle wirtschaftlich vergleichbar sind, und dass das Unternehmen in Bezug auf die betrachteten Transaktionen gleichartige Funktionen ausübt.[2]

2. Anwendungsvoraussetzungen der TNMM aus Sicht der deutschen Finanzverwaltung

a) Überblick

Wenngleich die TNMM international zunehmend an Bedeutung gewinnt und von den internationalen Finanzbehörden i. d. R. auch anerkannt wird, wird sie von der deutschen Finanzverwaltung nur akzeptiert, wenn die folgenden Voraussetzungen kumulativ erfüllt sind:[3]

---

[1] Zu Einzelheiten vgl. auch Tz. 2.58 OECD-Verrechnungspreisrichtlinie 2010 (nachfolgend: „OECD-RL 2010").

[2] Vgl. BMF v. 12.4.2005, BStBl. I 2005, S. 570, Tz. 3.4.13; Tz. 3.9 OECD-RL 2010.

[3] Vgl. Tz. 3.4.10.3 Buchst. b) VWG-Verfahren; *Baumhoff/Ditz/Greinert*, DStR 2005, S. 1551 ff.

► Die Standardmethoden der Verrechnungspreisermittlung (Preisvergleichs-, Wieder-
verkaufspreis und Kostenaufschlagsmethode) dürfen nicht anwendbar sein.

► Die TNMM ist nur bei Unternehmen mit sog. „Routinefunktionen" anwendbar.

► Der Nachweis der zumindest eingeschränkten Vergleichbarkeit der im Rahmen der
Datenbankstudie ermittelten Vergleichsunternehmen kann geführt werden.

► Die TNMM ist grundsätzlich geschäftsvorfallbezogen anzuwenden. Unter bestimmten Voraussetzungen können jedoch Geschäftsvorfälle zusammengefasst werden.

b)   Voraussetzung 1: Keine Anwendung der Standardmethoden

Im vorliegenden Sachverhalt stellt sich insbesondere die Frage, ob hinsichtlich der
Standardmethoden der Verrechnungspreisermittlung ggf. die Wiederverkaufspreismethode Anwendung finden kann. So sind nach Auffassung des BFH, der sich die Finanzverwaltung anschließt, Verrechnungspreise gegenüber Vertriebsgesellschaften „regelmäßig" nach der Wiederverkaufspreismethode zu ermitteln.[4] Dem ist allerdings Folgendes entgegenzuhalten:

► Die Produkte der B GmbH werden – je nach Kundengruppe (Privatpraxen, Kranken-
häuser und Großhandel) – zu sehr unterschiedlichen Marktpreisen vertrieben. Insoweit ist die verlässliche Ermittlung eines Wiederverkaufspreises im Vorhinein nicht
möglich und auch nicht praktikabel.

► Im Projektgeschäft mit größeren Abnehmern (z. B. Krankenhäusern) werden sehr
unterschiedliche Rabatte vereinbart, so dass die entsprechenden Preisabschläge im
Vorhinein nicht verlässlich bestimmbar sind. Auch insoweit ist eine praktikable Ermittlung von Marktpreisen als Ausgangspunkt der Wiederverkaufspreismethode
nicht möglich.

► Die Handelsspanne lässt sich auf Basis einer Datenbankanalyse nicht ableiten.

► Die von der Betriebsprüfung herangezogene Handelsspanne in Höhe von 30 % bezieht sich auf das Ersatzteilgeschäft, welches mit dem eigentlichen Hauptgeschäft
der B GmbH nicht vergleichbar ist.

c)   Voraussetzung 2: Ausübung von Routinefunktionen

Nach Auffassung der deutschen Finanzverwaltung ist die TNMM nur bei Unternehmen
mit sog. „Routinefunktionen" anwendbar.[5] Was indessen konkret unter Routinefunktionen zu verstehen ist, lassen die VWG-Verfahren offen. Vielmehr wird nur geregelt,
dass für Routinefunktionen ein nur geringer Umfang von Wirtschaftsgütern sowie
geringe Risiken typisch sein sollen. Neben den Ausführungen der VWG-Verfahren gibt

---

[4] Vgl. Tz. 3.1.3 Beispiel 1 VWG 1983; BFH v. 17.10.2001, I R 102/00, BStBl. II 2004, S. 171.

[5] Vgl. Tz. 3.4.10.3 Buchst. b) VWG-Verfahren.

es keine weiteren Hinweise der deutschen Finanzverwaltung oder der OECD, was konkret unter „Routinefunktionen" zu verstehen ist. Lediglich *Schreiber*, als Vertreter der deutschen Finanzverwaltung, grenzt typische Routinefunktionen ab.[6] Nach seiner Auffassung soll eine Vertriebsgesellschaft nur dann eine Routinefunktion ausüben, wenn sie ohne Einfluss auf die Produkt-, Preis- und Marketingpolitik und ohne Kundendienst agiert. Dies ist indessen im vorliegenden Sachverhalt nicht der Fall. Von daher ist nach Ansicht der deutschen Finanzverwaltung eine Anwendung der TNMM nicht möglich.

Das Kriterium einer Routinefunktion als Voraussetzung für die Anwendung der TNMM ist im Schrifttum indessen umstritten und auch durch die aktualisierten OECD-RL 2010 nicht gedeckt.[7] Insbesondere ist nach h. M. im Schrifttum die Anwendung der TNMM auch bei sog. „Mittelunternehmen" möglich.[8] Bei Mittelunternehmen handelt es sich z. B. um funktionsstarke Vertriebsgesellschaften, die weder ein Routineunternehmen darstellen noch als Strategieträger zu qualifizieren sind.[9]

d) Voraussetzung 3: Eingeschränkte Vergleichbarkeit der Vergleichsunternehmen

Schließlich ist die TNMM nur anwendbar, wenn der Nachweis einer zumindest eingeschränkten Vergleichbarkeit der im Rahmen der Datenbankstudie ermittelten Vergleichsunternehmen geführt werden kann.[10] Wenngleich diese Voraussetzung in Betriebsprüfungen häufig strittig ist, soll im vorliegenden Sachverhalt angenommen werden, dass diese Voraussetzung erfüllt ist.

e) Voraussetzung 4: Transaktionsbezug der TNMM

Bei der TNMM handelt es sich um eine transaktionsbezogene Gewinnmethode. Folglich ist sie grundsätzlich in Bezug auf einzelne konzerninterne Lieferungs- und Leistungsverhältnisse anzuwenden.[11]

Im vorliegenden Sachverhalt bedeutet dies im Grundsatz, dass die Verrechnungspreise für Lieferungen der A S.A. an die Vertriebsgesellschaften auf Basis der TNMM für jede einzelne Lieferung von Produkten anzuwenden ist. Eine solche Vorgehensweise wäre indessen nicht praktikabel und würde im Übrigen dem Sinn und Zweck der TNMM zuwider laufen. Vor diesem Hintergrund lässt es die Finanzverwaltung im Sinne einer „Palettenbetrachtung" zu, zur Anwendung der TNMM Geschäftsvorfälle, die sachlich oder zeitlich miteinander verbunden sind, für die Ermittlung und Dokumentation von

---

[6] Vgl. *Schreiber*, in: Kroppen, Handbuch internationale Verrechnungspreise, Anmerkung 158 VerwGr. Verf.

[7] Vgl. dazu nachfolgenden Abschnitt 3.

[8] Vgl. *Baumhoff/Ditz/Greinert*, DStR 2005, S. 1553; *Rasch/Rettinger*, DB 2007, S. 357; *Eigelshoven/Nientimp*, DB 2005, S. 1185 f.; *Kaut/Freudenberg/Foth*, BB 2007, S. 1667.

[9] Vgl. auch Tz. 3.4.10.2 Buchst. c) VWG-Verfahren.

[10] Vgl. Tz. 3.4.10.3 Buchst. b) VWG-Verfahren.

[11] Vgl. Tz. 3.4.10.3 Buchst. b) VWG-Verfahren.

Verrechnungspreisen zu Gruppen zusammenzufassen.[12] Die Palettenbetrachtung wird im Übrigen auch durch die OECD-RL 2010 anerkannt.[13] Dies setzt allerdings voraus, dass die Geschäfte eng miteinander verbunden sind oder eng aufeinanderfolgen und daher die Verrechnungspreise nicht auf Basis jedes einzelnen Geschäfts beurteilt werden können. Dies betrifft z. B. sog. „range of closely linked products (e. g. in a product line)".[14] Derartige Geschäfte sollen unter Anwendung einer geeigneten Verrechnungspreismethode gemeinsam beurteilt werden, so dass nicht jede einzelne Transaktion einem Fremdvergleich standhalten muss. Vielmehr ist sicherzustellen, dass für die betrachtete Produktpalette insgesamt ein angemessener Preis vereinbart wird.

In diesem Zusammenhang ist im vorliegenden Sachverhalt zu berücksichtigen, dass die B GmbH sowohl im Vertriebs- als auch im Dienstleistungsgeschäft tätig ist. Vor diesem Hintergrund stellt sich die Frage, ob die Bereiche Vertrieb und Dienstleistungen zusammen als „Produktpalette" betrachtet werden können. Eine solche Verknüpfung sollte im vorliegenden Sachverhalt allerdings möglich sein, da es sich um produktbezogene Dienstleistungen handelt (Wartung, Instandhaltung, Schulung und Reparatur). Vor diesem Hintergrund kann auch insoweit über eine Palettenbetrachtung argumentiert werden.[15] Dagegen spricht allerdings, dass im Vertriebsbereich einerseits und im Dienstleistungsbereich andererseits sehr unterschiedliche Funktionen und Risiken wahrgenommen werden.

3.   Anwendungsvoraussetzungen der TNMM nach den OECD-RL 2010

Die OECD-RL 2010 befassen sich detailliert mit den Anwendungsvoraussetzungen und der Umsetzung der TNMM.[16] Im Rahmen der Überarbeitung und Aktualisierung der OECD-RL 2010 ist dabei erkennbar, dass die OECD nunmehr gewinnorientierten Methoden (insbesondere der TNMM) und Datenbankanalysen offener gegenübersteht.[17] Gewinnorientierte Methoden sind insofern nicht länger auf eine Anwendung in „cases of last resort" beschränkt.[18] Allerdings gilt auch weiterhin der Grundsatz, dass die OECD die Standardmethoden den transaktionsbezogenen gewinnorientierten Methoden grundsätzlich vorzieht.[19] Bemerkenswert ist auch, dass sich die überarbeiteten OECD-RL 2010 sehr ausführlich mit der Anwendung von Datenbanken auseinandersetzen, was

---

[12] Vgl. Tz. 3.4.10.3 Buchst. b) i. V. m. Tz. 3.4.13 VWG-Verfahren.
[13] Vgl. Tz. 3.9 OECD-RL 2010; bisher Tz. 1.42 OECD-RL 1995/96.
[14] Vgl. Tz. 3.9 OECD-RL 2010.
[15] Vgl. auch Tz. 3.4.13 1. Spiegelstrich VWG-Verfahren.
[16] Vgl. Tz. 2.58 ff. OECD-RL 2010.
[17] Vgl. Tz. 3.50 OECD-RL 1995/96 und Tz. 2.146 OECD-RL 2010.
[18] Vgl. *Förster*, IStR 2011, S. 21.
[19] Vgl. Tz. 2.3 OECD-RL 2010.

grundsätzlich zu begrüßen ist, da diese zunehmend an praktischer Relevanz gewinnen.[20] Dabei legt die OECD einen Schwerpunkt auf die Vergleichbarkeit der Verhältnisse, die im Rahmen von Datenbankanalysen eine große Rolle spielt.[21] Allerdings erkennt die OECD explizit an, dass gerade im Vertriebsbereich häufig die Ermittlung angemessener Handelsspannen über einen internen oder externen Preisvergleich nicht möglich ist. Daher ist dieser Bereich nach Ansicht der OECD ein typischer Anwendungsfall der TNMM.[22]

Nach Auffassung der OECD kann die TNMM unter folgenden Voraussetzungen angewandt werden:

▶ Die Standardmethoden sind auch nach Ansicht der OECD vorrangig gegenüber der TNMM anzuwenden.[23]

▶ Die TNMM darf nach Auffassung der OECD nur in Bezug auf spezifische Geschäftsbeziehungen angewandt werden. Eine Zusammenfassung von Geschäftsbeziehungen ist allerdings unter der Voraussetzung zulässig, dass die Geschäftsbeziehungen miteinander verbunden sind und nicht auf Einzelbasis beurteilt werden können.[24]

▶ Schließlich kann die TNMM nach Auffassung der OECD nur Anwendung finden, wenn die detailliert beschriebenen Vergleichbarkeitsstandards eingehalten werden.[25]

Im Ergebnis sind die in den OECD-RL 2010 definierten Anwendungsvoraussetzungen der TNMM mit denjenigen der deutschen Finanzverwaltung vergleichbar. Ein entscheidender Unterschied besteht allerdings darin, dass die Voraussetzung der Ausübung von Routinefunktionen den OECD-RL 2010 fremd ist. Hierbei handelt es sich um eine nur von der deutschen Finanzverwaltung vorgesehene Anwendungsvoraussetzung.

4. Rechtsgrundlage der Einkünftekorrektur

Nach Auffassung der Betriebsprüfung soll die Einkünftekorrektur bei der B GmbH auf Basis einer verdeckten Gewinnausschüttung (§ 8 Abs. 3 Satz 2 KStG) erfolgen. Nach ständiger Rechtsprechung setzt eine verdeckte Gewinnausschüttung bei einer Kapitalgesellschaft (hier: B GmbH) eine Vermögensminderung oder verhinderte Vermögensmehrung voraus, die durch das Gesellschaftsverhältnis veranlasst ist, sich auf die Höhe des Einkommens auswirkt und die in keinem Zusammenhang zu einer offenen Ge-

---

[20] Vgl. Tz. 3.30 ff. OECD-RL 2010; *Staudacher/Groß*, SWI 2010, S. 462.

[21] Vgl. etwa Tz. 3.33 OECD-RL 2010.

[22] Vgl. Tz. 2.4 OECD-RL 2010.

[23] Vgl. Tz. 2.3 OECD-RL 2010.

[24] Vgl. Tz. 3.9 OECD-RL 2010.

[25] Vgl. Tz. 2.64 OECD-RL 2010.

winnausschüttung steht.[26] Im vorliegenden Fall könnte eine verdeckte Gewinnausschüttung nur auf Grund einer verhinderten Vermögensmehrung vorliegen. Eine solche ist nach Ansicht der Betriebsprüfung gegeben, weil der B GmbH eine Handelsspanne i. H. v. 30 % und damit eine höhere Nettorendite zusteht, als dies mit den 2 % Nettorendite auf Basis der TNMM der Fall ist.

Der entscheidende Punkt in diesem Zusammenhang ist, ob die Betriebsprüfung, die grundsätzlich die objektive Beweislast für die verdeckte Gewinnausschüttung trägt,[27] nachweisen kann, dass im vorliegenden Fall tatsächlich eine Handelsspanne i. H. v. 30 % angemessen ist. Die Betriebsprüfung verweist dabei auf die Handelsspanne von 30 % im Zusammenhang mit Produktlieferungen im Bereich der Ersatzteile, welche allerdings nicht als Vergleichsmaßstab einer angemessenen Handelsspanne der B GmbH herangezogen werden können:

▶ Die Handelsspanne von 30 % bezieht sich, wie von der Betriebsprüfung ermittelt, auf den Bereich der Ersatzteile. Dieser ist grundsätzlich nicht mit der Lieferung von medizintechnischen Geräten der A S.A. an die B GmbH vergleichbar. Denn die gelieferten Ersatzteile werden nur im Zusammenhang mit Wartungs- bzw. Reparaturleistungen der B GmbH eingesetzt, die mit dem Hauptgegenstand der B GmbH „Vertrieb von medizintechnischen Produkten" nicht vergleichbar sind. So werden gerade im Ersatzteilbereich üblicherweise höhere Renditen erwirtschaftet, als mit „normalen" Produktlieferungen.

▶ Der BFH hat in seinem Urteil v. 17.10.2001[28] entschieden, dass sich für die Ermittlung des Fremdvergleichspreises nicht auf die Wiederverkaufspreismethode gestützt werden kann, wenn auf die Preise von nur drei unverbundenen Unternehmen zurückgegriffen wird und diese Umsätze nur 5 % des Gesamtumsatzes der Vertriebsgesellschaft ausmachen. Die Finanzverwaltung geht demgegenüber davon aus, dass für die Durchführung eines Fremdvergleichs keine schematischen Mindestanforderungen (z. B. Mindestanzahl von Vergleichsbetrieben) gestellt werden können.[29]

Da im Ergebnis die Vergleichbarkeit der Verhältnisse im Hinblick auf die grundsätzliche Anwendung einer Handelsspanne i. H. v. 30 % bei der B GmbH (abgeleitet aus einem internen Preisvergleich) nicht gegeben ist, kann die Betriebsprüfung die Einkünfte der B GmbH nicht auf Basis einer verdeckten Gewinnausschüttung korrigieren.

---

[26] Vgl. dazu nur *Gosch*, in: Gosch, KStG, 2. Aufl., § 8 Rz. 166 m. w. N.

[27] Vgl. etwa BFH v. 17.10.2001, I R 103/00, BStBl. II 2004, S. 171; *Gosch*, in: Gosch, KStG, 2. Aufl., § 8 Rz. 495.

[28] Vgl. BFH v. 17.10.2001, I R 103/00, BStBl. II 2004, S. 171.

[29] Vgl. BMF v. 26.2.2004, BStBl. I 2004, S. 270.

2. Ausländische Rechtsprechung zu Verrechnungspreisen

a) Entscheidung des Tax Court of Canada in Sachen GE Capital Canada

Fall 19: Verrechnung angemessener Garantiegebühren im Konzern

Die in den USA ansässige General Electric Capital US (nachfolgend „GEC US") hält 100 % der Anteile an ihrer kanadischen Tochterkapitalgesellschaft, der General Electric Capital Canada (nachfolgend „GEC C"). Beide Gesellschaften sind im Bereich der Finanzdienstleistungen tätig, insbesondere im Leasing und der Ausrüstungsfinanzierung.

Sowohl die GEC US als auf die GEC C nehmen zur Finanzierung ihres Geschäftsbetriebs Mittel am Kapitalmarkt auf. Die Liquiditätssteuerung (einschließlich der Koordinierung der Emission von Schuldverschreibungen) erfolgt zentral durch die Treasury-Abteilung der GEC US. Die GEC US verfügt über ein Rating „AAA", während für die GEC C kein eigenes Rating vorliegt.

Die GEC US gab bereits 1988 zu Gunsten der GEC C eine Garantieerklärung ab. Im Rahmen der Emission von Schuldverschreibungen nahm die GEC C ausdrücklich auf die Garantien ihrer Muttergesellschaft Bezug. Nachdem anfänglich seitens der GEC US keine Gebühr für die gewährten Garantien in Rechnung gestellt wurde, wurde eine solche ab dem Jahr 1996 eingeführt. Die Höhe der Garantiegebühr beträgt seit diesem Zeitpunkt 1 %, welche bei der GEC US als Betriebseinnahmen und bei der GEC C als Betriebsausgaben behandelt werden.

Die kanadische Finanzverwaltung erkannte die Garantiegebühr nicht an und nahm eine (der Quellensteuer unterliegende) Einkünftekorrektur auf Basis einer verdeckten Gewinnausschüttung vor. Hauptargument war dabei, dass sich die GEC C auch ohne explizite Unterstützung ihrer Muttergesellschaft auf Grund ihrer Konzernverbundenheit zu gleichen Konditionen hätte refinanzieren können.

Lösungshinweise:

1. Urteil des Tax Court of Canada v. 4.12.2009

Der Tax Court of Canada entschied mit Urteil v. 4.12.2009 den oben dargestellten Sachverhalt zu Gunsten des Steuerpflichtigen.[1] Nach der einschlägigen Verrechnungspreiskorrekturvorschrift des kanadischen Steuerrechts können Einkünfte aus Geschäftsbeziehungen zu ausländischen verbundenen Unternehmen, die nicht dem Fremdvergleich entsprechen, der Art oder Höhe nach auf Basis eines Fremdvergleichs berichtigt werden.

---

[1] Vgl. General Electric Capital Canada Inc. v. Canada, 2009 TCC 563, verfügbar auf der Homepage des Tax Court of Canada, http://www.tcc-cci.gc.ca/about_e.html. Vgl. zu diesem Urteil auch *Brinkmann*, IStR 2010, S. 501 ff.

Vergleichbar zur deutschen Vorgehensweise[2] hat der Tax Court of Canada zunächst die relevanten Transaktionen identifiziert und eine Funktions- und Risikoanalyse durchgeführt[3]. Dabei stellt der Tax Court of Canada heraus, dass insbesondere das Bonitätsrisiko (*„credit risk"*) der GEC C einen erheblichen Einfluss auf die Höhe der zu verrechnenden Garantiegebühr hat.

Nach Durchführung der Funktions- und Risikoanalyse beschäftigte sich der Tax Court of Canada mit der Angemessenheit der verrechneten Garantiegebühr in Höhe von 1 %. Dabei stellt das Gericht fest, dass die Standardmethoden der Verrechnungspreisermittlung (Preisvergleichsmethode, Wiederverkaufspreismethode und Kostenaufschlagsmethode) nicht zur Ermittlung einer angemessenen Garantiegebühr herangezogen werden könnten[4]. Eine fremdübliche Garantiegebühr – so das Gericht – müsse daher auf Basis des Zinsvorteils (*„interest cost savings"*) ermittelt werden, welcher sich für GEC C auf Grund der bestehenden Garantie bei der Emission von Schuldinstrumenten ergibt (sog. *yield approach*). Bei Anwendung des *yield approach* wird der Zinsvorteil aus einem Vergleich der Bonität der GEC C für den Fall, dass eine Garantie besteht (*„guaranteed debt"*) mit der Bonität der GEC C für den Fall, dass keine Garantie besteht (*„unguaranteed debt"*), abgeleitet[5]. Der auf Basis des *yield approach* ermittelte Zinsvorteil, der sich für GEC C aufgrund der gewährten Garantie ergibt, stellt nach Ansicht des Gerichts einen Nutzen der GEC C dar, welcher die Zahlung einer Garantiegebühr rechtfertigt.

Im Rahmen der Ermittlung der Bonität der GEC C für den Fall, dass keine Garantie vorliegt (*„unguaranteed debt"*), kam das Gericht – unter Bezugnahme auf die Aussagen der angehörten Sachverständigen – zu der Erkenntnis, dass das „Stand-alone"-Rating der GEC C im Bereich von BB- bis B+ anzusiedeln sei[6]. Damit verwarf das Gericht die Argumentation der kanadischen Finanzverwaltung, wonach das Rating der GEC C auch bei Fehlen einer Garantie allein auf Grund der Konzernzugehörigkeit bei AAA anzusiedeln sei, so dass sich bei Anwendung des *yield approach* im Ergebnis kein Zinsvorteil – und mithin kein Nutzen – der GEC C ergebe. Der Tax Court of Canada führte weiter aus, dass das „Stand-alone"-Rating der GEC C noch unter Berücksichtigung der Zugehörigkeit der GEC C zum Konzern der GEC US angepasst werden müsse. Denn es sei auch im Rahmen der Anwendung des Fremdvergleichsgrundsatzes zu berücksichtigen, dass die GEC C einen Nutzen aus der Konzernzugehörigkeit (*„implicit support"*) habe. Daher sei

---

[2] Vgl. BMF v. 23.2.1983, BStBl. I 1983, S. 218, Rz. 2.1.3, 2.2.3, 2.4.4 Buchst. a), 2.2.4; BMF v. 12.4.2005, BStBl. I 2005, S. 570, Rz. 3.4.11.4.

[3] Vgl. Tax Court of Canada v. 4.12.2009, S. 62 ff., Rz. 232 ff.

[4] Vgl. Tax Court of Canada v. 4.12.2009, S. 67, Rz. 252.

[5] Vgl. Tax Court of Canada v. 4.12.2009, S. 69, Rz. 259. Aus der Bonität der GEC C in den beiden genannten Fällen lässt sich der jeweilige Zinssatz ableiten, den GEC C an Gläubiger zu zahlen hat.

[6] Vgl. Tax Court of Canada v. 4.12.2009, S. 74, Rz. 275.

für Zwecke der Anwendung des *yield approaches* das „Stand-alone"-Rating von BB- bis B+ um drei Stufen auf BBB- bis BB+ zu erhöhen[7].

Schließlich stellte der Tax Court of Canada das um die Konzernzugehörigkeit von GEC C angepasste Rating von BBB- bis BB+ dem Rating AAA gegenüber, welches die GEC C durch die Garantie der GEC US erreicht (*„guaranteed debt"*), und kam – unter Bezugnahme auf Berechnungen der angehörten Sachverständigen – zu dem Schluss, dass der Zinsvorteil 183 Basispunkte (1,83 %) betrage. Der Tax Court of Canada führt auf Basis dieser Erkenntnisse aus, dass die vereinbarte Garantiegebühr in Höhe von 1 % dem Fremdvergleichspreis entspreche (oder sogar niedriger sei), da GEC C einen erheblichen Nutzen aus der Garantie der GEC US erziele. Vor diesem Hintergrund scheide eine Einkünftekorrektur aus[8].

Die kanadische Finanzverwaltung hat am 4.1.2010 bei dem Federal Court of Appeal Revision gegen das Urteil des Tax Court of Canada eingelegt. Der Federal Court of Appeal hat die Revision mit Entscheidung vom 15.12.2010 nicht zugelassen und das Urteil des Tax Court of Canada bestätigt.[9]

2. Würdigung der Entscheidung aus deutscher Sicht

Das Urteil des Tax Court of Canada enthält deutliche Parallelen zur Ermittlung und Prüfung angemessener Garantiegebühren („Avalprovisionen") nach deutschem Recht. Wie im Urteilsfall geht es auch nach deutschem Verständnis im Wesentlichen um zwei Fragen:

1. Zunächst ist zu prüfen, ob eine Garantiegebühr dem Grunde nach zu verrechnen ist.
2. Wird eine Verrechnung dem Grunde nach bejaht, stellt sich in einem zweiten Schritt die Frage der Ermittlung der Garantiegebühr der Höhe nach.

a) Verrechnung der Garantiegebühr dem Grunde nach („Avalprovision")

Die Frage der Verrechnung einer Garantiegebühr dem Grunde nach geht zunächst dahin, ob eine Geschäftsbeziehung i. S. d. § 1 Abs. 5 AStG[10] zwischen der Mutter- und der Tochtergesellschaft begründet wird, welche fremdüblich abzurechnen ist. In diesem Zusammenhang geht die deutsche Finanzverwaltung davon aus, dass für die Übernahme einer Bürgschaft eine Provision grundsätzlich dann anzusetzen ist, wenn eine solche auch zwischen Fremden vereinbart worden wäre.[11] Dies soll z. B. dann der

---

[7] Vgl. Tax Court of Canada v. 4.12.2009, S. 82, Rz. 301.
[8] Vgl. Tax Court of Canada v. 4.12.2009, S. 83 f., Rz. 305 ff.
[9] Vgl. Federal Court of Appeal v. 15.12.2010, 2010 FCA 344, abrufbar unter http://decisions.fca-caf.gc.ca.
[10] Nachfolgend soll von der aktuellen Rechtslage des § 1 Abs. 5 AStG ausgegangen werden. Zur Definition der Geschäftsbeziehung nach § 1 Abs. 4 AStG a. F. vgl. im Einzelnen *Baumhoff/Ditz/Greinert*, DStR 2010, S. 476 f. m. w. N. zur BFH-Rechtsprechung.
[11] Vgl. BMF v. 23.2.1983, BStBl. I 1983, S. 218, Tz. 4.4.2; *Zech*, IStR 2009, S. 418; *Ditz*, IStR 2009, S. 424.

Fall sein, wenn die Bürgschaft dem begünstigten Schuldner einen Vorteil bringt, insbesondere eigene Finanzierungskosten erspart. Die Finanzverwaltung will nur dann von einer Anwendung des § 1 AStG absehen, wenn eine (verdeckte) Zuführung von Eigenkapital vorliegt.[12]

Es ist allerdings fraglich, ob bei Garantiemaßnahmen der Mutter- gegenüber ihrer Tochtergesellschaft der Ansatz einer Garantiegebühr dem Grunde nach überhaupt gerechtfertigt ist.[13] Denn die Muttergesellschaft kann schon auf Grund ihrer beherrschenden Gesellschafterstellung das Risiko eines Schuldnerausfalls minimieren (so auch die Argumentation des TCC in der Entscheidung v. 4.12.2009). Wenn auf Grund solcher rechtlicher oder tatsächlicher Möglichkeiten der Einflussnahme auf die Tochtergesellschaft kein praktischer Anwendungsraum für eine Inanspruchnahme aus der Bürgschaft besteht, so ist die Verrechnung einer Avalprovision nicht gerechtfertigt. Insofern ist – wie in der Entscheidung des kanadischen Gerichts – auch nach dem deutschen Verständnis die tatsächliche Möglichkeit der Einflussnahme der Mutter- auf die Tochtergesellschaft zu berücksichtigen. Mit einer analogen Begründung hat auch der BFH bei der Darlehensgewährung einer Mutter- an ihre Tochtergesellschaft entschieden, dass die Hingabe von Sicherheiten an die Tochtergesellschaft nicht erforderlich ist.[14] Denn die Muttergesellschaft hat die rechtliche oder tatsächliche Möglichkeit der Einflussnahme auf die Tochtergesellschaft dahingehend, dass diese das Darlehen zurückzahlt. Dies muss bei der Gewährung von Stützungsmaßnahmen (z. B. Garantie- oder Patronatserklärungen) ebenso gelten. Auch hier kann die Muttergesellschaft einen solchen Einfluss auf die Tochtergesellschaft ausüben, dass es zur Inanspruchnahme der Garantie- oder Patronatserklärung nicht kommt. Daher scheidet die Verrechnung einer Avalprovision bei Stützungsmaßnahmen der Muttergesellschaft gegenüber der Tochtergesellschaft bereits dem Grunde nach aus.[15]

Ferner ist zu bedenken, dass die Verrechnung einer Avalprovision auch dann ausscheidet, wenn die Gewährung der Garantie im eigenbetrieblichen Interesse des Garantiegebers erfolgt. Zu denken ist etwa an die Gewährung einer Garantie durch den Produzenten gegenüber einer Tochtergesellschaft, die einen ausländischen Markt als Vertriebsgesellschaft erschließt. So erkennt auch die Finanzverwaltung zu Recht an, dass bei einer durch eigenbetriebliche Interessen geprägten Bürgschaftsvergabe keine Verrechnung einer Avalprovision zulässig ist.[16]

---

[12] Vgl. BMF v. 12.1.2010, DStR 2010, S. 112, und dazu *Baumhoff/Ditz/Greinert*, DStR 2010, S. 476.

[13] Vgl. *Baumhoff/Ditz/Greinert*, DStR 2010, S. 478; *Brinkmann*, IStR 2010, S. 503.

[14] Vgl. BFH v. 21.12.1994, I R 65/94, DStR 1995, S. 847; BFH v. 29.10.1997, I R 24/97, BStBl. II 1998, S. 573.

[15] Vgl. auch *Ditz/Tcherveniachki*, IStR 2009, S. 713.

[16] Vgl. BMF v. 23.2.1983, BStBl. I 1983, S. 218, Tz. 4.4.2. Nr. 2.

b) Ermittlung der Garantiegebühr der Höhe nach

Aussagen zu der Frage, wie eine fremdübliche Garantiegebühr zu bestimmen ist, ergeben sich weder aus den einschlägigen BMF-Schreiben noch aus den OECD-Verrechnungspreisrichtlinien 2010. Die Erfahrungen in Betriebsprüfungen zeigen allerdings, dass die deutsche Finanzverwaltung häufig für Garantiegebühren auf die Gebührensätze abstellt, die Banken ihren Kunden in Rechnung stellen.[17] Eine solche Vorgehensweise ist insofern nicht sachgerecht, als die von Banken herangezogenen Kalkulationsgrundsätze nicht für konzerninterne Bürgschaftsprovisionen herangezogen werden können.[18] Dies geht auch eindeutig aus der Entscheidung des Tax Court of Canada hervor, wonach konzernspezifische Gesichtspunkte auch im Rahmen der Ermittlung der Garantiegebühr zu berücksichtigen sind. Vor diesem Hintergrund ist davon auszugehen, dass Garantiegebühren bzw. Avalprovisionen im Konzern regelmäßig unter den Gebührensätzen von Banken liegen. Die Praxis geht dabei von einer Provisionsbandbreite in Höhe von 0,125 % bis 0,25 % aus.[19]

---

[17] Vgl. auch *Zech*, IStR 2009, S. 418.

[18] Vgl. auch *Ditz*, IStR 2009, S. 422; *Baumhoff*, in: Flick/Wassermeyer/Baumhoff, Außensteuerrecht, Kommentar, § 1 AStG Rz. 767.

[19] Vgl. auch *Gunde*, IStR 1994, S. 267; *Ammelung/Sorocean*, RIW 1996, S. 673; *Oho/Berens*, IStR 1996, S. 316.

b)   Entscheidung des United States Tax Court i.S. Veritas

Fall 20: Eintrittszahlungen bei Kostenumlagen

Die nur in den USA ansässige Veritas Software Corporation (nachfolgend „Veritas US") ist im Bereich der Entwicklung, Herstellung und des Vertriebs von Softwareprodukten für die Lagerverwaltung tätig. Die von Veritas US entwickelte und hergestellte Software wurde einerseits unmittelbar an Kunden vertrieben. Andererseits erfolgt ein Vertrieb der Software durch Lizenzierung auch an externe Vertreiber und sog. „Original Equipment Manufactures (OEM)", welche die Veritas-Software als Komponente in Softwarepakete integrierten und dann vertrieben. Die gegenüber den OEMs verrechneten Lizenzgebühren betrugen zwischen 10 %-40 % für sog. „Bundled-Products" und 5 %-48 % für sog. „Unbundled-Products". Darüber hinaus erhielt Veritas US von den OEMs bei jedem Neuabschluss eines Lizenzvertrages eine Einmalzahlung.

Bis Ende 1999 konzentrierte sich das Geschäft von Veritas US auf die USA. Im Rahmen einer Expansionsstrategie entschloss sich die Geschäftsführung der Veritas US, auch auf den Märkten in Europa, naher Osten, Afrika und Asien tätig zu werden. Um diese Märkte zu bedienen, wurde in Irland eine Tochtergesellschaft (nachfolgend „Veritas Irland") gegründet, welche ab November 1999 den europäischen Markt als Strategieträger bedienen sollte. In diesem Zusammenhang schloss die Veritas US mit der Veritas Irland folgende Verträge:

▶   Einen Kostenumlagevertrag, wonach der Veritas Irland von der Veritas US die europäischen Vertriebsrechte gegen Zahlung einer Eintrittsgebühr übertragen wurden. Darüber hinaus wurden auf Basis des Kostenumlagevertrages vertriebsbezogene Kosten zwischen den Gesellschaften verrechnet. In dem Kostenumlagevertrag wurden auch Regelungen getroffen über die Weiter- und Neuentwicklung der technischen immateriellen Wirtschaftsgüter.

▶   Ein Lizenzvertrag, wonach die Veritas Irland die Marken und andere immaterielle Wirtschaftsgüter der Veritas US nutzen konnte.

Die Eintrittszahlung wurde auf Basis einer Preisvergleichsmethode unter Berücksichtigung der zwischen der Veritas US und den OEMs geleisteten Lizenzgebühren ermittelt. Insofern kam ein interner Preisvergleich zur Anwendung.

Die Veritas Irland war als Strategieträger für den europäischen Markt sehr erfolgreich. Im Rahmen einer Betriebsprüfung ging daher die US-amerikanische Finanzverwaltung („IRS") davon aus, dass Einkünftekorrekturen (einschl. „Strafzuschläge") von ca. 1,675 Mrd. US-$ durchzuführen seien. Der IRS stützte sich dabei auf eine Gesamtbewertung aller auf Veritas Irland übertragenen Wirtschaftsgüter, wobei zu berücksichtigen sei, dass neben den technischen immateriellen Wirtschaftsgütern und den Vertriebsrechten auch ein Zugang zu den Vertriebskanälen und dem Kundenstamm für

Veritas Irland eröffnet worden sei. Daher seien sämtliche übertragenen Wirtschaftsgüter zusammengefasst zu bewerten und damit im Ergebnis bei Veritas US ein Unternehmenswert, der auf Basis eines Ertragswertverfahrens zu ermitteln sei, zu realisieren.

Lösungshinweise:

Der United States Tax Court entschied mit Urteil v. 10.12.2009 zu Gunsten von Veritas US.[1] Das Gericht folgte den Ausführungen von Veritas US vor allem in folgenden Gesichtspunkten:

▶ **Bewertungsobjekt:** Statt einer Gesamtbewertung aller übergehenden Wirtschaftsgüter wurden Einzelwerte für immaterielle Wirtschaftsgüter angesetzt.

▶ **Diskontierungszeitraum:** Es wurde eine vierjährige Nutzungsdauer für Software statt einer unendlichen Nutzungsdauer angesetzt. Der US Tax Court lehnte damit eine ewige Rente zur Bewertung der immateriellen Wirtschaftsgüter ab.

▶ **Wachstumsrate:** Die vom IRS unterstellte hohe Wachstumsrate wurde verworfen und eine relativ geringe Wachstumsrate angewandt.

▶ **Diskontierungszins:** Es wurde anerkannt, dass der Diskontierungszins grundsätzlich als Summe einer risikofreien Verzinsung und eines angemessenen Risikozuschlags zu ermitteln ist.

▶ **Keine Rückwirkung der Richtlinien zu Kostenumlageverträgen:** Das Gericht lehnte die rückwirkende Anwendung der damals aktuellen Vorschläge zu Kostenumlageverträgen ab. Es führte aus, dass Steuerpflichtige geltendes Recht einhalten, jedoch nicht zukünftige Entwicklungen „erahnen" müssen.

▶ **Methodik:** Die Preisvergleichsmethode wurde als anwendbar und als vorziehenswürdige Methode durch den US Tax Court anerkannt. Die Ermittlung der Eintrittszahlung als Barwert zukünftiger Lizenzen wurde als angemessen erachtet. Die Lizenzsätze wurden dabei aus den Verträgen, die Veritas US mit fremden Dritten geschlossen hatte, bestimmt.

▶ **Zukünftig entstehende Wirtschaftsgüter:** Das Bewertungsobjekt wurde dahingehend eingegrenzt, dass nur bestehende immaterielle Wirtschaftsgüter einbezogen wurden. Die durch Tätigkeiten der Veritas Irland zukünftig (möglicherweise) entstehenden immateriellen Wirtschaftsgüter wurden nicht berücksichtigt.

---

[1] Vgl. US Tax Court v. 10.12.2009, Veritas Software Corporation v. Commissioner of Interal Revenue 133 T.C. No. 14 (2009), abrufbar unter http://www.ustaxcourt.gov. Zu dieser Entscheidung vgl. auch *Lin/Wright*, International Transfer Pricing Journal, March/April 2010, S. 147; *Nientimp/Roeder*, IWB 2010, S. 78; *Brauner*, Intertax 2010, S. 536f.

Der Fall zeigt, dass die in § 1 Abs. 3 Satz 9 AStG vorgesehene Besteuerung von Funktionsverlagerungen auf Basis einer Bewertung der Funktion als Ganzes (Transferpaket) keineswegs international üblich ist.

c) Entscheidung des United States Court of Appeals i.s. Xilinx Inc.

Fall 21: Ermittlung der Kostenbasis bei Kostenumlagen

Die in den USA ansässige Xilinx Inc. (nachfolgend „Xilinx US") hatte mit ihrer irischen Enkelgesellschaft (nachfolgend „Xilinx Irland") einen Kostenumlagevertrag zur gemeinsamen Forschung im Bereich der Chip-Entwicklung vereinbart. Im Rahmen des Kostenumlagevertrages wurden neben direkten F&E-Kosten (z. B. Personalkosten) auch indirekte Kosten (z. B. Verwaltungskosten, Versicherungskosten und Raumkosten) sowie Kosten für erworbene immaterielle Wirtschaftsgüter (z. B. Patente und Know-How) erfasst. Die Kosten wurden dabei nach Maßgabe eines nutzenorientierten Umlageschlüssels verteilt.

Die Xilinx US gab an ihre in der Forschungs- und Entwicklungsabteilung beschäftigten Mitarbeiter Aktienoptionen aus. Die Aktienoptionen bezogen sich auf die Ausgabe neuer Aktien, die zu keinem Liquiditätsabfluss bei der Xilinx US führten. Weder die Ausgabe noch die Ausübung der Optionsrechte wurden im Rahmen der Kostenumlage berücksichtigt. Dies entsprach – ausweislich der Ausführungen des US Tax Court v. 30.8.2005 – der üblichen Praxis zwischen unabhängigen Dritten.[1]

Der IRS war demgegenüber der Auffassung, dass die Aufwendungen aus der Ausgabe der Mitarbeiteraktien im Rahmen der Kostenumlage zu berücksichtigen seien und daher anteilig von der Xilinx Irland zu tragen wären. Der IRS nahm daher in den VZ 1997-1999 eine Einkünftekorrektur in Höhe von ca. 100 Mio. US-$ vor (einschließlich Strafzuschlägen).

Lösungshinweise:

In seiner Entscheidung v. 30.8.2005 hob der US Tax Court die Steuerfestsetzungen des IRS vollumfänglich auf.[2] Denn die fehlende Berücksichtigung der Kosten für Aktienoptionen konnte durch den Steuerpflichtigen als fremdvergleichskonform dargelegt werden. Das Hauptproblem der Entscheidung lag dabei darin, zwei gegensätzlich formulierte Regulations zu Section 482 IRC auszulegen. Einerseits sieht Reg. Sec. 1.482-1 (a) (1) und (b) (1) vor, dass auch im Rahmen von Kostenumlagen der Fremdvergleichsgrundsatz Anwendung finden soll. Demgegenüber regelt Reg. Sec. 1.482-7 (d) (1), dass im Rahmen von Kostenumlagen sämtliche Kosten zu erfassen sind („all of the costs incurred by the participant related to the intangible development area").

---

[1] Vgl. US Tax Court v. 30.8.2005, Xilinx Inc. v. Commissioner of Internal Revenue, 125 T.C. 4 (2005), abrufbar unter http://www.ustaxcourt.gov.

[2] Vgl. US Tax Court v. 30.8.2005, Xilinx Inc. v. Commissioner of Internal Revenue, 125 T.C. 4 (2005). Vgl. zu dieser Entscheidung auch *Beuchert*, IStR 2006, S. 610; *Gul/Muylle/Keates/Wright*, International Transfer Pricing Journal, September/October 2009, S. 307; *Joseph*, International Transfer Pricing Journal, July/August 2010, S. 283; *Wright*, International Transfer Pricing Journal, May/June 2010, S. 229; *Brauner*, Intertax 2010, S. 561ff.

Der IRS bezog sich im Rahmen seiner Argumentation auf die letztgenannte Regulation, die die Berücksichtigung sämtlicher Kosten vorsieht. Der Tax Court lehnte diese Sichtweise in seinem Urteil v. 30.8.2005 ab. Vielmehr habe der allgemeine Grundsatz des Fremdvergleichs Vorrang. Von diesem könne nur abgewichen werden, wenn dies in den Regulations explizit geregelt ist.

Der IRS hatte gegen die Entscheidung des US Tax Court v. 30.8.2005 Revision eingelegt. In seinem Urteil v. 22.3.2010 hat der US Court of Appeals allerdings nunmehr die Entscheidung des US Tax Court aus 2005 bestätigt.

3. Update 2010 zu Art. 7 OECD-MA

Fall 22: Funktionsverlagerung in eine polnische Betriebsstätte

Die in Bonn ansässige A GmbH entwickelt, produziert und vertreibt Elektrogeräte. Die dazu notwendigen Elektromotoren wurden bislang in der Firmenzentrale in Bonn entwickelt und hergestellt. Aus Kostengründen wird in 2008 die Produktion der Elektromotoren in eine polnische Betriebsstätte übertragen. Dazu wird in Polen ein Grundstück erworben, auf welchem die A GmbH eine Produktionshalle errichtet. Sodann werden – ebenfalls in 2008 – die zur Herstellung der Elektromotoren notwendige Produktionsanlage sowie dazu notwendige Kleingeräte von Bonn nach Polen überführt. Nach Inbetriebnahme der neuen Produktionsanlage in Polen nutzt die polnische Betriebsstätte die auf den Namen der A GmbH geschützten Patente zur Herstellung der Elektromotoren.

Im Rahmen der Betriebsprüfung geht die Finanzverwaltung davon aus, dass eine Funktionsverlagerung nach Polen vorliegt. Die steuerlichen Konsequenzen seien – so die Betriebsprüfung – eine Besteuerung der Funktionsverlagerung nach dem Transferpaket-Gedanken des § 1 AStG. Zur Rechtfertigung ihrer Position verweist die Betriebsprüfung neben § 1 AStG auf die Entstrickungsregel des § 12 Abs. 1 KStG und den geänderten OECD-MK zu Art. 7 („Authorized OECD Approach").

Lösungshinweise:

1. Änderungen des Art. 7 OECD-MK durch das Update 2010

Am 22.7.2010 hat die OECD im Rahmen des Updates 2010 weitgehende Änderungen im Rahmen des Art. 7 OECD-MA und des dazu ergangenen Musterkommentars beschlossen. So wurde der Inhalt und die Struktur des Art. 7 grundlegend verändert:

▶ Art. 7 Abs. 2 OECD-MA wurde dahingehend angepasst, dass die Selbstständigkeitsfiktion der Betriebsstätte für Zwecke der Gewinnabgrenzung deutlicher hervorgeht und infolgedessen insbesondere eine Gewinnabgrenzung unter Berücksichtigung der von ihr ausgeübten Funktionen, der von ihr wahrgenommenen Risiken und der von ihr verwendeten Wirtschaftsgüter erfolgen soll.

▶ Art. 7 Abs. 3 OECD-MA a. F. wurde gestrichen und durch eine Regelung analog Art. 9 Abs. 2 OECD-MA ersetzt. Danach soll es bei einer Korrektur der Betriebsstättengewinne durch einen Vertragsstaat im anderen Vertragsstaat eine korrespondierende Gewinnberichtigung geben.

▶ Art. 7 Abs. 4 OECD-MA wurde gestrichen. Diese Vorschrift sah bislang vor, dass im Rahmen der Betriebsstättengewinnabgrenzung auch die sog. „indirekte Methode" Anwendung finden kann.

► Darüber hinaus wurde auch Abs. 5 (keine Gewinnzurechnung zur Betriebsstätte auf Grund des bloßen Einkaufs von Gütern oder Waren) und Abs. 6 (Stetigkeitsgebot) des Art. 7 OECD-MA gestrichen.

Diese grundlegenden Änderungen des Art. 7 OECD-MA werden begleitet durch eine grundlegende Überarbeitung des OECD-MK zu Art. 7. Die Änderungen des Art. 7 OECD-MA sowie des entsprechenden Musterkommentars gehen zurück auf den „Report on the attribution of profits to permanent establishments" der OECD vom 17.7.2008. Darin wurde der „Authorized OECD Approach" entwickelt, welcher im Ergebnis zum Ziel hat, die Interpretation und die Anwendung des Art. 7 OECD-MA international zu vereinheitlichen und an Art. 9 OECD-MA anzugleichen. Die OECD hat sich in diesem Zusammenhang für eine uneingeschränkte Anwendung und Umsetzung der Selbstständigkeitsfiktion der Betriebsstätte im Rahmen der Betriebsstättengewinnermittlung entschieden. Danach sollten grundsätzlich sog. „internal dealings" zwischen Stammhaus und Betriebsstätte im Rahmen der Betriebsstättengewinnabgrenzung berücksichtigt werden. Dies läuft im Ergebnis auf eine Verrechnung von Dienstleistungsentgelten, Lizenzgebühren, Lieferpreisen, Mieten etc. zwischen Stammhaus und Betriebsstätte hinaus.[1] Diese Vorgehensweise ist deswegen umstritten, weil sie sich über die zivilrechtliche Einheit zwischen Stammhaus und Betriebsstätte hinwegsetzt, indem Geschäftsbeziehungen zwischen beiden Unternehmensteilen für steuerliche Zwecke angenommen werden.

Der neue OECD-MK sieht im Hinblick auf die Betriebsstättengewinnermittlung nach Art. 7 Abs. 2 OECD-MA n. F. eine zweistufige Vorgehensweise vor:

In einem ersten Schritt ist eine detaillierte Funktions- und Risikoanalyse des Stammhauses und der Betriebsstätte durchzuführen. Dabei sind die durch beide Unternehmensteile ausgeübten Funktionen, die durch sie wahrgenommenen Risiken und die durch sie eingesetzten Wirtschaftsgüter zu identifizieren und zu analysieren. Sowohl die Wirtschaftsgüter als auch die Risiken sollen dabei der Betriebsstätte auf Basis des Kriteriums „significant people functions" zugeordnet werden. Im Rahmen dieser Funktions- und Risikoanalyse sind ferner die zwischen dem Stammhaus und der Betriebsstätte durchgeführten „dealings" zu identifizieren.[2]

In einem zweiten Schritt sind dann die im Rahmen der Funktions- und Risikoanalyse identifizierten „dealings" auf Basis des Fremdvergleichsgrundsatzes zu bewerten. Neu ist in diesem Zusammenhang, dass der Fremdvergleichsgrundsatz hier uneingeschränkt anzuwenden ist. Insbesondere sind die OECD-RL 2010, die grundsätzlich zur

---

[1] Vgl. *Kroppen*, in: FS Herzig, 2010, S. 1075.
[2] Vgl. Tz. 21 OECD-MK zu Art. 7.

Verrechnungspreisermittlung zwischen (rechtlich selbstständigen) verbundenen Unternehmen ergangen sind, nunmehr auch bei Betriebsstätten anzuwenden.[3]

2. Anwendung der neuen OECD-Grundsätze im vorliegenden Fall

Hinsichtlich der Frage, ob die Grundsätze der Funktionsverlagerungsbesteuerung des § 1 AStG auch bei Betriebsstätten Anwendung finden sollen, verweist die Finanzverwaltung in den VWG-Funktionsverlagerung v. 13.10.2010 auf Art. 7 OECD-MA und den dazu ergangenen Musterkommentar. Was dies genau bedeutet, bleibt indessen offen. Man muss allerdings mutmaßen, dass die Finanzverwaltung über den in Art. 7 kodifizierten Fremdvergleichsgrundsatz und den Verweis des neuen OECD-MK zu Art. 7 auf die OECD-RL 2010 die Funktionsverlagerungsbesteuerung auch bei Betriebsstätten anwenden will. Dies ist aus mehreren Gründen nicht sachgerecht:

▶ Der neue OECD-MK beschreibt den völlig neu konzipierten Art. 7 OECD-MA. Er ist vor diesem Hintergrund auf die Doppelbesteuerungsabkommen der Bundesrepublik Deutschland, die derzeit regelmäßig noch auf der alten Fassung des Art. 7 OECD-MA beruhen, nicht anwendbar. Denn weder das OECD-MA noch der OECD-MK sind Bestandteile der deutschen Doppelbesteuerungsabkommen. Folglich kommt beiden keine normative Wirkung zu.

▶ Für die Auslegung der Doppelbesteuerungsabkommen der Bundesrepublik Deutschland können nach h. M. das OECD-MA und der OECD-MK nur in der Fassung herangezogen werden, die im Zeitpunkt des Vertragsabschlusses Geltung hatte.[4]

▶ Schließlich ist zu berücksichtigen, dass Art. 7 OECD-MA (bzw. der einschlägigen Abkommensnorm) für Zwecke der Gewinnermittlung (insbesondere der Frage der Gewinnrealisierung) keine „self-executing"-Wirkung zukommt.[5] Damit setzt eine Gewinnrealisierung im Zusammenhang mit der Überführung von Wirtschaftsgütern vom inländischen Stammhaus in die ausländische Betriebsstätte immer eine Rechtsgrundlage im innerstaatlichen Recht voraus. Etwas anderes folgt auch nicht aus der Neufassung des Art. 7 OECD-MA und der entsprechenden Musterkommentierung.[6] Denn weder das OECD-MA noch der OECD-MK sind Bestandteil des DBAs selbst.

Vor dem Hintergrund einer fehlenden self-executing-Wirkung des Art. 7 OECD-MA (präziser: der dieser Vorschrift nachgebildeten einschlägigen Abkommensnorm) kann eine Gewinnrealisierung im Rahmen der Produktionsverlagerung der A GmbH nach

---

[3] Vgl. Tz. 22 OECD-MK zu Art. 7.

[4] Vgl. *Schaumburg*, Internationales Steuerrecht, 1997, Rz. 16.79 m. w. N.

[5] Vgl. zu Einzelheiten *Ditz*, IStR 2005, S. 39 ff.; *Ditz*, IStR 2009, S. 118.

[6] So jedoch wohl *Mitschke*, FR 2008, S. 1146.

Polen nur angenommen werden, wenn dazu eine Rechtsgrundlage im innerstaatlichen Recht besteht. In diesem Zusammenhang kommen § 1 AStG und § 12 Abs. 1 KStG in Betracht. Dazu Folgendes:

3.   Anwendung des § 1 AStG

Für eine Einkünftekorrektur nach § 1 Abs. 1 AStG müssen die drei folgenden Tatbestandsvoraussetzungen erfüllt sein:

▶ Es muss sich um eine Geschäftsbeziehung zum Ausland handeln (§ 1 Abs. 5 AStG).

▶ Die Geschäftsbeziehung muss zwischen einem inländischen Steuerpflichtigen und einer ihm nahestehenden Person bestehen (§ 1 Abs. 2 AStG).

▶ Die vereinbarte Geschäftsbeziehung muss zu einer Einkünfteminderung des inländischen Steuerpflichtigen auf Grund fremdunüblicher Bedingungen führen (§ 1 Abs. 1 Satz 1 AStG).

Nach § 1 Abs. 5 AStG setzt eine Geschäftsbeziehung eine den Einkünften zugrunde liegende schuldrechtliche Beziehung voraus, die keine gesellschaftsvertragliche Vereinbarung ist. Eine schuldrechtliche Vereinbarung ist indessen zwischen Stammhaus und Betriebsstätte nicht möglich, da es der Betriebsstätte an einer rechtlichen Selbstständigkeit fehlt. Deswegen kann eine Betriebsstätte auch keine nahestehende Person i. S. d. § 1 Abs. 2 AStG sein. Folglich ist § 1 Abs. 1 AStG nach herrschender Meinung im Verhältnis zwischen Stammhaus und Betriebsstätte nicht anwendbar.[7] Daran ändert auch die Neufassung des Art. 7 OECD-MA und die entsprechende Musterkommentierung nichts.

Im vorliegenden Fall kann die Betriebsprüfung daher eine Einkünftekorrektur bei der A GmbH nicht auf § 1 AStG stützen.

4.   Anwendung des § 12 Abs. 1 KStG

a)   Implikationen der BFH-Rechtsprechung

Bekanntlich wurden mit dem SEStEG v. 7.12.2006[8] in § 4 Abs. 1 Satz 3 EStG und § 12 Abs. 1 KStG Entstrickungsregelungen in Bezug auf die Überführung und Nutzungsüberlassung von Wirtschaftsgütern in eine ausländische Betriebsstätte aufgenommen. Wesentliche Voraussetzung für die ab dem VZ 2006[9] wirksamen Regelungen ist „der Ausschluss oder die Beschränkung des Besteuerungsrechts der Bundesrepublik

---

[7] Vgl. *Wassermeyer*, in: Flick/Wassermeyer/Baumhoff, Außensteuerrecht, Kommentar, § 1 AStG Rz. 894; *Ditz*, in: Wassermeyer/Richter/Schnittker, Personengesellschaften im internationalen Steuerrecht, 2010, S. 587; *Andresen*, in: Wassermeyer/Andresen/Ditz, Betriebsstätten-Handbuch, 2006, Rz. 2.61; *Kaminski/Strunk*, DB 2008, S. 2502.

[8] Vgl. SEStEG v. 7.12.2006, BGBl. I 2006, S. 2782, berichtigt BGBl. I 2007, S. 68.

[9] Vgl. § 52 Abs. 8b EStG; § 34 Abs. 8 Satz 2 KStG.

Deutschland hinsichtlich des Gewinns aus der Veräußerung oder der Nutzung des Wirtschaftsguts". Die Bewertung der fiktiven Entnahme bzw. fiktiven Veräußerung erfolgt mit dem gemeinen Wert, also einem „fiktiven Veräußerungspreis" oder einem „fiktiven Nutzungsentgelt". Dies läuft im Ergebnis auf eine Bewertung mit dem Fremdvergleichspreis bzw. Marktpreis hinaus.[10] Für beide Vorschriften (§ 4 Abs. 1 Satz 3 EStG, § 12 Abs. 1 KStG) lässt es § 4g Abs. 1 EStG zu, dass unbeschränkt Steuerpflichtige im Rahmen der Überführung von Wirtschaftsgütern des Anlagevermögens einen sog. „Ausgleichsposten" bilden können, soweit das Wirtschaftsgut in eine Betriebsstätte in einem EU-Mitgliedstaat überführt wird.

Nach der aktuellen BFH-Rechtsprechung[11] laufen allerdings beide Tatbestandsvoraussetzungen der Entstrickungsregeln (Ausschluss des Besteuerungsrechts einerseits und Beschränkung des Besteuerungsrechts andererseits) nach h. M. „ins Leere". Zwar hat der BFH in seinem grundlegenden Urteil v. 17.7.2008[12] die Frage der Konsequenzen der Aufgabe der finalen Entnahmetheorie auf die Anwendung des § 4 Abs. 1 Satz 3 EStG bzw. des § 12 Abs. 1 KStG ausdrücklich offen gelassen. Aus dem Urteil ist allerdings die Schlussfolgerung zu ziehen, dass es sich bei beiden Regelungen – entgegen der Gesetzesbegründung des SEStEG – gerade nicht um eine Klarstellung des seinerzeit geltenden Rechts, sondern um eine deutliche Verschärfung handelt.[13] Andererseits werden die bereits im Schrifttum zu Recht angebrachten Zweifel bestätigt, dass die neuen Entstrickungsregeln im Ergebnis den ihnen zugedachten Zweck nicht erfüllen.[14] Denn der BFH hat in seinem o. g. Urteil v. 17.7.2008 deutlich herausgearbeitet, dass das Besteuerungsrecht des Stammhausstaates auf die dem Stammhaus zuzurechnenden stillen Reserven unberührt bleibt.[15] Vor diesem Hintergrund kann der Wortlaut des § 4 Abs. 1 Satz 3 EStG und des § 12 Abs. 1 Satz 1 KStG den diesen Vorschriften zugedachten Sinn und Zweck tatsächlich nicht umsetzen.[16] Dies gilt sowohl im Hinblick auf die Überführung von Wirtschaftsgütern in eine DBA-Betriebsstätte mit Freistellungsmethode

[10] Vgl. BMF v. 25.8.2009, BStBl. I 2009, S. 888, Rz. 14.1; *Ditz/Schneider*, DStR 2010, S. 84 f.
[11] Vgl. BFH v. 17.7.2008, I R 77/06, BStBl. II 2009, S. 464; BFH v. 28.10.2009, I R 99/08, DStR 2010, S. 40.
[12] Vgl. BFH v. 17.7.2008, I R 77/06, BStBl. II 2009, S. 464.
[13] Vgl. auch *Rödder/Schumacher*, DStR 2006, S. 1482; *Ditz*, DStR 2009, S. 119 f.; a. A. *Hruschka/Hellmann*, DStR 2010, S. 1962.
[14] Vgl. *Wassermeyer*, DB 2006, S. 1176; *Wassermeyer*, IStR 2008, S. 176; *Gosch*, BFH-PR 2008, S. 500; *Rödder/Schumacher*, DStR 2006, S. 1483.
[15] Vgl. in diesem Zusammenhang auch BFH v. 28.10.2009, I R 99/08, DStR 2010, S. 40.
[16] So auch *Gosch*, BFH-PR 2008, S. 500; *Roser*, DStR 2008, S. 2394; *Prinz*, DB 2009, S. 810 f.; *Schneider/Oepen*, FR 2008, S. 28; *Ditz/Schneider*, DStR 2010, S. 84; a. A. *Mitschke*, DB 2009, S. 1378; *Mitschke*, FR 2008, S. 1144; *Hruschka/Hellmann*, DStR 2010, S. 1962.

als auch bei der Überführung von Wirtschaftsgütern in eine Anrechnungsbetriebsstätte.[17]

Im Ergebnis ist daher festzustellen, dass die neuen Entstrickungsregeln des § 4 Abs. 1 Satz 3 EStG und des § 12 Abs. 1 KStG den ihnen zugedachten Sinn und Zweck nach h. M. der Literatur nicht erfüllen.

b)   Auffassung der Finanzverwaltung

Die Finanzverwaltung hat auf das BFH-Urteil vom 17.7.2008[18] mit einem Nichtanwendungserlass reagiert.[19] Nach diesem Nichtanwendungserlass werden die gesetzlichen Entstrickungsregelungen des SEStEG „von den Urteilsgrundsätzen nicht berührt".

Darüber hinaus hat die Finanzverwaltung den Betriebsstättenerlass v. 24.12.1999 mit BMF-Schreiben v. 25.8.2009[20] überarbeitet bzw. ergänzt und ist dabei von einer uneingeschränkten Anwendung der Entstrickungsregelungen des § 4 Abs. 1 Satz 3 EStG und des § 12 Abs. 1 KStG ausgegangen.[21] Folgt man daher der Auffassung der Finanzverwaltung, wäre im vorliegenden Fall § 12 Abs. 1 KStG einschlägig. Dies hätte zur Folge, dass die von der A GmbH in ihre polnische Betriebsstätte überführten Wirtschaftsgüter im Überführungszeitpunkt mit dem gemeinen Wert (= Fremdvergleichspreis) anzusetzen wären. Die stillen Reserven würden dabei im Überführungszeitpunkt „entstrickt" werden, wobei – zumindest in Bezug auf Wirtschaftsgüter des Anlagevermögens – die Bildung eines Ausgleichspostens gem. § 4g EStG möglich wäre. Eine Funktionsverlagerungsbesteuerung kann indessen nicht durchgeführt werden. Denn die Entstrickungsregeln des § 12 Abs. 1 KStG sehen eine solche Gesamtbewertung nicht vor. Vielmehr erfolgt hier eine Einzelbewertung der nach Polen übertragenen Wirtschaftsgüter.[22]

c)   Ergänzung der Entstrickungsregeln durch das Jahressteuergesetz 2010

Die Bundesregierung hat am 22.6.2010 den Entwurf eines Jahressteuergesetzes 2010 vorgelegt.[23] Mit Beschluss v. 9.7.2010 hat der Bundesrat dazu seine Stellungnahme abgegeben.[24] Darin empfiehlt der Bundesrat, in § 4 Abs. 1 EStG und § 12 Abs. 1 KStG eine Regelung aufzunehmen, wonach ein Ausschluss oder eine Beschränkung des Besteuerungsrechts hinsichtlich des Gewinns aus der Veräußerung eines Wirtschaftsguts

---

[17] Zu Einzelheiten vgl. *Prinz*, DB 2009, S. 810 f.

[18] Vgl. BFH v. 17.7.2008, I R 77/06, BStBl. II 2009, S. 464.

[19] Vgl. BMF v. 20.5.2009, BStBl. I 2009, S. 671.

[20] Vgl. BMF v. 25.8.2009, BStBl. I 2009, S. 888.

[21] Vgl. dazu im Einzelnen *Ditz/Schneider*, DStR 2010, S. 84 ff.

[22] Vgl. *Ditz*, in: Wassermeyer/Richter/Schnittker, Personengesellschaften im internationalen Steuerrecht, 2010, Rz. 14.25.

[23] Vgl. BT-Drucks. 17/2249.

[24] Vgl. BR-Drucks. 318/10.

insbesondere vorliegt, wenn ein Wirtschaftsgut einer ausländischen Betriebsstätte zugeordnet wird.[25] Zur Begründung seiner Empfehlung weist der Bundesrat darauf hin, dass die abweichende BFH-Rechtsprechung nur „schwer administrierbar" und mit „verfassungsrechtlich nicht hinnehmbaren Vollzugsdefiziten" verbunden sei. Die vorgeschlagene Regelung verdeutlicht wohl das vom Gesetzgeber durch die Einführung der Entstrickungsregel Gewollte. Die Begründung der Ergänzung ist indessen alles andere als überzeugend.[26]

---

[25] Vgl. dazu auch *Micker*, IWB 2010, S. 665.

[26] Zu Einzelheiten vgl. *Wissenschaftlicher Beirat v. Ernst & Young*, DB 2010, S. 1776.

4. Finales zu Betriebsstättenverlusten?

Fall 23: Verlustnutzung bei Einstellung einer ausländischen Betriebsstätte

Die deutsche A GmbH ist im Bereich der Konsumgüterindustrie tätig. Zum Vertrieb ihrer Produkte hat die A GmbH in 2006 eine Betriebsstätte in Frankreich begründet. Da sich der französische Markt für die A GmbH – wider Erwarten – sehr schlecht entwickelte, sind im Laufe der Zeit in der französischen Betriebsstätte erhebliche Verluste entstanden. Die Verluste konnten im Rahmen der beschränkten Steuerpflicht der A GmbH in Frankreich vorgetragen werden. Zum 31.12.2009 betrugen die Verlustvorträge EUR 2,5 Mio. Im Oktober 2009 beschließt die Geschäftsführung der A GmbH, die französische Betriebsstätte einzustellen. Die Einstellung der französischen Betriebsstätte hat nach nationalen Grundsätzen des französischen Steuerrechts zur Folge, dass die bis zum Oktober 2009 aufgelaufenen Verlustvorträge in Frankreich untergehen und nicht mehr genutzt werden können.

Lösungshinweise:

1. Vorliegen finaler Betriebsstättenverluste

Nach der sog. „Symmetriethese" des BFH sind auch Betriebsstättenverluste aus der Bemessungsgrundlage der deutschen Steuern auszunehmen.[1] Vor diesem Hintergrund sind im vorliegenden Fall die Verluste der französischen Betriebsstätte der A GmbH im Grundsatz nicht verrechnungsfähig.

Der EuGH hat mit seinem Urteil v. 15.5.2008 in der Rs. *Lidl Belgium* entschieden, dass die so verstandene Abkommensregelung grundsätzlich nicht gegen die gemeinschaftlichen Grundfreiheiten verstößt, wenn Verluste der im Betriebsstättenstaat in künftigen Steuerzeiträumen berücksichtigt werden können.[2] Im Umkehrschluss sind damit unter Berücksichtigung des EuGH-Urteils in der Rs. *Lidl Belgium* Betriebsstättenverluste im Stammhausstaat dann abzugsfähig, wenn „endgültige Verluste" vorliegen. Endgültige Verluste liegen nach Auffassung des EuGH immer dann vor, wenn die Betriebsstätte alle Möglichkeiten einer Berücksichtigung der Verluste sowohl im laufenden als auch in früheren VZ ausgeschöpft hat. Zudem ist von endgültigen Verlusten dann auszugehen, wenn die Verluste in zukünftigen VZ weder von der Betriebsstätte selbst noch von einem Dritten berücksichtigt werden können.[3] Konkrete Aussagen, wann ein Verlust endgültig ist, enthält das EuGH-Urteil in der Rs. *Lidl Belgium* indessen nicht. Auch im fortgeführten Revisionsverfahren in dieser Rechtssache hat der BFH die Kriterien eines

---

[1] Vgl. nur BFH v. 17.7.2008, I R 84/04, BStBl. II 2009, S. 630 m. w. N.

[2] Vgl. EuGH v. 15.5.2008, Rs. C-414/06, *Lidl Belgium*, EuGHE 2008, S. I-3601.

[3] Vgl. EuGH v. 15.5.2008, Rs. C-414/06, *Lidl Belgium*, EuGHE 2008, S. I-3601, Rz. 47.

„endgültigen Betriebsstättenverlusts" nicht weiter konkretisiert, sondern sich im Wesentlichen auf die Wiedergabe der Vorgaben des EuGH beschränkt.[4]

Der BFH hat nunmehr die Frage, wann finale Betriebsstättenverluste vorliegen, in mehreren Urteilen präzisiert:

Eine erste Konkretisierung enthält das BFH-Urteil v. 9.6.2010.[5] Danach sind Verluste nicht „endgültig", wenn sie im Betriebsstättenstaat auf Grund einer Verlustvortragsbeschränkung nach dem entsprechenden innerstaatlichen Recht nicht verwertet werden können. Daran ändert sich auch dann nichts, wenn die Verluste im Nachhinein aus tatsächlichen Gründen nicht mehr berücksichtigt werden können.[6] Damit knüpft der BFH an das EuGH-Urteil v. 23.10.2008 in der Rs. *Krankenheim Ruhesitz am Wannsee* an.[7] In diesem Urteil hatte der EuGH im Hinblick auf die Nachversteuerung von ausländischen Betriebsstättengewinnen nach § 2 Abs. 2 AIG bzw. § 2a Abs. 3 EStG a. F. entschieden, dass der Stammhausstaat nicht für Verlustvortragsbeschränkungen des Betriebsstättenstaates einstehen muss.

Nach einer weiteren Entscheidung des BFH v. 9.6.2010[8] sind Verluste allerdings dann „endgültig", wenn sie im Betriebsstättenstaat aus tatsächlichen Gründen nicht mehr berücksichtigt werden können. Als „tatsächliche Gründe" nennt der BFH hierbei – in Anlehnung an § 2a Abs. 4 EStG a. F. – die Umwandlung der ausländischen Betriebsstätte in eine Kapitalgesellschaft, deren entgeltliche oder unentgeltliche Übertragung oder deren endgültige Aufgabe. In diesen Fällen unterstelle das Gesetz eine „Endgültigkeit" der betreffenden Verluste. Gleiches müsste daher gelten, wenn in Fällen der Umwandlung, des Verkaufs oder der Aufgabe der Betriebsstätte eine zukünftige Verlustnutzung in Einklang mit dem ausländischen Steuerrecht definitiv ausgeschlossen ist. In diesen Fällen sei es geboten, die gemeinschaftsrechtlich grundsätzlich anerkannte Symmetriewirkung der abkommensrechtlichen Freistellung ausnahmsweise zu durchbrechen und eine Verlustnutzung beim inländischen Stammhaus zuzulassen.

Ohne, dass es im entschiedenen Sachverhalt darauf angekommen wäre, weist der BFH in diesem Zusammenhang darauf hin, dass für den Fall einer späteren in Betracht kommenden Verlustberücksichtigung im Betriebsstättenstaat (z. B. bei einer späteren Neugründung einer Betriebsstätte verbunden mit einer möglichen Weiternutzung der Verluste der Vergangenheit) die Endgültigkeit der Verluste nachträglich wieder entfal-

---

[4] Vgl. BFH v. 17.7.2008, I R 84/04, BStBl. II 2009, S. 630.

[5] Vgl. BFH v. 9.6.2010, I R 100/09, DB 2010, S. 1731.

[6] Vgl. insoweit auch BFH v. 3.2.2010, I R 23/09, DStR 2010, S. 918 und dazu *Sydow/Fehling*, IWB 2010, S. 392 ff.

[7] Vgl. EuGH v. 23.10.2008, Rs. C-157/07, *Krankenheim Ruhesitz am Wannsee - Seniorenheimstatt*, EuGHE 2008, S. I-8061.

[8] Vgl. BFH v. 9.6.2010, I R 107/09, DB 2010, S. 1733.

len könne, mit der Folge einer rückwirkenden Bescheidkorrektur nach § 175 Abs. 1 Satz 1 Nr. 2 AO.

Auf Basis der aktuellen Rechtsprechung des BFH sind daher die Verluste der französischen Betriebsstätte der A GmbH in Deutschland abzugsfähig, da mit Einstellung der französischen Betriebsstätte „endgültige Betriebsstättenverluste" vorliegen.

2.   Zeitpunkt der Verlustberücksichtigung

Die Frage, in welchem VZ endgültige Betriebsstättenverluste zu berücksichtigen sind, war bislang umstritten. Von der wohl h. M. wurde hierzu die Auffassung vertreten, dass ein Abzug phasengleich, d. h. im Jahr der Verlustentstehung und nicht erst im Jahr des Feststehens endgültiger Verluste, erfolgen müsse.[9] Auch der BFH hatte sich in seinem Urteil v. 17.7.2008 in diesem Sinne geäußert,[10] worauf die Finanzverwaltung mit einem Nichtanwendungserlass reagierte.[11]

In seinem Urteil v. 9.6.2010 hat der BFH[12] allerdings nunmehr entschieden, dass es für den Verlustabzug im Stammhausstaat nur auf jenen VZ ankommen kann, in welchem die Verluste tatsächlich endgültig werden. Weder der Grundsatz der Besteuerung nach der Leistungsfähigkeit noch das Gebot der Gleichbehandlung mit Inlandssachverhalten zwingen zu einer abweichenden Lösung.

Vor diesem Hintergrund sind im vorliegenden Fall unter Zugrundelegung der BFH-Rechtsprechung die endgültigen Verluste der französischen Betriebsstätte in Höhe von EUR 2,5 Mio. in 2009 abzugsfähig.

3.   Gewerbesteuerliche Konsequenzen

Im Hinblick auf die Frage, ob die finalen Betriebsstättenverluste auch im Rahmen der Ermittlung des Gewerbeertrages zu berücksichtigen sind, beruft sich der BFH in seinem Urteil v. 9.6.2010[13] auf den Gleichklang zwischen KSt und GewSt in DBA-Freistellungsfällen. Danach wirkt sich die abkommensrechtlich vorgesehene Freistellung bereits im Rahmen der Ermittlung des zu versteuernden Einkommens über § 7 Satz 1 GewStG (i. V. m. § 8 Abs. 1 KStG) auf die Ermittlung des Gewerbeertrages aus. Die Kürzungsvorschrift des § 9 Nr. 3 GewStG, die als Konsequenz des Inlandsbezugs der Gewerbesteuer für ausländische Betriebsstättengewinne eine Kürzung des Gewerbeer-

---

[9] So etwa FG Hamburg v. 18.11.2009, 6 K 147/08, EFG 2010, S. 265; Ditz/Plansky, DB 2009, S. 1669; Breuninger/Ernst, DStR 2009, S. 1981; Schnitger, IWB Fach 11 Gruppe 2, S. 829; Sedemund, DB 2008, S. 1120.

[10] Vgl. BFH v. 17.7.2008, I R 84/04, BStBl. II 2009, S. 630.

[11] Vgl. BMF v. 13.7.2009, BStBl. I 2009, S. 835; Bayerisches Landesamt für Steuern, Verfügung v. 19.2.2010, DB 2010, S. 476

[12] Vgl. BFH v. 9.6.2010, I R 107/09, DB 2010, S. 1733.

[13] Vgl. BFH v. 9.6.2010, I R 107/09, DB 2010, S. 1733.

trages vorsieht, kommt somit bereits aus systematischen Gründen nicht zur Anwendung und kann damit keine eigenständige Diskriminierung entfalten[14].

Im vorliegenden Fall sind daher die endgültigen Verluste der französischen Betriebsstätte auch im Rahmen der Gewerbesteuer der A GmbH in 2009 abzugsfähig.

---

[14] Dazu kritisch *Pohl*, IWB 2010, S. 628. Siehe ferner *Englisch*, IStR 2008, S. 404; *van Lishaut*, FR 2009, S. 1030.

Fall 24: Fortführung von Fall 6 (Neugründung einer französischen Betriebsstätte in 2010)

Nach einem Wechsel in der Geschäftsführung der A GmbH wird Anfang 2010 entschieden, wieder in den französischen Markt einzusteigen. Dazu soll nunmehr eine neue Betriebsstätte in Nizza (statt zuvor in Paris) gegründet werden. Nach französischem Steuerrecht ist es nicht möglich, die Verlustvorträge der in 2009 geschlossenen Betriebsstätte auf die neu gegründete Betriebsstätte zu übertragen.

Lösungshinweise:

Da eine Übertragung der bestehenden Verlustvorträge der aufgegebenen Betriebsstätte in Paris auf die in 2010 gegründete Betriebsstätte in Nizza nicht möglich ist, bleibt es bei endgültigen Verlusten in 2009. Da es insoweit nicht zu einer doppelten Verlustberücksichtigung (in Frankreich und in Deutschland) kommen kann, bleibt es bei einer Verlustverrechnung der französischen Betriebsstättenverluste in 2009 bei der A GmbH.[1]

---

[1] So wohl auch BFH v. 9.6.2010, I R 107/09, DB 2010, S. 1733.

IV. Realteilung und Sachwertabfindung bei Ausscheiden aus Freiberuflersozietät

Von Dr. Dirk Pohl, Dipl.-Fw., Rechtsanwalt, Fachanwalt für Steuerrecht, Steuerberater, München

Fall 25: Der A ist der einzige im Markenrecht tätige Partner einer nationalen Rechtsanwaltssozietät. Da sein Bereich hoch profitabel ist, ist er mit der Gewinnverteilung nach lock-step unzufrieden. Er überlegt deshalb, in eine US-amerikanische Kanzlei zu wechseln.

Lösungshinweise:

Schrifttum: *Imbeck*, Die Beschränkung von Ausscheidensabfindungen bei Freiberufler-Gesellschaften, FS Spiegelberger, S. 740; *Otto*, Sturmentwarnung, BMF-Schreiben zum Ausscheiden eines Partners gegen Sachwertabfindung, BRAK-Magazin 06/2009, Seite 7.

I. Überblick

1. Im BMF-Schreiben zur Realteilung vom 28. Februar 2006 (BStBl. I 2006, S. 228) wird die Auffassung vertreten, dass eine Realteilung i. S. v. § 16 Abs. 3 Satz 2 EStG nicht vorliegt, wenn die Mitunternehmerschaft fortbesteht:

"Scheidet ein Mitunternehmer aus einer mehrgliedrigen Mitunternehmerschaft in der Weise aus, dass sein Mitunternehmeranteil allen verbleibenden Mitunternehmern anwächst und er einen Abfindungsanspruch gegen die Gesellschaf erhält (Sachwertabfindung), liegt ebenfalls kein Fall der Realteilung vor."

2. Es dürfte aber der Regelfall sein, dass der ausscheidende Partner nach Befragung der Mandanten gem. § 32 Abs. 2 BORA nur seinen Mandatsstamm mitnimmt (siehe zur gesellschaftsrechtlichen Zulässigkeit: BGH v. 6.12.1993, II ZR 242/92, DStR 1994, 401; BGH v. 6.3.1995, II ZR 97/94, DStR 1995, S. 856; BGH v. 31.5.2010, II ZR 29/09, DStR 2010, S. 1947, BGH v. 14.6.2010, II ZR 135/09, DStR 2010, S. 1897), also eine Sachwertabfindung erhält.

II. Besteuerung der Sachwertabfindung

3. Rechtsfolge einer Sachwertabfindung wäre, dass ein Veräußerungsgewinn nach § 18 Abs. 3, § 16 Abs. 1 Satz 1 Nr. 2 EStG durch den ausscheidenden Gesellschafter zu versteuern und der angeschaffte Mandantenstamm über 3 bis 5 Jahre anschließend abzuschreiben ist (siehe zur Abschreibungsdauer: BFH v. 24.2.1994, IV R 33/93, BStBl. II 1994, S. 590).

4. Auf Grund einer Eingabe von Bundesrechtsanwalts- und Bundessteuerberaterkammer vertrat das BMF aber in einem Antwortschreiben vom 14. September 2009

die Auffassung, dass § 16 Abs. 1 EStG keine lex specialis zu § 6 Abs. 5 Satz 3 EStG darstellt (siehe *Otto*, BRAK-Magazin, 2009, S. 7). Die Eingabe war erfolgt, da dies in einer Vielzahl von Betriebsprüfungen anders gesehen wurde.

4.1 Dadurch ist die Überführung unter Buchwertfortführung in eine Anwaltseinzelkanzlei möglich, § 6 Abs. 5 Satz 3 Nr. 1 EStG. Dazu ist erforderlich, dass die künftige Besteuerung der stillen Reserven sichergestellt ist, so dass eine genaue Mandatsliste aufgestellt werden sollte.

4.2 Darüber hinaus kann im Rahmen des § 6 Abs. 5 Satz 3 EStG (*"unentgeltlich"*) keine Übernahme von Schulden erfolgen.

4.3 Auf einen Übergang zur Bilanzierung kann wohl verzichtet werden (siehe BFH vom 14. November 2007, XI R 32/06, BFH/NV 2008, S. 385). *Otto* (a. a. O.) empfiehlt dennoch aus Vorsichtsgründen einen Ausscheidensstichtag unterjährig vorzusehen, damit Übergangsgewinne und entsprechende Übergangsverluste bei notwendigem Wechsel wieder zurück zur § 4 Abs. 3 EStG Einnahme-Überschuss-Rechnung in den selben Veranlagungszeitraum fallen.

5. Die Crux der Fälle liegt nun aber darin, dass der ausscheidende Partner nicht als Einzelanwalt weiterarbeiten will. Eine unentgeltliche direkte Übertragung einzelner Wirtschaftsgüter soll aber nicht einmal zwischen gesellschafter- und anteilsidentischen Schwesterpersonenesellschaften möglich sein (so der I. Senat des BFH, Urteil vom 25.11.2009, I R 72/08, DStR 2010, S. 269; siehe aber auch den Aussetzungsbeschluss des IV. Senats vom 18.3.2010, IV B 105/09, DStR 2010, S. 1070; dazu *Gosch*, "Zoff im BFH": Die vorläufig vorweggenommene Divergenzanrufung, DStR 2010, S. 1173).

6. Deshalb kann der ausscheidende Partner den mitgebrachten Mandantenstamm nur im Sonderbetriebsvermögen einer neuen Sozietät zur Nutzung überlassen. Dafür bedarf es einer eindeutigen Zuordnung, die insbesondere dann nicht einfach ist, wenn der entsprechende Mandant auch bereits zu der neuen Sozietät Geschäftsbeziehungen unterhält.

III. Internationale Sozietäten

7. Die Möglichkeit, den Mandantenstamm in das Sonderbetriebsvermögen zu überführen, greift auch dann, wenn ein Beitritt zu einer internationalen Sozietät erfolgt. Zwar werden die Einkünfte des Rechtsanwalts zukünftig ganz wesentlich im Ausland versteuert (Art. 7, Art. 23 A OCED-MA). Denn die Auffassung (zum mittlerweile nicht mehr im OECD-MA enthaltenen Art. 14 OECD-MA), dass der einzelne Sozius ausschließlich in seinem Tätigkeitsstaat besteuert wird, hat sich nicht durchgesetzt (siehe dazu aber Entwurf eines BMF-Schreibens vom 18. Februar 1998, abgedruckt bei *Streck*, in: Steck/Henssler, Handbuch des Sozietätsrechts, Rz. H 257). Das Son-

derbetriebsvermögen bleibt aber im Inland steuerverhaftet, soweit der Mandantenstamm in der deutschen Betriebsstätte genutzt wird. Auf das Sonderbetriebsvermögen ist vor allem beim Wiederausscheiden aus der neuen Sozietät zu achten. Für die unentgeltliche Überlassung ist keine Vergütung nach § 1 AStG zu zahlen.

8. Keine Lösung ist es, zunächst für eine Übergangszeit als Einzelanwalt tätig zu werden und dann auf Grund eines vorgefertigten Gesamtplanes nach § 24 UmwStG die Einzelpraxis in die internationale Sozietät gegen Gewährung von Gesellschafterrechten einzubringen. Im Grundsatz ist § 24 UmwStG jedoch international und nicht auf die EU begrenzt, § 1 Abs. 4 Satz 2 UmwStG. Jedoch dürfte § 42 AO greifen. Darüber hinaus ist zu beachten, dass auch eine Einbringung nach § 24 UmwStG eine Veräußerung darstellt und deshalb insoweit ggf. die Sperrfrist nach § 6 Abs. 5 Satz 4 EStG im Hinblick auf die zunächst unentgeltliche Überführung der Wirtschaftsgüter (Sachwertabfindung) nach § 6 Abs. 5 Satz 3 Nr. 1 EStG in die Einzelpraxis beim Ausscheiden aus der nationalen Sozietät verletzt wird.

V. Internationale Tax Compliance – Erfahrungen aus der Konzernbetriebsprüfung

1. Internationale Tax Compliance – Was ist das?

Von Dr. Dirk Pohl, Dipl.-Fw., Rechtsanwalt, Fachanwalt für Steuerrecht, Steuerberater, München

Begriff: Der Begriff "Compliance" darf nicht als bloßes Modewort missverstanden werden. Es geht nicht etwa trivial um Gesetzestreue, sondern einen strategischen Ansatz im (Groß-)Unternehmen. Die Einhaltung steuerrechtlicher Vorschriften erfordert ein hohes Maß an Spezialwissen sowie einen hohen Organisationsgrad (siehe näher *Streck/Binnewies*, DStR 2009, S. 229). *Streck*, in: Streck/Mack/Schwedhelm, Tax Compliance, 2010, Rn. 1.2, hat dies wie folgt auf den Punkt gebracht:

> *"... man sieht vielmehr den Rechtsverstoß und seine Folgen als Menetekel am Horizont und trifft strategische und strukturelle Vorkehrungen, diese Folgen zu vermeiden."*

Organisation: Die Tax Compliance als Teil der Corporate Compliance kann zwar organisatorisch in der Steuerabteilung verankert sein. Dann bietet sich aber ein Compliance Committee zur Koordinierung mit den anderen Bereichen an. Große Unternehmen begründen häufig auch eine verselbständigte Compliance Struktur (siehe zu dem Organisationsformen *Moosmayer*, Compliance, Praxisleitfaden für Unternehmen, S. 33, *Ehnert*, in: Streck/Mack/Schwedhelm, Tax Compliance, Rn. 286 ff.).

Unternehmenssicht: Die ohnehin komplexe Aufgabe ist international anzugehen. Sie wird dadurch noch bedeutsamer, dass bei Auslandssachverhalten erweiterte Mitwirkungspflichten des Steuerpflichtigen bestehen (siehe § 90 Abs. 2 AO) und Beweisvorsorge zu treffen ist, um keine Rechtsnachteile zu erleiden (§ 162 Abs. 2 AO). Die ordnungsgemäße und rechtzeitige Erfüllung insbesondere der Pflichten zur Sachverhalts- und Angemessenheitsdokumentation von Verrechnungspreisen (§ 90 Abs. 3 AO, Gewinnabgrenzungsaufzeichnungsverordnung) vermeidet Rechtsnachteile (§ 162 Abs. 3 und 4 AO).

Bei der Tax Compliance geht es aus Unternehmenssicht nicht darum, die Finanzverwaltung über die gesetzlichen Pflichten hinaus bei der Steuererhebung zu unterstützen und dieser zu erleichtern. Jedoch sollen bestehende gesetzliche Pflichten auch dann beachtet werden, wenn Verstöße selten verfolgt oder die Sanktionen relativ marginal sind. So ist bspw. nach § 138 Abs. 2 AO die Gründung oder der Erwerb von Betrieben und Betriebsstätten im Ausland, die Beteiligung an ausländischen Personengesellschaften oder deren Aufgabe oder Änderung stets meldepflichtig. Ebenso ist oberhalb einer

Wesentlichkeitsschwelle der Erwerb von Beteiligungen an Körperschaften und Personenvereinigungen oder Vermögensmassen im Sinne von § 2 Nr. 1 KStG zu melden. Die Anzeige ist innerhalb eines Monats zu übersenden. Der Verstoß ist eine Ordnungswidrigkeit, maximales Bußgeld € 5.000, § 379 Abs. 2 Nr. 1 AO.

Letztlich führt dies auch dazu, dass im Rahmen einer Überwachung von steuerlichen Gestaltungen genau dokumentiert wird, dass bspw. der Ort der Geschäftsleitung einer ausländischen Kapitalgesellschaft nicht im Inland liegt. Im Rahmen des Vertragsmonitoring ist bspw. § 1 Abs. 3 Satz 11 AStG zu beachten. Dabei mag man darüber streiten, ob das nicht ohnehin bereits Teil des Tax Risk Managements ist.

Ebenso führt eine entsprechende Tax Compliance dazu, dass im Fall einer erkannten Unrichtigkeit der Steuerdeklaration sofort nach § 153 AO korrigiert und (noch nicht etwa bis zur nächsten Betriebsprüfung gewartet wird, weil erst mit Erscheinen des Betriebsprüfers die Sperrwirkung einer Selbstanzeige droht).

Sicht der Finanzverwaltung: Aus Sicht der Finanzverwaltung geht es dagegen bei der Tax Compliance um die Motivation der Steuerpflichtigen, die Einhaltung der Steuergesetze freiwillig sicherzustellen (siehe zur OECD und inbesondere der Intra European Organisation of Tax Administrations, www.iota-tax.org, näher *Kaiser*, IWV 2010, S. 774). Es geht also um eine positive Beeinflussung der Steuermoral. Dagegen steht die Beratersicht, es könne ein probates und mit Tax Compliance vereinbares Mittel sein, dem Handeln der Finanzverwaltung "arbeitsintensive Steine" in den Weg zu legen, um die eigene Auffassung durchzusetzen, (siehe *Streck/Binnewies*, DStR 2009, S. 229/230).

2. "Nützliche Aufwendungen" im Fadenkreuz der Betriebsprüfung und Steuerfahndung

Von Dr. Dirk Pohl, Dipl.-Fw., Rechtsanwalt, Fachanwalt für Steuerrecht, Steuerberater, München

Fall 26: Die B-GmbH betreibt ein Bauunternehmen. Im Rahmen der Ausschreibung eines Großauftrages in Griechenland wird sie von der X Ltd. mit Sitz in Jersey gegen Zahlung einer Erfolgsprovision beraten. Die Beratungsleistungen sind in dem abgeschlossenen Vertrag nicht näher beschrieben.

Nachdem die B-GmbH den Zuschlag für das Projekt erhält, zahlt sie die Erfolgsprovision. Kurze Zeit später geht ein anonymes Schreiben bei dem Gesellschafter der B-GmbH ein. Dort wird unter Beifügung von Unterlagen ausgeführt, dass die X Ltd. zwar dem bekannten Lobbyisten H wirtschaftlich zuzurechnen sei, dessen wesentliche Tätigkeit habe aber lediglich darin bestanden, die Provision unter Abzug von 5 % Gebühren an eine Anstalt in Liechtenstein weiterzuleiten. Begünstigte dieser Anstalt seien zu 50 % der Geschäftsführer der B-GmbH sowie zu weiteren 50 % ein Mitarbeiter des den Auftrag in Griechenland vergebenden Unternehmens. Der Gesellschafter der B-GmbH fragt den Vertrauensanwalt seiner Familie um Rat.

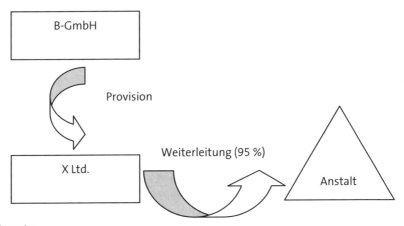

Lösungshinweise:

Schrifttum: *Binnewies*, Beweislastverteilung und Beweisnot im Zusammenhang mit § 160 AO, Stbg 2004, S. 516; *Gosch*, Rechtsprechung im besonderen Blickpunkt der Außenprüfung, StBP 2004, S. 178; *Hagen*, Das Empfängerbenennungsverlangen nach § 160 AO, DStZ 2004, S. 564; *Müller*, Steuerhinterziehung bei § 160 AO?, AO-StB 2005,

S. 249; *Schmitz*, Empfängerbenennung bei Auslandssachverhalten – § 16 AStG oder § 160 AO?, IStR 1997, S. 193; *Strunk/Kaminski*, Versagung des Betriebsausgabenabzugs bei fehlender Benennung des Geldempfängers im Ausland, Stbg 2003, S. 482; *Vogelberg*, Die Bedeutung des § 160 AO bei Nichtbenennung von Zahlungsempfängern, PStR 2005, S. 294.

I. Korruption

"Corruption is originally defined as misuse of entrusted power of private gain" (Transparency International)

Nach Angaben der Weltbank muss durchschnittlich jeder Mensch rund 7 % seiner Arbeitsleistung für Korruptionsschäden aufbringen. Nach einer Umfrage von Transparency International (Quelle: Pressemitteilung Transparency International Deutschland e.V. vom 4. Oktober 2006) unter 11.000 Geschäftsleuten in 125 Ländern schneidet Deutschland, was die Zahlung von Bestechungsgeldern anbelangt, relativ positiv ab. Unter den 30 führenden Exportnationen belegt Deutschland Platz 7, der am wenigsten korrupten Staaten. Insbesondere vor dem Hintergrund eines 9,5 %igen Anteils am Weltexport ist dies bemerkenswert.

II. Versagung des Betriebsausgabenabzugs

Bei Korruptionssachverhalten kann der Betriebsausgabenabzug insbesondere nach

► § 160 AO (Empfängerbenennung) oder

► § 4 Abs. 5 Nr. 10 EStG

zu versagen sein.

1. § 160 AO

§ 160 AO versagt die steuerliche Berücksichtigung von Schulden und anderen Lasten, Betriebsausgaben, Werbungskosten und anderen Ausgaben, wenn der Steuerpflichtige den Gläubiger bzw. Empfänger auf Aufforderung der Finanzbehörde nicht benennt. Nach dem sog. Korrespondenzprinzip sind Schulden bzw. Ausgaben, die bei einem Steuerpflichtigen steuermindernd berücksichtigt werden, grundsätzlich beim Gläubiger bzw. Empfänger in irgendeiner Form als Vermögen oder Einnahmen zu erfassen, wenn dieser insoweit der inländischen Steuerpflicht unterliegt. Dieser korrespondierenden Erfassung dienen § 160 AO und § 16 AStG (vgl. *Hagen*, DStZ 2004, S. 564). Der Grundgedanke dieser Vorschriften besteht also darin, mögliche Steuerausfälle bei Ertrags- und Substanzsteuern zu verhindern.

Die Vorschrift hat in erster Linie Bedeutung für die steuerliche Behandlung von Schmiergeldern, Ohne-Rechnung-Geschäften und fingierten Geschäften und dient ferner der Vermeidung inländischer Steuerausfälle, die durch unzulässige Vermögens-

oder Gewinnverlagerungen in das Ausland, insbesondere in sog. „Steueroasen", entstehen (*Hagen*, DStZ 2004, S. 564).

a) Voraussetzungen des § 160 AO

aa) Lasten, Ausgaben

§ 160 AO erfasst Schulden und andere Lasten, Betriebsausgaben, Werbungskosten und andere Ausgaben. Er will jede Art von steuerrechtlich erheblicher Belastung oder Aufwendung erfassen, ohne Rücksicht auf die Steuerart (*Tipke*, in: Tipke/Kruse, Abgabenordnung, Finanzgerichtsordnung, § 160 AO Rn. 6).

bb) Verlangen der Finanzbehörde

Nach Ansicht des BFH handelt es sich bei dem Verlangen der Empfängerbenennung nicht um einen Verwaltungsakt, sondern um eine nicht selbständig anfechtbare Vorbereitungshandlung zur gesonderten Feststellung von Besteuerungsgrundlagen oder zur Steuerfestsetzung (BFH vom 12. September 1985, BStBl. II 1986, S. 537; a. A. *von Groll*, in: Färber, FGO, 6. Aufl. 2006, Vor § 40 Rn. 34). Die Finanzbehörde hat ein Entschließungsermessen, ob sie die Empfängerbenennung verlangen will (BFH vom 25. November 1986, VIII R 350/82, BStBl. II 1987, S. 286; *Tipke*, a. a. O., § 160 AO Rn. 8).

Ein Benennungsverlangen ist grundsätzlich dann gerechtfertigt, wenn die Vermutung nahe liegt, dass der Zahlungsempfänger den Bezug zu Unrecht nicht versteuert hat (BFH vom 9. August 1989, I R 66/86, BStBl. II 1989, S. 995). Es dürfen also keine Anhaltspunkte dafür bestehen, dass der Empfänger nicht steuerpflichtig ist oder die Zahlung tatsächlich versteuert hat (BFH vom 15. März 1995, I R 46/94, BStBl. II 1996, S. 51). Bezugspunkt ist dabei die deutsche Steuer. Deshalb wird das Verlangen nach Empfängerbenennung im Falle der Zahlung an einen im Ausland ansässigen Empfänger als ungerechtfertigt angesehen (BFH vom 9. August 1989, I R 66/86, BStBl. II 1989, S. 995). Dies gilt allerdings nur dann, wenn die Zahlungen an einen Ausländer gelangt sind, dort auch verblieben sind und dieser im Inland mit den Einnahmen nicht steuerpflichtig ist (BFH vom 25. August 1986, IV B 76/86, BStBl. II 1987, S. 481).

Weiterhin ist das Verlangen nach Empfängerbenennung dann ermessensfehlerhaft, wenn die Benennung nicht notwendig, unzumutbar oder unverhältnismäßig oder aus Gründen nicht erfüllbar ist, die dem Steuerpflichtigen nicht vorgeworfen werden können (*Tipke*, a. a. O., § 160 Rn. 11).

Nicht notwendig: Die Benennung ist nicht notwendig, wenn der Gläubiger oder Empfänger der Finanzbehörde bereits bekannt ist (FG Münster vom 2. Oktober 1979, VI 286/76, EFG 1980, 159).

Unverhältnismäßigkeit: Das Verlangen nach Empfängerbenennung ist unverhältnismäßig, wenn die für den Steuerpflichtigen zu befürchtenden Nachteile (z. B. wirtschaftliche Existenzgefährdung) außer Verhältnis zum beabsichtigten Aufklärungserfolg (z. B. geringfügige Steuernachholung bei den Empfängern) stehen (BFH vom 25. August 1986, IV B 76/86, BStBl. II 1987, S. 481). Das gilt nicht, wenn sich der Steuerpflichtige vertraglich gegenüber seinem Vertragspartner – vorliegend einem Schwarzarbeiter – zum Schweigen verpflichtet hat (FG München vom 19. Februar 1997, 1 K 1702/94, EFG 1997, S. 1078).

Nicht erfüllbar: Gerechtfertigt ist das Benennungsverlangen des FA i. d. R. auch dann, wenn der Steuerpflichtige dem Verlangen nicht nachkommen kann, weil er Namen und Anschrift des Empfängers nicht kennt. Denn diese Unkenntnis hat er regelmäßig zu vertreten (*Tipke*, a. a. O., § 160 Rn. 13, vgl. auch BFH vom 2. März 1967, IV 309/64, BStBl. III 1967, S. 396). Dies gilt grundsätzlich auch, wenn sich Name und/oder Adresse des Empfängers als fingiert herausstellen. Ausnahmen gelten aber z. B. dann, wenn der Steuerpflichtige selbst Opfer einer Täuschung geworden ist. Nach Ansicht des FG Niedersachsen (Urteil vom 8. Juni 1989, VI 320/88, EFG 1990, S. 48) rechtfertigt es § 160 AO nämlich nicht, das unredliche Verhalten einzelner Steuerpflichtiger generell auf die redlichen Geschäftspartner dann abzuwälzen, wenn es dem FA nicht gelingt, einen ihm bekannten Steuerpflichtigen wegen wechselnden Aufenthaltsortes im Inland zur Steuer heranzuziehen.

cc) **Genaue Benennung**

Gläubiger bzw. Empfänger i. S. d. § 160 Abs. 1 Satz 1 AO ist derjenige, der wirtschaftlicher Eigentümer der Forderung ist bzw. bei Zahlungen derjenige, an den wirtschaftlich die Zahlung erfolgt. Entscheidend ist somit, wem der in der Betriebsausgabe enthaltene wirtschaftliche Wert übertragen wird (BFH vom 25. August 1986, IV B 76/86, BStBl. 1987 II, S. 481). Eben diese Person ist vom Steuerpflichtigen so genau zu benennen, dass sie ohne Schwierigkeiten bestimmt und ermittelt werden kann. Zur genauen Benennung gehört die Angabe des vollen Namens (bzw. Firma) und der Adresse (BFH vom 15. März 1995, I R 46/94, BStBl. II 1996, S. 51).

Ein Sonderproblem im Rahmen der genauen Benennung stellen die Fälle dar, in denen eine Domizilgesellschaft (= Basisgesellschaft) als Empfängerin angegeben wird. Hier sieht der BFH den Empfängernachweis nur dann als erbracht an, wenn die hinter der zwischengeschalteten Gesellschaft stehenden Personen benannt werden. Dies können Anteilseigner, aber auch die Auftragnehmer der Domizilgesellschaft sein. Dies folgt aus dem Sinn des § 160 AO, mögliche Steuerausfälle zu verhindern, die dadurch entstehen können, dass der Empfänger die Einnahmen bei sich nicht steuererhöhend erfasst. Empfänger kann mithin nur derjenige sein, bei dem sich die Geldzahlung steuerrechtlich auswirkt (BFH vom 25. August 1986, IV B 76/86, BStBl. 1987 II, S. 481).

dd)   Auskunftsverweigerungsrecht bleibt unberührt

§ 160 Abs. 2 AO stellt klar, dass das in § 102 AO normierte Auskunftsverweigerungsrecht nicht durch ein Benennungsverlangen nach § 160 AO eingeschränkt wird (s. näher *Cöster*, in: Pahlke/Koenig, Abgabenordnung, 2004, § 160 Rn. 46).

b)   Rechtsfolgen des § 160 AO

Die Rechtsfolge einer unterlassenen Empfängerbenennung ist, dass die Finanzbehörde eine Ermessensentscheidung über die Höhe des zu versagenden Ausgabenabzugs zu treffen hat. Die Versagung des Abzugs hat dabei die Regel zu sein. Nur wenn und soweit Steuerausfälle durch Nichtversteuerung beim Empfänger nicht zu erwarten sind, ist ein Abzug trotz Nichtbenennung zuzulassen; sonstige Erwägungen, die nicht im Zusammenhang mit der Möglichkeit eines Steuerabzugs stehen, sind fehlerhaft (*Rüsken*, a. a. O., § 160 Rn. 22; BFH vom 15. März 1995, I R 46/94, BStBl. II 1996, S. 51).

c)   § 16 AStG

§ 16 AStG erweitert den im Ansatz auf innerdeutsche Verhältnisse zugeschnittenen § 160 AO insoweit, als er zusätzlich zur genauen Gläubiger- und Empfängerbenennung vorschreibt, dass der Steuerpflichtige alle Beziehungen offenlegt, die unmittelbar oder mittelbar zwischen ihm und einer unwesentlich besteuerten ausländischen Gesellschaft oder Person bestehen bzw. bestanden haben (*Schmitz*, IStR 1997, S. 193 ff., *Wassermeyer*, in: Flick/Wassermeyer/Baumhoff, Außensteuerrecht, § 16 AStG Rn. 4).

Der Zweck des § 16 AStG ist es ebenfalls mögliche Steuerausfälle zu verhindern, die dadurch eintreten können, dass der Empfänger geltend gemachter Betriebsausgaben die Einnahmen bei sich nicht steuererhöhend erfasst, insbesondere weil die Empfänger der Gelder aus den Domizilgesellschaften möglicherweise im Inland ihren Sitz oder Wohnsitz haben (*Vogt*, in: Blümich, AStG, § 16 Rn. 9). Soweit § 16 Abs. 1 AStG anwendbar ist, wird durch die Vorschrift das Tatbestandsmerkmal der „genauen Benennung" im Sinne von § 160 AO konkretisiert. Die Rechtsfolge (Abzugsverbot) und dessen Umfang ergibt sich dann aus § 160 AO (siehe BFH vom 1. April 2003, I R 28/02, BFH/NV 2003, S. 1241/1242).

2.   § 4 Abs. 5 Satz 1 Nr. 10 EStG

Seit der Neufassung des § 4 Abs. 5 Satz 1 Nr. 10 EStG durch das Steuerentlastungsgesetz 1999/2000/2002 greift das Abzugsverbot bereits dann, wenn die Zuwendung der Vorteile eine rechtswidrige Tat darstellt, die den Tatbestand eines Strafgesetzes oder eines Gesetzes verwirklicht, das die Ahndung mit einer Geldbuße zulässt. Ein schuldhaftes Verhalten des Zuwendenden oder dessen Verurteilung oder eine Einstellung eines gegen ihn gerichteten Verfahrens nach den §§ 153 ff. StPO ist nicht erforderlich.

Dabei wird insbesondere an folgende Strafrechtsnormen angeknüpft:

► Vorteilsgewährung bzw. Bestechung eines Amtsträgers, § 333 (Vorteilsgewährung), § 334 (Bestechung) StGB. Durch das EU-Bestechungsgesetz (EUBestG, BGBl. II, S. 2340) werden Amtsträger aus anderen EU-Mitgliedstaaten und Gemeinschaftsbeamte bei Bestechungshandlungen den inländischen Amtsträgern gleichgestellt. Im Gesetz zur Bekämpfung internationaler Bestechung (IntBestG, BGBl. II, S. 2327) ist zur Bekämpfung der Bestechung ausländischer Amtsträger im internationalen Geschäftsverkehr der Begriff des Amtsträgers autonom definiert.

► Die Bestechlichkeit und Bestechung im geschäftlichen Verkehr wird in § 299 StGB unter Strafe gestellt. Danach wird bestraft, wer als Angestellter oder Beauftragter eines geschäftlichen Betriebes sich im geschäftlichen Verkehr einen Vorteil für sich oder einen Dritten als Gegenleistung dafür fordert, sich versprechen lässt oder annimmt, dass er einen anderen bei dem Bezug von Waren oder gewerblichen Leistungen im Wettbewerb in unlauterer Weise bevorzugt (§ 299 Abs. 1 StGB). Ebenso wird bestraft, wer einen entsprechenden Vorteil als Gegenleistung dafür anbietet, verspricht oder gewährt, dass er ihn oder einen anderen bei dem Bezug von Waren oder gewerblichen Leistungen in unlauterer Weise bevorzugt (§ 299 Abs. 2 StGB).

Durch Gesetz vom 22. August 2002, BGBl. I 2002, S. 3337, wurde der Anwendungsbereich durch Anfügung eines Absatzes 3 erweitert. Danach gilt die Regelung auch für Handlungen im ausländischen Wettbewerb. Das hat zur Folge, dass alle gegen ausländische Wettbewerbshandlungen gerichteten Bestechungshandlungen im geschäftlichen Verkehr einschlägig sind, sofern ansonsten die Voraussetzungen der §§ 3 ff. StGB (sog. internationales Strafrecht) erfüllt sind (siehe *Heine*, in Schönke/Schröder, Strafgesetzbuch, 27. Aufl. 2006, § 299 StGB, Rn. 2).

Entscheidend für das Vorliegen einer rechtswidrigen Handlung nach § 299 StGB ist dabei eine Unrechtsvereinbarung, nach der der Vorteil als Gegenleistung für die zukünftige unlautere Bevorzugung gedacht ist.

Dabei kommt es auf das Verhalten des Unternehmers (Gesellschafter) oder der vertretungsberechtigten Person oder Organe an (Vorstand, Geschäftsführer, Prokuristen, Handlungsbevollmächtigte, siehe § 30 Abs. 1 Nr. 1 bis 4 OWiG, siehe näher auch BMF-Schreiben vom 10. Oktober 2002, BStBl. I 2002, S. 1131, Tz. 22, 7). Eine Inlandstat i. S. v. § 3, § 9 Abs. 1 StGB liegt bereits dann vor, wenn der Willensentschluss zur Tatzeit von inländischen vertretungsberechtigten Personen oder Organen als Tatbeteiligten getragen wurde oder diese die erforderlichen Mittel bereitgestellt haben. Ob ein Strafantrag nach § 301 StGB gestellt wird, ist für die Versagung des Betriebsausgabenabzugs nach § 4 Abs. 5 Satz 1 Nr. 10 EStG nicht entscheidend.

3. Verhältnis der Abzugsverbote

Soweit das Finanzamt einen Steuerpflichtigen zur Mitwirkung an einer Sachverhaltsaufklärung auffordert, die vermutete Vorteilszuwendungen zum Gegenstand hat, hat die Finanzbehörde – auch bei einem Benennungsverlangen nach § 160 AO – den Steuerpflichtigen darüber zu belehren,

▶ dass sie eine Mitteilungspflicht nach § 4 Abs. 5 Satz 1 Nr. 10 Satz 3 EStG an die Staatsanwaltschaft bzw. die Steuerfahndung hat;

▶ dass kein Zwang zur straf- und bußgeldrechtlichen Selbstbelastung besteht.

Ansonsten besteht ein strafrechtliches (aber kein steuerrechtliches) Verwertungsverbot. Eine Steuerstraftat kommt in Betracht, wenn

▶ durch die Vorteilszuwendung ein Straf- oder Bußgeldtatbestand verwirklicht wurde,

▶ der Steuerpflichtige gleichwohl die Zuwendung als Betriebsausgabe absetzt,

▶ die Finanzbehörde über die Gewinnminderung im Unklaren lässt und

▶ dadurch seiner Pflicht zur Abgabe einer wahrheitsgemäßen Steuererklärung nicht nachkommt.

Auf welche Vorschrift die Finanzverwaltung das Abzugsverbot stützt, beruht letztlich auf verfahrensökonomischen Gesichtspunkten. Angesichts der Feststellungslast der Finanzbehörde für die Tatbestandserfüllung des § 4 Abs. 5 Satz 1 Nr. 10 EStG dürfte häufig ein Benennungsverlangen nach § 160 AO einfacher durchzusetzen sein.

III. Lösungshinweise zum Fall

Im vorliegenden Fall soll unterstellt werden, dass ein Abzug nicht an § 160 AO scheitert. Für die Versagung des Betriebsausgabenabzugs nach § 4 Abs. 5 Satz 1 Nr. 10 EStG hat die Finanzverwaltung die Feststellungslast dafür, dass der Tatbestand des § 299 Abs. 2, Abs. 3 StGB vorliegt. Hierfür ist das Wissen des Geschäftsführers der GmbH maßgebend.

Dieses Abzugsverbot gilt allerdings nur für die 50 % der Zahlungen, die wirtschaftlich auf den Angestellten des griechischen Unternehmens entfallen.

Im Hinblick auf die weiteren 50 % liegt der Tatbestand des § 299 StGB nicht vor, sondern derjenige der Untreue nach § 266 StGB. Hier kann m. E. der Betriebsausgabenabzug nicht versagt werden. Jedoch muss m. E. soweit in der Bilanz der Kapitalgesellschaft ein Schadensersatzanspruch aktiviert werden (siehe zum Fall der Veruntreuung durch einen Gesellschafter-Geschäftsführer und die daraus resultierende Problematik der verdeckten Gewinnausschüttung *Pohl*, in: Heidel/Pauly, Steuerrecht in der anwaltlichen Praxis, 3. Aufl. 2002, § 13, Rn. 26 ff.).

Der Geschäftsführer, der sich durch Veruntreuungen bereichert, erfüllt keinen Einkünftetatbestand des EStG (FG München, EFG 1985, S. 71). Insbesondere ist der veruntreute Betrag nicht Arbeitlohn. Der Arbeitgeber hat seinem Arbeitnehmer diesen Betrag nicht gezahlt. Denn er hat das Geld nicht willentlich zugewendet (FG München, EFG 1985, S. 71; *Offerhaus*, BB 1982, S. 1061, 1064). Die Veruntreuung ist auch kein auf einen Leistungsaustausch gerichtetes Verhalten, das als sonstige Leistung gem. § 22 Nr. 3 EStG zu erfassen wäre (FG München, EFG 1985, S. 71). Gleiches gilt bei einer Schädigung des Arbeitsgebers durch einen Diebstahl oder eine Unterschlagung (FG Baden-Württemberg vom 28. Oktober 1976, EFG 1977, S. 170; *Schmidt/Drenseck*, § 19 EStG, Rn. 50, Stichwort „Diebstahl"; *Offerhaus*, BB 1982, S. 1061, 1064).

Anderseits stehen dem Arbeitgeber aber infolge der Straftat Regressansprüche zu. Soweit der Arbeitgeber diese nicht geltend macht, liegt in diesem Regressverzicht lohnsteuerpflichtiger, durch das Dienstverhältnis veranlasster Arbeitslohn (BFH, HFR 1989, S. 217; *Schmidt/Drenseck*, a. a. O., Rn. 50; *Herrmann/Heuer/Raupach*, § 19 EStG, Anm. 58, 142).

Anders ist der Empfang von Bestechungs- und Schmiergelder durch Arbeitnehmer zu beurteilen. Derartige Zahlungen an den Arbeitnehmer werden ohne Wissen und Wollen des Arbeitgebers gezahlt, damit der Arbeitnehmer seine Dienstpflichten verletzt. Daher sind die Zahlungen zwar nicht durch das Dienstverhältnis, sondern durch ein besonderes Verhältnis zum Zahlenden veranlasst. Folglich sind die Einnahmen kein Arbeitslohn. Sie sind aber einkommenspflichtige Einnahmen aus sonstigen Leistungen gem. § 22 Nr. 3 EStG (*Schmidt/Drenseck*, a. a. O., Rn. 50, Stichwort „Schmiergeld"; *Herrmann/Heuer/Raupach*, § 19 EStG, Anm. 400, Stichwort „Schmiergeld"), sobald sie zugeflossen sind (siehe dazu auch BGH, Beschluss vom 11.10.2005, 5 StR 65/05 zum Fall Max Strauß). Mögliche Regressansprüche sind bis zu ihrer Begleichung ohne Bedeutung (BFH vom 31. Mai 2000, DStRE 2000, S. 1187; BFH vom 20. März 2001, DB 2001, S. 1286).

3. § 8c KStG im internationalen Konzern

Von Dr. Dirk Pohl, Dipl.-Fw., Rechtsanwalt, Fachanwalt für Steuerrecht, Steuerberater, München

Fall 27: Die börsenorientierte britische UK Plc. hält – zunächst über eine substanzlose Bermuda Ltd., die 2009 liquidiert wurde, und über eine Luxemburger S.A. – 51 % der Anteile an dem Automobilzulieferer X-AG, die wiederum einzige Gesellschafterin der Y-GmbH ist. Die defizitäre Y-GmbH hat zum 31.12.2009 Verlustvorträge in Höhe von € 8 Mio. (Körperschaftsteuer) bzw. € 6 Mio. (Gewerbesteuer) angesammelt. Die Y-GmbH hat Patente entwickelt, die nach dem Gutachten eines Patentanwalts € 5 Mio. wert sind. Darüber hinaus hat sie eine Montage-Betriebsstätte in einem Nicht-DBA-Land. Die dortigen Wirtschaftsgüter enthalten stille Reserven von weiteren € 5 Mio. Um die Verlustvorträge (insbesondere die bestehenden, die bei Begründung einer Organschaft vororganschaftlich wären) der defizitären Y-GmbH zu nutzen und die Konzernstruktur zu vereinfachen, wurde für das Jahr 2010 ein down-stream-merger geplant.

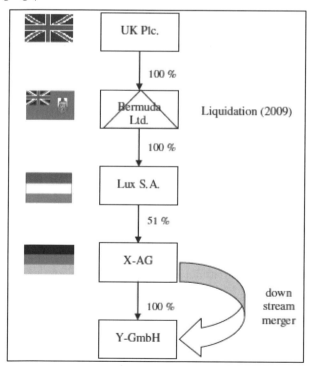

Fall 27

Lösungshinweise:

I.   Liquidation der Bermuda Ltd.

1. Für die Veranlagungszeiträume 2008 und 2009 gab es im Rahmen des § 8c KStG keine Konzernklausel. Jedoch ist umstritten, ob auch die Verkürzung der Beteiligungskette unter Beibehaltung der bloß mittelbaren Beteiligung von § 8c Abs. 1 Satz 1 KStG umfasst ist.

2. Dagegen spricht im Ausgangsfall (Liquidation der Bermuda Ltd.), dass es aus Sicht des Erwerbers (= der UK Plc.) bei einer mittelbaren Beteiligung an der Verlustkapitalgesellschaft bleibt (so u. a. *Brandis*, in: Blümich, § 8c KStG, Rn. 22; *Suchanek*, in: Herrmann/Heuer/Raupach, § 8c KStG, Anm. 22 jeweils m. w. N.). Anderer Ansicht ist dagegen die Finanzverwaltung im BMF-Schreiben vom 4. Juli 2008, (BStBl. I 2008, S. 736, Tz. 11). Zwar wird dort wörtlich nur ausgeführt, dass der unmittelbare Erwerb schädlich ist, wenn er mittelbar zu keiner Änderung der Beteiligungsquoten führt (keine Konzernbetrachtung). Jedoch muss man das dort zusätzlich angeführte Beispiel wohl so verstehen, dass auch die Verkürzung der Beteiligungskette unter Beibehaltung der mittelbaren Anteilsinhaberschaft zum Verlust des Verlustvortrages führen soll. *Gosch*, in: JbFfStR 2008/2009, S. 231, weist auf die weite Reichweite der Vorschrift unter Einbeziehung des Auffangtatbestandes hin. Danach sei jede Verkürzung der Beteiligungskette schädlich. Dagegen spricht aber, dass kein mittelbarer Erwerb stattfindet und deshalb in der bloßen Beibehaltung der mittelbaren Beteiligung kein einem unmittelbaren oder mittelbaren Erwerb wirtschaftlich "*vergleichbarer Sachverhalt*" gesehen werden kann. Jedoch ist im Rahmen der Tax Compliance bzw. des Tax Risk Managements die Beteiligungsstruktur zu überprüfen. Die (verdeckte) Abweichung von einem BMF-Schreiben in der Steuererklärung kann auch steuerstrafrechtlich zu würdigen sein.

3. Soweit man die Verkürzung der Beteiligungskette für schädlich halten würde: Im Fall ist zu berücksichtigen, dass die funktions- und substanzlose Bermuda Ltd. überhaupt nicht als wirtschaftliche Eigentümerin i. S. v. § 39 Abs. 2 Nr. 2 AO der Lux S.A. anzusehen sein könnte. Aus britischer Sicht dürfte die Bermuda Ltd. nicht als "*benefical owner*" einzustufen sein. Die deutsche Finanzverwaltung dürfte aber darauf abstellen, dass die Bermuda Ltd. formal die Gesellschafterrechte bei der Lux S.A. wahrnimmt und die Anteile nicht treuhänderisch für die UK Plc. hält. § 42 AO greift im Fall einer Basisgesellschaft nur zuungunsten des Steuerpflichtigen. Auch bei der parallelen Problematik in § 50d Abs. 3 EStG wird im BMF-Schreiben vom 3. April 2007, BStBl. I, S. 446, Tz. 4 im Beispiel nicht erwähnt, dass die zwischengeschaltete Bermuda Gesellschaft mangels wirtschaftlichen Eigentums gar nicht zu berücksichtigen sein könnte.

II. Das Wachstumsbeschleunigungsgesetz

4. Das Wachstumsbeschleunigungsgesetz vom 22. Dezember 2008 (BGBl. I 2009, S. 3950) sieht u. a.

▶ eine Konzernklausel in § 8c Abs. 1 Satz 5 KStG vor, wonach kein schädlicher Beteiligungserwerb vorliegt, wenn *„an dem übertragenden und dem übernehmenden Rechtsträger dieselbe Person zu 100 % mittelbar oder unmittelbar beteiligt ist"*;

▶ sieht eine Verschonungsregel in § 8c Abs. 1 Satz 6 und 7 KStG vor, soweit einem nicht abziehbaren nicht genutzten Verlust im Inland steuerpflichtige stillen Reserven des inländischen Betriebsvermögens gegenüber stehen.

Die durch das Wachstungsbeschleunigungsgesetz verlängerte Sanierungsklausel wurde wegen ihrer möglichen EU-Rechtswidrigkeit bereits mit BMF-Schreiben vom 30. April 2010 (BStBl. I 2010, 488) ausgesetzt. Am 26. Januar 2011 erging eine Negativentscheidung der EU-Kommission (IP/11/65), in der sie als mit den EU-Beihilfregeln für unvereinbar erklärt wurde. Obwohl die Bundesrepublik gegen die Entscheidung der EU-Kommission Klage erhoben hat, soll die Regelung für Anteilsübertragungen nach dem 31. Dezember 2010 durch das geplante Gesetz zur Umsetzung der EU-Beitreibungsrichtlinie (Referentenentwurf vom 10. März 2011) endgültig aufgehoben werden.

III. Konzernklausel – down stream merger der X-AG

5. Die neue Konzernklausel § 8c Abs. 1 Satz 5 KStG ist auf schädliche Beteiligungserwerbe ab 1. Januar 2010 anzuwenden (§ 34 Abs. 7b Satz 2 KStG) aber (zu) eng gefasst, da nur 100 %-ige Beteiligungen als übertragender und übernehmender Rechtsträger erfasst werden. Ihre größte Schwachstelle ist, dass nach dem Wortlaut die Konzernspitze (hier die Lux. S.A.) selbst nicht in die Umstrukturierung eingebunden werden kann, wenn an dieser Gesellschaft nicht wiederum nur eine Person beteiligt ist (natürliche Person oder Gesellschaft, wohl auch Personengesellschaft zumindest in Form einer Mitunternehmerschaft; -weiter Rechtsträgerbegriff; siehe *Scheunemann/Dennisen/Behrens*, BB 2010, S. 23/27).

6. Im Beispiel zeigt sich diese Schwäche der neuen *„Konzernklausel für Mantelkäufe"*. Die Konzernklausel würde nicht greifen, da an der Lux. S.A. zwei Gesellschafter beteiligt sind. In diesem Fall überschreitet aber der Wortlaut den Zweck der Norm, nämlich die Begünstigung konzerninterner Anteilsübertragungen, so dass wegen der verdeckten Regelungslücke eine teleologische Reduktion geboten ist (*Suchanek*, a.a.O, § 8c KStG, Anm. 48). Noch offen ist, ob die Finanzverwaltung sich dem anschließen kann.

7. Keine Lösung ist es, stattdessen die Verlust GmbH upstream auf die X AG zu verschmelzen. Die laufenden Verluste und Verlustvorträge gehen in diesem Fall nach § 12 Abs. 3 i. V. m. § 4 Abs. 2 Satz 2 UmwStG unter. Es kann lediglich bei Verschmelzung eine Aufdeckung der stillen Reserven beim untergehenden Rechtsträger in Anspruch genommen werden und so durch den step up (in den Grenzen der – verfassungsrechtlich zweifelhaften – Mindestbesteuerung für die Nutzung der Verlustvorträge) für die Zukunft erhöhtes Abschreibungspotential bei der X-AG geschaffen werden.

IV. Verschonungsklausel

8. Wohl insbesondere auch mit Blick auf die Möglichkeit, einen step up zu gestalten (siehe auch *Bien/Wagner*, BB 2009, S. 2627/2630), sollen bei einem schädlichen Beteiligungserwerb bis zur Höhe der anteiligen (Erwerb von mehr als 25 % bis 50 %) bzw. der gesamten (mehr als 50 %) stillen Reserven kein Verlustuntergang erfolgen.

9. Stille Reserven sind nach § 8c Abs. 1 Satz 7 KStG der Unterschiedsbetrag zwischen dem (anteiligen) Eigenkapital lt. Steuerbilanz und dem auf dieses Eigenkapital entfallenden gemeinen Wert der Anteile an der Körperschaft, *„soweit diese im Inland steuerpflichtig sind"*. Das Wort *„diese"* bezieht sich dabei wohl auf die stillen Reserven der Wirtschaftsgüter der Körperschaft und nicht auf die Anteile an der Körperschaft. Ansonsten würde die Regelung keinen Sinn ergeben.

10. Es erscheint einerseits pragmatisch auf den gemeinen Wert der Anteile abzustellen und diesen dann vorrangig aus dem Verkaufspreis (= dem schädlichen Beteiligungserwerb) abzuleiten. Betriebswirtschaftlich korrekt ist die Vorstellung des Gesetzes aber nicht. Der äußere Wert der Anteile muss keineswegs dem inneren Unternehmenswert entsprechen. Nachteilig an der Regelung ist auch, dass in Fällen von Umstrukturierungen der gemeine Wert nicht aus einem Verkauf abgeleitet werden kann, sondern der Nachweis des gemeinen Wertes durch ein teueres und streitanfälliges Gutachten geführt werden muss. Der bloße Nachweis von stillen Reserven in bestimmten Wirtschaftsgütern (hier den Patenten) dürfte zumindest dann nicht ausreichen, wenn das Verlustunternehmen einen negativen Geschäftswert haben könnte.

11. Abzuziehen sind von diesem Unterschiedsbetrag die nicht im Inland steuerpflichtigen stillen Reserven. Wie diese zu ermitteln sind, wird nicht erläutert. M. E. sind insoweit die stillen Reserven wirtschaftsgutbezogen zu ermitteln. Auszuscheiden sind z. B. stille Reserven von Beteiligungen der übertragenden Gesellschaft, soweit deren Veräußerung nach § 8b Abs. 2 KStG steuerfrei wäre. Kritisch zu den 5 % des Gewinns, die nach § 8b Abs. 3 KStG als nicht abzugsfähige Betriebsausgaben gelten:

Bien/Wagner, BB 2009, S. 2627/2631; *Scheunemann/Dennisen/Behrens*, BB 2010, S. 23/28.

12. Soweit aber in dieser Beteiligung wiederum Verlustvorträge vorhanden sind, die auf Grund des mittelbaren Beteiligungserwerbs untergehen, greift die Verschonungsregel auf dieser Ebene. Nach der Gesetzesbegründung (BT-Drs. 17/15 vom 9. November 2009, S. 31) darf dabei die Summe der in den untergeordneten Unternehmen ermittelten stillen Reserven die im Kaufpreis bzw. Unternehmenswert der erworbenen Kapitalgesellschaft enthaltenen stillen Reserven nicht übersteigen. Im Gesetzeswortlaut findet sich dafür keine Stütze.

13. Unklar ist auch der Fall von stillen Reserven auf Ebene der Organgesellschaft. Hier wird im Schrifttum angenommen, dass diese dem Organträger zugerechnet werden sollen *Scheunemann/Dennisen/Behrens*, BB 2010, S. 23/28; *Sistermann/Brinkmann*, DStR 2009, S. 2633/2636). Auch dafür gibt der Wortlaut der Vorschrift aber nichts her.

14. § 8c Abs. 1 Satz 6 KStG (in der Fassung vor dem Jahressteuergesetz 2010) stellte dabei auf die in § 8c Abs. 1 Satz 7 KStG ermittelten stillen Reserven des inländischen Betriebsvermögens der Körperschaft ab. Der Begriff „inländisches Betriebsvermögen" blieb unklar. Es dürfte m.E. kein Verweis auf § 118 Nr. 3 BewG erfolgen, wonach das Vermögen als inländisches Betriebsvermögen gilt, das einem im Inland betriebenen Gewerbe dient, wenn hierfür im Inland eine Betriebsstätte unterhalten wird oder ein ständiger Vertreter bestellt ist. Vielmehr zeigt die Definition der stillen Reserven in § 8c Abs. 1 Satz 7 KStG, dass es um sämtliche im Inland steuerpflichtigen stillen Reserven geht. Deshalb sind m. E. die stillen Reserven in ausländischem Betriebsstättenvermögen nur auszuscheiden, wenn ein DBA mit Freistellungsmethode die Besteuerung der stillen Reserven insgesamt hindert. Soweit die Doppelbesteuerung durch ein DBA oder unilateral nach § 34c EStG, § 26 KStG durch Anrechnung ausländischer Steuern vermieden wird, wie im Ausgangsfall, sind die stillen Reserven einzubeziehen. Durch folgende Änderung des § 8c Abs. 1 Satz 6 KStG im Jahressteuergesetz 2010 wurde das eindeutig geregelt:

> *"Ein nicht abziehbarer nicht genutzter Verlust kann abweichend von den Sätzen 1 und 2 abgezogen werden, soweit er bei einem schädlichen Beteiligungserwerb im Sinne des Satzes 1 die anteiligen und bei einem schädlichen Beteiligungserwerb im Sinne des Satzes 2 die gesamten zum Zeitpunkt der schädlichen Beteiligungserwerbs vorhandenen im Inland steuerpflichtigen stillen Reserven des Betriebsvermögens der Körperschaft nicht übersteigt."*

15. Die Regelung gilt für Erwerbe nach dem 31. Dezember 2009. Bei der Ermittlung der stillen Reserven ist nach § 8c Abs. 1 Satz 8 KStG nur das Betriebsvermögen zu be-

rücksichtigen, das der Körperschaft ohne steuerliche Rückwirkung, insbes. nach § 2 UmwStG zuzurechnen ist. Nur durch langfristige Planung lassen sich deshalb durch steuerneutrale Umwandlungen auf die Verlustgesellschaft stille Reserven und damit Verlustausgleichspotential übertragen (*Sistermann/Brinkmann*, DStR 2009; S. 2633/2637).

V. Zum Fall

16. Die Verluste sind nicht bereits wegen Liquidation der Bermuda Ltd. Im Jahr 2009 untergegangen (strittig).

17. Im Jahr 2010 greift die Konzernklausel für den down stream merger (strittig).

18. Die Verschonungsregel erfordert ein Gutachten über den gemeinen Wert der Anteile an der Y-GmbH (und nicht nur über das Patent der Y-GmbH). Die stillen Reserven in der Nicht-DBA-Betriebsstätte sind zu berücksichtigen (siehe Änderung im Jahressteuergesetz 2010).

4. Streubesitzdividenden

Von Dr. Gero Burwitz, Rechtsanwalt, Fachanwalt für Steuerrecht, München

Fall 28: Grundfall: Das italienische Industrieunternehmen X S.p.A. hält nicht strategische Beteiligungen an mehreren DAX- und MDAX-Unternehmen. Es handelt sich um Streubesitzbeteiligungen, die jeweils die 10 %-Beteiligungsschwelle am Kapital nicht übersteigen.

Die deutschen Aktiengesellschaften behileten von den im Jahr 2007 ausgeschütteten Dividenden 20 % Kapitalertragsteuer zzgl. 1,1 % Solidaritätszuschlag ein und führten diese an ihre Betriebsstättenfinanzämter ab. Gem. Art. 10 Abs. 2 DBA Italien beantragte die X S.p.A. beim Bundeszentralamt für Steuern (BZSt.) die Erstattung der Steuer, die den nach Art. 10 Abs. 2 DBA zulässigen Satz von 15 % überstieg. Die Erstattung erfolgte antragsgemäß. Nunmehr begehrt die X S.p.A. auch die Freistellung der restlichen Kapitalertragsteuer.

Lösungshinweise:

Schrifttum: *Ege*, Beschränkte Steuerpflicht – Systematik und aktuelle Entwicklungen, DStR 2010, S. 1205; 1206 f.; *Salomon/Riegler*, Die Entlastung ausländischer Kapitalanleger von Abzugsteuern, insbesondere nach dem DBA, IStR 2009, S. 785; *Baumgärtel/Lange*, Mögliche EU-Rechtswidrigkeit der Kapitalertragsteuer auf Streubesitzdividenden, Ubg 2008, S. 525; *Rust*, Anforderungen an eine EG-rechtskonforme Dividendenbesteuerung, DStR 2009, S. 2568; *Thömmes*, Quellensteuer bei Ausschüttungen an ausländische Investmentgesellschaften, Anm. zu EuGH-Urteil in der Rs. Aberdeen, IWB (2009), Fach 11a, S. 1251; *Patzner/Frank*, Gemeinschaftsrechtswidrige Besteuerung von sog. Streubesitzdividenden, IStR 2008, S. 344; *Schön*, Besteuerung von Streubesitzdividenden, JbFStR 2009/10, S. 66 ff; *Rainer*, Anm. zu EuGH-Urteil in der Rs. Denkavit, IStR 2007, S. 62.

1.   Kapitalertragsteuereinbehalt

Definitivbelastung bei beschränkt steuerpflichtigen Körperschaften:

Beschränkt steuerpflichtige Körperschaften unterliegen mit ihren von in Deutschland ansässigen Gesellschaften bezogenen Dividenden gem. § 20 Abs. 1 Nr. 1 EStG i. V. m. § 49 Abs. 1 Nr. 5 EStG der beschränkten Steuerpflicht. Zwar gilt die Steuerfreistellung des § 8b Abs. 1 KStG grundsätzlich auch für beschränkt Steuerpflichtige. Aber trotz dieser Freistellung ist der Schuldner der Kapitalerträge zum Abzug von Kapitalertragsteuer verpflichtet (§ 43 Abs. 1 Satz 3 EStG). Mit dem Steuerabzug gilt die Körperschaftsteuer auf dem Kapitalertragsteuerabzug unterliegenden Dividenden als abgegolten (§ 32 Abs. Nr. 2 KStG). Eine Erstattung der Kapitalertragsteuer ist wegen der bloßen Streubesitzbeteiligung nur im Rahmen des DBA auf eine verbleibende Kapitalertragsteuerbelastung von 15 % möglich (Art. 10 Abs. 2 DBA Italien). Aufgrund der Abgeltungswirkung ist es der beschränkt steuerpflichtigen Körperschaft verwehrt, in einem Veranlagungsverfahren eine Anwendung des § 8b Abs. 1 KStG zu begehren oder Betriebsausgaben geltend zu machen. Damit stellt die Kapitalertragsteuer in Höhe des im DBA vorgesehenen Satzes von 15 % der Bruttodividende die Definitivbelastung von in Italien ansässigen Körperschaften dar.

Eine Reduktion des Quellensteuersatzes auf Null nach der Mutter-Tochter-Richtlinie kommt mangels Erreichens der Mindestbeteiligungsquote (2007 und 2008: 15 %; seit 2009: 10 %) nicht in Betracht (vgl. § 43b EStG).

Anrechnung bei unbeschränkt steuerpflichtigen Körperschaften:

Auch bei unbeschränkt steuerpflichtigen Körperschaften erfolgt ungeachtet des § 8b Abs. 1 KStG ein Kapitalertragsteuereinbehalt von den Dividenden, allerdings ohne Abgeltungswirkung. Die Dividenden werden im Veranlagungsverfahren unabhängig von einer Beteiligungshöhe gem. § 8b Abs. 1 KStG steuerfrei gestellt, wobei 5 % der Dividenden als nichtabzugsfähige Betriebsausgaben gelten. Die Kapitalertragsteuer kann gem. § 31 Abs. 1 Satz 1 KStG i. V. m. § 36 Abs. 2 Nr. 2 EStG auf die Körperschaftsteuer angerechnet werden.

2. EuGH-Rechtsprechung zum Kapitalertragsteuereinbehalt bei Streubesitzdividenden

Nach nunmehr ständiger Rechtsprechung des EuGH ist eine Regelung europarechtswidrig, die für ins Ausland abfließende Dividenden eine definitive Quellensteuer vorsieht, während inländische Beteiligte mit dieser Quellensteuer im Ergebnis nicht belastet werden.

Vgl. EuGH v. 14.12.2006, Rs. C-170/05, *Denkavit International*, IStR 2007, S. 62; EuGH v. 8.11.2007, Rs. C-379/05, *Amurta*, BB 2008, S. 88; EuGH v. 18.6.2009, Rs. C-303/07, *Aberdeen*, IStR 2009, S. 499; EuGH v. 19.11.2009, Rs. C-540/07, *Kommission/Italien*, IStR 2009, S. 853; EuGH v. 3.6.2010, Rs. C-487/08, *Kommission/Spanien*, BeckRS 2010, 90672.

Zwar stelle eine Ungleichbehandlung von gebietsansässigen und gebietsfremden Steuerpflichtigen als solche noch keine europarechtswidrige Diskriminierung dar. Für die Ungleichbehandlung müsse jedoch ein objektiver Grund bestehen. Dies sei bei Dividendenausschüttungen gebietsansässiger Gesellschaften an gebietsfremde Muttergesellschaften nicht der Fall. Denn hinsichtlich der Besteuerung der von gebietsansässigen Tochtergesellschaften ausgeschütteten Dividenden befänden sich die Dividenden beziehende Muttergesellschaft in einer vergleichbaren Situation, gleichgültig, ob sie die Dividenden als gebietsansässige Muttergesellschaften, als gebietsfremde Muttergesellschaften mit Betriebsstätte im Ansässigkeitsstaat der Tochtergesellschaft oder als gebietsfremde Muttergesellschaften ohne Betriebsstätte erhielten (vgl. *Denkavit*- Entscheidung, a. a. O., Rz. 24 ff.).

Der EuGH sieht je nachdem, ob die Beteiligung dem Anteilseigner eine Beherrschungsmöglichkeit vermittelt, eine Verletzung der Niederlassungsfreiheit bzw. der Kapitalverkehrsfreiheit als gegeben. Bei Streubesitzdividenden liegt daher eine Verletzung der Kapitalverkehrsfreiheit vor.

3.   Europarechtswidrigkeit der deutschen Regelung / Vertragsverletzungsverfahren

Wegen der deutschen Behandlung von Streubesitzdividenden hat die EU-Kommission ein Vertragsverletzungsverfahren gegen Deutschland eingeleitet (Klage vor dem EuGH, *Kommission ./. Bundesrepublik Deutschland*, C-284/09, ABl. C 256 v. 24.10.2009, S. 8). Die Kommission sieht in der unterschiedlichen Behandlung von Streubesitzdividenden an gebietsansässige und gebietsfremde Anteilseigner eine Verletzung der Kapitalverkehrsfreiheit. Europarechtswidrig sei dabei nicht die Quellensteuererhebung als solche, sondern deren Abgeltungswirkung für beschränkt steuerpflichtige Körperschaften, während sich unbeschränkt steuerpflichtige Körperschaften auf die Steuerfreiheit des § 8b Abs. 1 KStG berufen können und damit im Ergebnis die Quellensteuer erstattet bekommen.

Der Umstand, dass deutsche DBA regelmäßig eine Anrechnung der deutschen Kapitalertragsteuer auf die Steuerlast des Anteilseigners in dessen Ansässigkeitsstaat vorsehen, wird von der Kommission wegen der Beschränkungen der Anrechnung nicht als Rechtfertigungsgrund anerkannt.

U. E. kann die deutsche Regelung auch nicht unter dem Gesichtspunkt der Kohärenz gerechtfertigt werden. Denn der Rechtfertigungsgrund der fehlenden Besteuerung von Vergütungen bei ausländischen Vergütungsempfängern gegenüber inländischen Empfängern hat der EuGH verworfen (vgl. EuGH v. 12.12.2002, C-324/00, *Lankhorst-Hohorst*, IStR 2003, S. 55).

Der BFH neigt wohl – wenn auch in einem anderen Kontext und mit einer nicht völlig eindeutigen Formulierung – der Auffassung zu, dass der Einbehalt deutscher Kapitalertragsteuer nicht zu einer Benachteiligung ausländischer Dividendenempfänger und damit zu einem Verstoß gegen die Kapitalverkehrsfreiheit führe. Es sei vielmehr Aufgabe des ausländischen Sitzstaates, durch steuerliche Entlastungen eine etwaige doppelte Besteuerung zu vermeiden (BFH v. 22.4.2009, I R 53/07, DB 2009, S. 1685).

4.   Höhe eines europarechtskonformen Abzugssteuersatzes

Während im Schrifttum die Europarechtswidrigkeit der deutschen Regelung dem Grunde nach weitgehend unstreitig ist, ist die Höhe eines europarechtskonformen Satzes umstritten. Erörtert wird, welche Faktoren in den Belastungsvergleich unbeschränkt/beschränkt steuerpflichtiger Anteilseigner einzubeziehen sind:

▶ Deutsche Kapitalgesellschaften unterliegen mit Streubesitzdividenden der Gewerbesteuer (Hinzurechnung nach § 8 Nr. 5 GewStG). Die GewSt-Belastung kann zwischen 7 % (Mindesthebesatz von 200 %) und 17,15 % (Hebesatz von 490 %) schwanken (Durchschnittsbelastung von 14 % bei 400 % Hebesatz). Diese ausschließlich deutsche Gesellschaften treffende Belastung kann also wirtschaftlich die Körperschaftsteuer-Definitivbelastung nicht ansässiger Körperschaften kompensieren oder sogar übertreffen (für eine Einbeziehung der Gewerbesteuer in den Belastungsvergleich *Baumgärtel/Lange*, a. a. O., S. 528; ebenso *Ege*, a. a. O., S. 1207). Hinzu kommt bei deutschen Kapitalgesellschaften wegen des fiktiven Betriebsausgabenabzugs von 5 % der Dividende gem. § 8b Abs. 5 KStG eine Körperschaftsteuerbelastung in Höhe von 0,79 %.

U.E. ist die Gewerbesteuerbelastung der inländischen Körperschaft nicht zu berücksichtigen. Denn nach der Rechtsprechung des EuGH können Steuernachteile beschränkt Steuerpflichtiger nicht mit andersartigen Steuernachteilen inländischer Steuerpflichtiger verrechnet werden (vgl. EuGH v. 28.1.1986, Rs. 270/83, *Avoir fiscal*, Slg. 1986, 273 ff.; EuGH v. 21.9.1999, Rs. C-307/97, *Saint Gobain*, Slg. 1999, I-6161; vgl. auch *Thömmes*, a. a. O., S. 1255).

▶ Die deutsche Quellensteuer kann zum Teil im Sitzstaat des Dividendenempfängers angerechnet werden. Es lässt sich aber sowohl der *Denkavit*- (a. a. O.) als auch der *Amurta*-Entscheidung (a. a. O.) des EuGH entnehmen, dass eine diskriminierende Ungleichbehandlung von nicht im Quellenstaat ansässigen Dividendenempfängern nicht durch ein etwaiges im Ansässigkeitsstaat bestehendes Anrechnungsverfahren beseitigt werden kann.

Im Falle Italiens erfolgt ohnehin nur eine Anrechnung der deutschen Quellensteuer auf 5 % der Dividenden, da die Dividenden zu 95 % steuerfrei gestellt sind.

5. Antragsverfahren

Zur Vermeidung einer Verjährung sollten Erstattungsanträge bereits vor einer Klärung der Europarechtswidrigkeit des deutschen Einbehalts von Kapitalertragsteuer gestellt werden. Offen ist jedoch, bei welcher Behörde die Erstattungsanträge einzureichen sind. Denkbar sind das BZSt. oder die Betriebsstättenfinanzämter der deutschen Aktiengesellschaften, an die die Kapitalertragsteuer abgeführt worden ist. Für das BZSt. spricht die Nähe zum Erstattungsverfahren nach der Mutter-Tochter-Richtlinie (§ 43b i. V. m. § 50d Abs. 1 Satz 3 EStG). Zudem würde eine Zentralisierung über das BZSt. der Verwaltungsvereinfachung dienen. Der BFH geht aber wohl gem. § 155 Abs. 1 Satz 3 AO von einer Zuständigkeit der Betriebsstättenfinanzämter aus (v. 22.4.2009, a. a. O.). Denn eine auch analoge Anwendung des § 50d Abs. 1 EStG scheide aus, es fehle also an einer gesetzlichen Grundlage für die Stellung eines Antrags beim BZSt.

Wegen der Unsicherheiten nehmen zurzeit sowohl das BZSt. als auch die Betriebsstättenfinanzämter Anträge entgegen (*Ege*, a. a. O., S. 1207)

5. Einlagenrückgewähr aus Drittstaaten

Von Dr. Dirk Pohl, Dipl.-Fw., Rechtsanwalt, Fachanwalt für Steuerrecht, Steuerberater, München

Fall 29: Die deutsche SPA SE hält alle Anteile an der Tochter Inc., USA. In den vergangenen Jahren wurde ihr Kapital zugeführt, das in der US-amerikanischen Handelsbilanz als Kapitalrücklage (capital reserve) eingebucht wurde. Im November 2009 erfolgte eine Rückzahlung des Kapitals in Höhe von 100 Mio. €. Die zunächst erfolgten Einlagen war in der Handelsbilanz der SPA SE als Erhöhung der Anschaffungskosten der Buchwerte der Tochter Inc. gebucht. Die Kapitalrückzahlung wurde dementsprechend in der Handelsbilanz zum 31.21.2009 nach allgemeinen Grundsätzen vom Buchwert der Beteiligung abgesetzt.

Lösungshinweise:

I. Inlandsfall

1. Im Inlandsfall ergeht gegenüber einer (Tochter-)Kapitalgesellschaft ein gesonderter Feststellungsbescheid über den Bestand ihres steuerlichen Einlagekontos, § 27 Abs. 2 KStG. Der Bescheid bindet den Anteilseigner nicht bereits nach § 182 Abs. 1 AO. Jedoch soll sich nach Rechtsauffassung des BFH eine materiell-rechtliche Bindungswirkung aus § 20 Abs. 1 Nr. 1 Satz 3 EStG ergeben (BFH vom 19.5.2010, I R 51/09, DStR 2010, S. 1833; a. A. *Binnewies*, in: Streck, 7. Auflage, § 27 KStG, Rn. 40 nur Heranziehung der materiellen Beurteilung nach § 27 KStG aber nicht des Feststellungsbescheides). Nach dieser Vorschrift gehören Bezüge aus Anteilen an einer Körperschaft nicht zu den Einnahmen aus Kapitalvermögen, soweit für diese das steuerliche Einlagekonto als verwendet gilt.

2. Die Einlagerückgewähr fällt deshalb beim Anteilseigner nicht unter § 8b Abs. 1 KStG. Nach Rechtsauffassung von *Gosch* (FS Herzig, S. 63/67) fällt sie auf Grund des Fehlens eines Veräußerungsvorgangs auch nicht unter § 8b Abs. 2 KStG, so dass ein den Buchwert übersteigender Betrag einer Einlagenrückgewähr in vollem Umfang zu versteuern wäre.

II. EU-Fall

3. Nach § 27 Abs. 8 KStG gilt, dass auch Körperschaften aus anderen EU Staaten eine Einlagenrückgewähr entsprechend den Regelungen für inländische Kapitalgesellschaften an ihre Anteilseigner erbringen können (Satz 1). Die Einlagenrückgewähr ist in entsprechender Anwendung des § 27 Abs. 1 bis 6, § 28, § 29 KStG zu ermitteln (Satz 2). Der Betrag der Einlagenrückgewähr wird auf Antrag gesondert festgestellt

(Satz 3). Das Bundeszentralamt für Steuern hat eine auffangende Zuständigkeit.[1] Der Antrag ist bis zum Ablauf des Kalenderjahres zu stellen, das auf das Kalenderjahr folgt, in dem die Leistung erfolgt ist (Satz 4). In dieser Antragsfrist liegt ein schnell zu übersehender Fallstrick. Denn soweit Leistungen nach Satz 1 nicht gesondert festgestellt sind, **gelten** sie als Gewinnausschüttung, die beim Anteilseigner zu Einnahmen im Sinne von § 20 Abs. 1 Nr. 1 EStG führen (Satz 9). Mit Einführung dieser Regelung durch das SEStEG sollte insbesondere EU-rechtlichen Bedenken Rechnung getragen werden.

4. Der EWR wurde aber nicht mit in § 27 Abs. 8 KStG aufgenommen.

III. Drittstaaten

5. Es gibt zum Fall der Einlagenrückgewähr durch eine nicht in einem EU-Staat ansässige Kapitalgesellschaft keine offizielle Rechtsauffassung der Finanzverwaltung, die in einem Verwaltungsschreiben enthalten ist.[2] Jedoch wird von prominenten Vertretern der Finanzverwaltung im Schrifttum ausgeführt, dass es der Verwaltungsauffassung entsprechen soll, im Drittstaatenfall jede Einlagenrückzahlung als Einnahme i. S. v. § 20 Abs. 1 Nr. 1 EStG anzusehen und deshalb nicht gegen den Buchwert der Beteiligung zu rechnen. Rechtsfolge ist, dass auf den gesamten Betrag der Einlagenrückgewähr an eine inländische Kapitalgesellschaft als Anteilseignerin § 8 b Abs. 1 KStG und damit auch die Schachtelstrafe nach § 8b Abs. 5 KStG (5 % der Einlagenrückgewähr als nicht abzugsfähige Betriebsausgabe) Anwendung finden soll (im Ausgangsfall also Erhöhung des zu versteuernden Einkommens/Gewerbeertrag um 5 Mio. €). Zur Begründung wird angeführt, dass es keine Feststellung eines steuerlichen Einlagekontos nach § 27 KStG gebe. Diese sei nur für inländische und im EU-Wirtschaftsraum ansässige ausländische Körperschaften vorgesehen. Dies ist insbesondere die Auffassung von *Dötsch/Pung* (OFD Koblenz), in: Dötsch/Jost/Pung/Witt, Die Körperschaftsteuer, § 8b KStG, Rn. 80, sowie *Dötsch*, a. a. O., § 27 KStG, Rn. 66 ff. und Rn. 267, die ausdrücklich von einer entsprechenden Verwaltungsauffassung ausgehen. Eine Verrechnung mit dem Buchwert der Beteiligung soll deshalb nur stattfinden, wenn eine – hier nicht vorliegende – Einlagenverwendung im Sinne des § 27 KStG gegeben ist. *Tischbirek* berichtet dagegen im Steuerblog des Handelsblatts, dass einzelne Finanzämter das in der Praxis anders handhaben.

---

[1] Siehe dazu, ob auch formale Kapitalherabsetzungen darunterfallen, *Hageböke*, IStR 2010, S. 715.

[2] Unklar ist, ob Tz. 6 des BMF-Schreibens vom 28. April 2003, BStBl. I 2003, S. 292 zur Anwendung von § 8b KStG 2002 sich nur auf die Einlagenrückgewähr durch inländische Kapitalgesellschaften bezieht oder mittelbar auch die Aussage enthält, dass ansonsten stets § 8b Abs. 1 und damit auch Abs. 5 KStG greift.

6. Im Schrifttum vertritt u. a. auch *Gosch* in Gosch, 2. Aufl. 2009, § 8b KStG, Rn. 107, dass bei einer Einlagerückgewähr durch ausländische Drittstaaten-Kapitalgesellschaften 5 % der gesamten Einlagerückgewähr als nicht abzugsfähige Betriebsausgaben nach § 8b Abs. 1, 5 KStG gelten, ohne dass eine Verrechnung mit dem Buchwert der Anteile stattfinden kann (siehe dazu u. a. auch *Füger/Rieger*, FR 2003, S. 543/544).

7. Gegen die vorstehende Rechtsauffassung gibt es aber überzeugende Argumente. Insbesondere kann Folgendes angeführt werden:

7.1 Vor allem wird bei der vorstehend dargestellten Rechtsauffassung nicht berücksichtigt, dass es sich vorliegend in der Handels- und Steuerbilanz der Empfängerin (hier SPA SE) um eine Rückzahlung von Anschaffungskosten handelt und sich deshalb die Rechtsfolge des § 8b Abs. 1 Satz 1, Abs. 5 KStG außerhalb der Bilanz nicht mehr stellen kann, da keine Beträge bzw. keine Gewinne entstehen, die bei der Ermittlung des Einkommens außer Betracht bleiben.

7.2 Zur Rechtslage im Rahmen des Körperschaftsteueranrechnungsverfahrens (also vor Geltung § 8b KStG 1999) hatte der BFH zunächst entschieden, dass eine handelsrechtlich wirksame Kapitalherabsetzung bei einer ausländischen Kapitalgesellschaft gegen den Buchwert zu rechnen ist (siehe BFH-Urteil vom 14. November 1992, I R 1/91, BStBl. II 1993, S. 189/190). Denn insoweit gilt der allgemeine Grundsatz, dass zurückgezahlte Anschaffungskosten vom Buchwert des angeschafften Wirtschaftsguts abzusetzensind. Dies hat der BFH auch außerhalb einer Nennkapitalherabsetzung für die Rückzahlung einer Kapitalrücklage einer italienischen Gesellschaft im Urteil vom 27. April 2000 (I R 58/99, BStBl. II 2001, S. 168) bestätigt.

7.3 Teils auf der Grundlage dieser BFH-Rechtsprechung, aber teils auch ohne ausdrücklichen Rückgriff auf diese wird deshalb von einer Vielzahl von Stimmen im Schrifttum vertreten, dass eine Einlagenrückzahlung einer ausländischen Kapitalgesellschaft aus einem Drittstaat (Nicht-EU- oder EWR-Staat) zunächst als Rückzahlung von Anschaffungskosten gegen den Buchwert zu rechnen ist und sich deshalb die Frage der Anwendung des § 8b Abs. 1 Satz 1 KStG und somit auch des § 8b Abs. 5 KStG nicht mehr stellt .

>   Siehe dazu z. B. *Kröner*, in: Ernst & Young, Körperschaftsteuergesetz, § 8b KStG, Rn. 52; *Gröbl/Adrian*, in: Erle/Sauter, Körperschaftsteuergesetz, 3. Aufl. 2009, § 8b KStG, Rn. 57; *Sedemund/Fischenich*, BB 2008, S. 1656/1659; *Schießl*, DStZ 2008, S. 852/853; *Rödder/Schumacher*, DStR 2006, S. 1481/1490.

7.4 Insbesondere wird im Schrifttum darauf verwiesen, dass auch im Vorfeld der Einführung des § 27 Abs. 8 KStG durch das Gesetz über steuerliche Begleitmaßnahmen zur Einführung der Europäischen Gesellschaft und weitere steuerliche Vorschriften vom 7. Dezember 2006, sog. SEStEG (BGBl. I 2006, S. 2782) im Gesetzgebungsverfahren eine abschließende Wirkung des § 27 Abs. 8 KStG nicht beabsichtigt worden sein soll (siehe *Sedemund/Fischenich*, a. a. O., S. 1659). So heißt es in der Ausschussempfehlung BR-Drs. 542/1/06 vom 11. September 2006:

> *"Die Rückzahlung von Einlagen an den Gesellschafter soll nicht als steuerpflichtige Dividende behandelt werden. Dies wird für Einlagerückzahlungen inländischer Körperschaften durch die §§ 27-29 KStG sicher gestellt. Für Einlagezahlungen ausländischer Körperschaften greifen vergleichbare Regelungen, die überwiegend auf Richterrecht beruhen, sich in der Ausgestaltung allerdings von §§ 27 ff. KStG unterscheiden. ... § 27 Abs. 8 KStG zielt nun gezielt darauf ab, dass **ausländische Körperschaften des EU-Raums anstelle der richterlichen Grundsätze** auf Antrag die §§ 27 ff. KStG entsprechend anwenden."* [Hervorhebung hinzugefügt]

8. Dafür spricht auch, dass § 27 Abs. 8 Satz 9 KStG ausdrücklich anordnet, dass eine materiell-rechtliche Einlagenrückgewähr ohne gesonderte Feststellung bei der EU-Gesellschaft beim Anteilseigner als Einnahme im Sinne von § 20 Abs. 1 Nr. 1 EStG „gilt". Es handelt sich also um eine gesetzliche Fiktion nur für den EU-Fall.

9. Für den Fall, dass man § 27 Abs. 8 KStG als eine abschließende Regelung ansieht, liegt ein Verstoß gegen die Kapitalverkehrsfreiheit nahe. Die EG-rechtliche Kapitalverkehrsfreiheit (bisher in Art. 56 ff. EG geregelt nunmehr Art. 63 ff. AEUV) umfasst nicht nur eine Diskriminierung, sondern auch eine Beschränkung durch den Herkunftsstaat (Deutschland) bei Investitionen in einem Drittstaat (USA). Allerdings ist darauf hinzuweisen, dass nach dem derzeitigen Stand der EuGH-Rechtsprechung ungeklärt ist, ob die Kapitalverkehrsfreiheit im Fall einer steuerlichen Regelung, die unabhängig von der Beteiligungshöhe greift, auch Beteiligungsbesitz in Drittstaaten umfasst, der – wie im Fall – unternehmerischen Einfluss vermittelt. Hier stehen sich derzeit zwei Auffassungen zum Schutz der Kapitalverkehrsfreiheit gegenüber. Nach einer Auffassung wird auf die Höhe der konkreten Beteiligung abgestellt, so dass die Niederlassungsfreiheit die Kapitalverkehrsfreiheit verdrängt. D. h., da die Niederlassungsfreiheit nicht im Verhältnis zu Drittstaaten gilt, kann man sich im Bezug auf eine Beteiligung in einem Drittstaat, soweit man unternehmerischen Einfluss hat, nicht auf die Kapitalverkehrsfreiheit berufen. Nach anderer Auffassung ist der Schutzbereich der Kapitalverkehrsfreiheit eröffnet, wenn die betreffende Regelung ihrerseits auch für Portfoliobeteiligungen greift, so dass im vorliegenden Fall die Niederlassungsfreiheit keine verdrängende Wirkung hätte (siehe zum unklaren Stand der EuGH-Rechtsprechung, *Zorn*, IStR 2010, S. 190). Auch Art. VII, XI Abs. 1 und Abs. 3 des deutsch-amerikanischen Freundschafts-, Handels- und Schifffahrtsver-

trages vom 29. Oktober 1954 („FHSV") enthält Nichtdiskriminierungs- und Meistbegünstigungsverpflichtungen, die man hier ggf. heranziehen könnte.

10. Zur Gestaltung könnte eine Zwischenholding *„eingezogen"* werden. Die SPA SE bringt die Beteiligung an der Tochter Inc. in eine Holding an einem günstigen Holding-Standort in der EU ein und erhält von dort dann nach einiger Zeit eine Einlagenrückgewähr. Jedoch ist hier § 42 AO zu beachten (Beteiligungsholding mit einer einzigen Beteiligung, Gesamtplan).

6. Grenzüberschreitende Organschaft, EuGH-Urteil X-Holding

Von Dr. Dirk Pohl, Dipl.-Fw., Rechtsanwalt, Fachanwalt für Steuerrecht, Steuerberater, München

Fall 30a: Die börsennotierte X-AG ist an verschiedenen Tochterunternehmen im In- und Ausland beteiligt. Unternehmensgegenstand ist die Herstellung, der Vertrieb und Handel von Maschinen, Anlagen und anderen industriellen Erzeugnissen, insbesondere Pumpen, Armaturen und Kompressoren. Im Jahr 1987 gründete die X-AG eine dänische Tochtergesellschaft Dansk A/S zum Vertrieb der hergestellten Pumpen und Armaturen und erbrachte damit im Zusammenhang stehende Service-Leistungen. Die Gesellschaft wurde mit 5 Millionen Dänische Kronen an Eigenkapital ausgestattet. Der dänische Markt erwies sich als schwierig. Bis zum 31. Dezember 1998 hatte sich ein Verlustvortrag in Höhe von ca. 2,5 Millionen Dänische Kronen aufgetürmt. Nach einer Restrukturierung wurden in den Jahren 1999 bis 2001 marginale Gewinne erzielt. Im Jahr 2002 zeigte sich, dass der Turnaround nicht gelingen würde. Der Verlust betrug 400.000 Dänische Kronen. Nach weiteren Verlusten wurde im Jahr 2004 die Liquidation beschlossen und nach einem Sperrjahr zum 30. November 2005 beendet und durch Löschungsvermerk im dänischen Gesellschaftsregister vom 21. Juni 2006 abgeschlossen.

Die X-AG klagt vor dem FG darauf, den Körperschaftsteuerbescheid des Jahres 2002 dahingehend zu ändern, dass der Verlust der A/S in Höhe von € 93.403 berücksichtigt wird.

Fall 30b: Die börsennotierte WDA AG ist im Vertrieb von Finanzprodukten tätig. Ihre beiden italienischen Tochtergesellschaften wurden 2002 gegründet. Sie erlitten in den Jahren 2002 bis 2005 Verluste die durch Einlagen der WDA AG bzw. Gesellschafterdarlehen, auf die anschließend verzichtet wurde, abgedeckt wurden. Die jährliche Übernahme war aus regulatorischen Gründen erforderlich, da für die Vermittlung von bestimmten Produkten ein fortlaufend gehaltenes Mindestkapital nachgewiesen werden musste. Darüber hinaus wäre eine Insolvenz wegen des Reputationsschadens nicht in Betracht gekommen. Die Liquidation beider Tochtergesellschaften wurde im Jahr 2006 eingeleitet und der Geschäftsbetrieb eingestellt und keine Mitarbeiter mehr beschäftigt. Wegen noch anhängiger Rechtsstreitigkeiten läuft die Liquidation noch.

Die WDA AG klagt vor dem FG auf Berücksichtigung der Verluste ihrer italienischen Tochterkapitalgesellschaften in den Veranlagungszeiträumen 2002 bis 2005.

Lösungshinweise:

Schrifttum: *Homburg,* Die unheimliche Nummer Sechs, Eine Entscheidung zum Ausgleich grenzüberschreitender Konzernverluste, IStR 2010, S. 246; *Mitschke,* Keine grenzüberschreitende Organschaft zum "Nulltarif", DStR 2010, S. 1368; *Pache/Englert,* Die Rechtssache X Holding BV: Das endgültige Ende der Hoffnung auf ein vom EuGH postuliertes europäisches Gruppenbesteuerungssystem; IStR 2010, S. 448; *Raupach/Pohl,* Die Rechtssache Marks & Spencer, Konzernsteuerrecht auf dem Prüfstand des EuGH – Rückwirkungen auf das Konzernrecht ?, NZG 2005, S. 489; *Röhrbein,* Abzug finaler Verluste einer Tochtergesellschaft im EU-Ausland bei der Muttergesellschaft in Deutschland, IWB 2010, S. 286; *von Brocke/Auer,* Abzug finaler Verluste von in anderen EU-Mitgliedstaaten ansässigen Konzerntochtergesellschaften, IWB 2010, S. 752.

I. Überblick

1. Die Organschaft bietet die Möglichkeit, Gewinne und Verluste von (rechtlich) selbständigen Konzerngesellschaften steuerlich zu konsolidieren. Die Bedeutung der Organschaft hat seit Abschaffung des körperschaftsteuerlichen Anrechnungsverfahrens an Bedeutung gewonnen.

▸ Eine Teilwertabschreibung auf die Anschaffungskosten der Beteiligung bei der Muttergesellschaft (zur Konsolidierung von Verlusten einer Tochtergesellschaft mit Verlusten der Muttergesellschaft) wirkt sich steuerrechtlich nach § 8b Abs. 3 KStG nicht mehr aus.

▸ Eine Ausschüttung (zur Konsolidierung von Gewinnen der Tochtergesellschaft mit Verlusten der Muttergesellschaft) ist auf Ebene der Muttergesellschaft nunmehr körperschaftsteuerfrei (§ 8b Abs. 1, Abs. 5 KStG) und nicht mehr wie unter dem Körperschaftsteueranrechnungsverfahren (unter Anrechnung des Körperschaftsteuerguthabens aus der Belastung bei der Tochtergesellschaft) in die Ermittlung des Einkommens der Muttergesellschaft einzubeziehen.

▸ Die Anwendung von § 8b Abs. 5 KStG (5 % der Dividende als nicht abzugsfähige Betriebsausgabe) wird vermieden.

▸ Eine phasengleiche Ergebnisverbuchung bei der Muttergesellschaft kann erreicht werden.

▸ Es entfällt bei der Gewerbesteuer die 25 %-ige Hinzurechnung von Dauerschuldzinsen nach § 8 Nr. 1 GewStG bei Kreditausreichungen zwischen Mutter- und Tochtergesellschaft.

▸ Organträger und Organschaft gelten als ein Betrieb im Sinne der Zinsschranke, § 15 Satz 1 Nr. 3 Satz 2 KStG (nachteilig für Freigrenze).

II. Die unbeschränkt körperschaftsteuerpflichtige Kapitalgesellschaft ausländischer Rechtsform:

2. Die deutsche Organschaft fordert den sog. doppelten Inlandsbezug. D. h., die Organgesellschaft muss ihren Sitz und ihren Ort der Geschäftsleitung im Inland haben (§ 14 Absatz 1 Satz 1, § 17 Satz 1 KStG). Diese Voraussetzung wird allgemein als EG-rechtswidrig angesehen (*Meilicke*, DB 2002, S. 911/912). Eine förmliche Aufforderung der EU-Kommission ist am 30. September 2010 ergangen (IP/10/1253):

   „Deutschland: Steuereinheit (Organschaft)

   Nach deutschem Recht kann ein nach dem Gesellschaftsrecht eines anderen Mitgliedstaates gegründetes Unternehmen mit statuarischem Sitz im Ausland und Geschäftsleitung in Deutschland den für deutsche Unternehmen geltenden Grundsatz der Steuereinheit (Organschaft) nicht in Anspruch nehmen, obwohl es in Deutschland uneingeschränkt steuerpflichtig ist. Damit entgehen ihm die steuerlichen Vorteile, die sich aus der Verrechnung der Bilanz der Tochterunternehmen mit der Konzernmutter ergeben (Ausgleich von Gewinnen und Verlusten im Organkreis). Derartige Vorschriften sind als Diskriminierung gegenüber inländischen Wettbewerbern und somit als Beeinträchtigung der Niederlassungsfreiheit für Unternehmen in Deutschland anzusehen. Hierbei geht es nicht um die Frage des grenzüberschreitenden Verlustausgleichs. Nach Auffassung der Kommission hat Deutschland gegen die Verpflichtungen aus Artikel 49 des Vertrags über die Arbeitsweise der Europäischen Union (AEUV) und Artikel 31 des Abkommens über den Europäischen Wirtschaftsraum (EWR-Abkommen), also gegen das Recht auf Niederlassungsfreiheit, verstoßen."

3. Mit Schreiben vom 28. März 2011 hob das BMF als Reaktion auf das von der EU-Kommission eingeleitete Vertragsverletzungsverfahren das Erfordernis des sog. doppelten Inlandsbezugs als Voraussetzung für eine ertragsteuerliche Organschaft auf (BMF-Schreiben v. 28 März 2011, DStR 2011, 674). Abweichend vom Gesetzeswortlaut der § 14 I 1, § 17 KStG können nunmehr – soweit die übrigen Voraussetzungen vorliegen – auch Kapitalgesellschaften mit lediglich einem inländischen Ort der Geschäftsleitung und einem Sitz im EU/EWR-Ausland eine Organschaft begründen.

4. Dies betrifft bspw. eine in nur in Deutschland tätige UK Ltd. (siehe dazu näher *Pohl*, in: FS Raupach, S. 375/387f.). Mit der Abschaffung des doppelten Inlandsbezugs allein ist aber auch für eine in Deutschland wegen ihres inländischen Orts der Geschäftsleitung (§ 10 AO) unbeschränkt körperschaftsteuerpflichtige Kapitalgesellschaft mit Migrationshintergrund (also ausländischer Rechtsform) nicht sehr viel gewonnen. Denn weitere Voraussetzung ist eine Verpflichtung der Organgesell-

schaft nach § 17 Satz 1 KStG ihren ganzen Gewinn an ein anderes Unternehmen im Sinne des § 14 abzuführen. D. h., der Gewinnabführungsvertrag muss auf 5 Jahre abgeschlossen und während seiner gesamten Dauer durchgeführt werden. Weitere Voraussetzung ist nach § 17 Satz 2 KStG, dass eine Gewinnabführung den in § 301 AktG genannten Betrag nicht überschreitet und eine Verlustübernahme entsprechend den Vorschriften des § 302 AktG vereinbart wird. Ein derartiger Vertrag kann aber nicht immer zivilrechtlich wirksam abgeschlossen werden. Denn die Rechtsverhältnisse der ausländischen Gesellschaft richten sich ausschließlich nach deren Heimatrecht (siehe *Emmerich,* in: Emmerich/Habersack, Aktien- und GmbH-Konzernrecht, 3. Auflage, § 291 AktG, Rn. 34). Im Ausland sind entsprechende konzernrechtliche Verträge aber regelmäßig nicht bekannt (Ausnahme wohl u. a. Portugal). Sie können daher nichtig sein und jedenfalls können erwirtschaftete Gewinne nur durch Gewinnausschüttungsbeschluss *„ausgeschüttet"* aber nicht *„abgeführt"* werden. Es dürfte daher letztlich unmöglich sein, einen Gewinnabführungsvertrag, soweit es die Vertragsfreiheit des ausländischen Rechts überhaupt erlaubt, im Sinne von § 17 KStG insgesamt abzubilden. In diesem Zusammenhang ist an Folgendes zu erinnern:

5. Vor dem ersten Weltkrieg erklärte das Reichsgericht Beherrschungs- und Gewinnabführungsverträge in ständiger Rechtsprechung für nichtig. Sie setzten sich ausgehend vom Steuerrecht seit den 20er Jahren des vorherigen Jahrhunderts durch und waren damit Ausdruck eines damals modernen Konzernsteuerrechts (siehe *Meilicke,* in: Heidel, 2. Auflage 2007, Einl. Zu §§ 191 – 310 AktG, Rn. 41, 43, 67). Ihre Beibehaltung als Voraussetzung einer steuerlichen Konsolidierung kann heute aber nur noch als altertümliches Relikt und Ärgernis angesehen werden. Es handelt sich um eine rein deutsche Spezialität, die sich zunehmend zu einer Haftungsfalle für Berater entwickelt hat. Auch Österreich hat mittlerweile eine moderne, sogar grenzüberschreitende Gruppenbesteuerung eingeführt. Der Koalitionsvertrag von CDU, CSU und FDP sieht die Ersetzung der bisherigen Organschaft durch ein Gruppenbesteuerungssystem vor (siehe DStR, Heft 44/2009, S. VI).

6. Soweit es rechtlich unmöglich ist, einen insgesamten Gewinnabführungsvertrag mit der ausländischen Kapitalgesellschaft abzubilden, müsste darauf als Tatbestandsvoraussetzung für die Zurechnung des Einkommens verzichtet werden. Es müsste dann im Gewinnfall einer (unbeschränkt steuerpflichtigen) Kapitalgesellschaft ausländischer Rechtsform die sofortige Vollausschüttung der Gewinne genügen, um das Einkommen der Organgesellschaft dem Organträger zuzurechnen. Im Rahmen dieser Zurechnung wären bspw. ausländische Betriebsstättengewinne der (unbeschränkt körperschaftsteuerpflichtigen) ausländischen Gesellschaft nach DBA auch beim Organträger freizustellen. Es wäre unverhältnismäßig wegen der

Unterschiede im deutschen und ausländischen Gesellschaftsrecht die Organschaft ganz zu versagen.

7. Die Aufhebung des Erfordernisses des sog. doppelten Inlandsbezuges durch das BMF auf Grund der Verletzung des EG-Rechts geht aber nicht soweit, dass auf jede vertragliche Bindung zwischen Organgesellschaft und Organträger verzichtet werden soll. Vielmehr bleibt es Voraussetzung, dass „auch die übrigen Voraussetzungen der §§ 14ff. KStG für die Anerkennung einer steuerlichen Organschaft erfüllt sind" (BMF-Schrieben vom 28. März 2011, a.a.O.) Insbesondere wird immer noch eine bindende Verlustübernahme entsprechend § 301 AktG auf fünf Jahre und deren tatsächliche Durchführung gefordert werden. Entsprechendes sollte über eine harte Patronatserklärung des Organträgers in der Regel mit bindender Wirkung möglich sein. Hier stellt sich aber die Frage, ob das für die Vergangenheit zum Maßstab gemacht werden kann, da man den Steuerpflichtigen damit überfordern würde. M. E. müsste für die Vergangenheit die Feststellung einer der vertraglichen Bindung nahe kommenden tatsächlichen Bereitschaft zum sofortigen Verlustausgleich ausreichen. Ob darin ein konkludenter Vertrag liegt, kann dahingestellt bleiben. Jedoch muss der Verlust auch durch Gesellschaftereinlage tatsächlich ausgeglichen werden, um dem Erfordernis einer tatsächlichen Durchführung zu genügen (siehe *Raupach/Pohl*, NZG 2005, S. 489/492).

III. Die nicht/beschränkt körperschaftsteuerpflichtige ausländische Kapitalgesellschaft

8. Die Ausgangsfälle sind den vormals beim I. Senat des BFH anhängigen Revisionen der Steuerpflichtigen gegen das Urteil des FG Rheinland-Pfalz vom 17. März 2010 (1 K 2406/07, EFG 2010, S. 1632; Az. des BFH I R 34/10) und des Niedersächsischen FG vom 11. Februar 2010 (6 K 406/08, EFG 2010, S. 815, Az. des BFH I R 16/10) nachgebildet.

9. Letztlich stellt das Niedersächsische FG zu Recht fest, dass im Anschluss an die Entscheidung des EuGH in der Rechtsache Marks & Spencer vom 13. Dezember 2005 (Rs. C 446/03) die Nichtberücksichtigung „*finaler Verluste*" der ausländischen Tochtergesellschaft EG-rechtswidrig ist (zweifelnd FG Rheinland-Pfalz). Zwar wurde die Rechtfertigungstrias des EuGH (Wahrung der Aufteilung der Besteuerungsbefugnisse, Vermeidung doppelter Verlustberücksichtigung, Steuerfluchtgefahr) in folgenden Entscheidungen des EuGH auch einzeln herangezogen. So wird in der Rechtssache X Holding zu Regelung in den Niederlanden durch den EuGH mit Urteil vom 25. Februar 2010 (Rs. C-337/08) ausgeführt:

> „*Da die Muttergesellschaft nach Belieben entscheiden kann, eine steuerliche Einheit mit ihrer Tochtergesellschaft zu bilden, und es ihr ebenso freisteht, diese Ein-*

heit von einem Jahr zum anderen aufzulösen, liefe die Möglichkeit, eine gebiets-fremde Tochtergesellschaft in die steuerliche Einheit einzubeziehen, darauf hin-aus, dass sie die freie Wahl hätte, welches Steuersystem auf die Verlauste ihrer Tochtergesellschaft anwendbar ist und wo die Verluste berücksichtigt werden."

Jedoch behandelt das EuGH-Urteil in der Rs. X-Holding gerade keine finalen Verluste.

10. Die beiden FG fordern aber jeweils eine (isolierte) vertragliche Verpflichtung zur Verlustübernahme und wiesen u. a. mit dieser Begründung die erhobenen Klagen ab.

Niedersächsisches FG:

"1. § 14 KStG verstößt insoweit gegen die Niederlassungsfreiheit nach Art. 43, 48 EG-Vertrag, als auch sog. 'definitive' Verluste der Tochtergesell-schaften von einem Abzug in Deutschland ausgeschlossen werden.

2. Für deutsche Muttergesellschaften ist ein Abzug 'definitiver' Verluste ausländi-scher Tochtergesellschaften nur möglich, wenn sie sich im Voraus vertraglich bindend zur Übernahme der Verluste verpflichtet haben."

FG Rheinland-Pfalz:

"Wenn auch die nationalen steuerrechtlichen Vorschriften betreffend die deutsche körperschaftsteuerliche Organschaft nach den §§ 14 ff KStG an den gemein-schaftsrechtlichen Grundfreiheiten und der EuGH-Rechtsprechung wie z. B. der Entscheidung in der Rs. Marks & Spencer vom 13. Dezember 2005, C-446/03 zu messen sind, führt dies nicht dazu, daß im Zuge einer normerhaltenden Reduktion der Vorschriften auf nahezu sämtliche dort geforderten Voraussetzungen zu ver-zichten wäre. Insbesondere an dem keinen spezifischen Inlandsbezug aufweisen-den Merkmal der Verpflichtung zur Verlustübernahme durch die Muttergesell-schaft ist festzuhalten."

11. Darüber hinaus lehnen beide FG auch einen phasengleichen Verlustabzug ab, so dass für das falsche Jahr geklagt worden wäre. FG Rheinland-Pfalz:

„Eine Berücksichtigung im Verlustentstehungsjahr im Inland kommt vielmehr nur dann in Betracht, wenn bereits im Verlustentstehungsjahr ausgeschlossen ist, daß es zukünftig zu Verrechnungen im ausländischen Mitgliedstaat kommen kann. Es kommt mithin darauf an, ob aus der Perspektive des Streitjahres eine Verlustnut-zung im ausländischen Mitgliedstaat ausgeschlossen ist."

12. Angesichts der neuen Rechtsprechung des BFH zum Abzug finaler Betriebsstätten-verluste (BFH Urteil vom 9. Juni 2010, I R 107/09) musste man befürchten, dass die Klagen bereits daran scheitern könnten. Durch dieses Urteil hat der I. Senat ent-

schieden, dass der Abzug der Verluste einer im Ausland unterhaltenen Betriebsstätte nur ausnahmsweise aus Gründen des Gemeinschaftsrechts (wegen Verstoßes gegen die Niederlassungsfreiheit, Art. 43 i. V. m. Art. 48 des EG-Vertrag, jetzt Art. 49 i. V. m. Art. 54 AEUV) und frühestens im Veranlagungszeitraum des Eintritts der "Verlustfinalität" in Betracht kommen kann. Eine Parallele zu einer inländischen Organgesellschaft mit ausländischer Verlust-Betriebsstätte bei DBA mit Freistellungsmethode liegt durchaus nahe (a. A. *von Brocke/Auer*, IWB 2010, S. 752/757f.). Wann der ausländische Verlust final wird, ist noch völlig ungeklärt. Knüpft man an die Rechtsprechung des BFH zu § 17 Abs. 4 EStG an, entsteht der Verlust nur bei Vermögenslosigkeit bereits mit dem Auflösungsbeschluss (siehe näher *Weber-Grellet*, in: L. Schmidt, 29. Auflage 2010, § 17 EStG, Rn. 222). Im Fall der Organschaft kann es dabei zu kuriosen Ergebnissen kommen. Denn es muss ggf. ein finaler Verlust aus einem frühen Veranlagungszeitraum in einem Jahr zugerechnet werden, in dem überhaupt keine vertragliche Bindung mehr besteht.

13. Mit einstimmgen Beschluss vom 9. November 2011 wies der BFH die Revision gegen das Urteil des Niedersächsischen FG vom 11. Februar 2010 mit der Begründung zurück, dass ein Verlustabzug – wenn man unterstellt, dass ein solcher unionsrechtlich Geboten ist – nicht im Veranlagungszeitraum des Entstehens der Verluste, sondern nur in jenem Veranlagungszeitraum in Betracht kommt, in welchem sie tatsächlich „final" geworden sind. Der I. Senat schließt damit an sein Urteil vom 9. Juni 2010, I R 107/09, a.a.O., an. Die darin enthaltenen Grundsätze seien für die im Streitfall in Rede stehende Situation einer ausländischen Tochterkapitalgesellschaft gleichermaßen einschlägig. Zur Begründung wird im Beschluss ausgeführt:

> *„Die Verluste der italienischen Tochterkapitalgesellschaften der Klägerin könnten hiernach selbst im Falle ihrer prinzipiellen Abzugsfähigkeit im Inland aufgrund unterstellter "faktischer" Organschaftsverhältnisse frühestens in den jeweiligen "Finalitätsjahren" – also frühestens nach Beendigung ihrer Geschäftstätigkeit oder ggf. einer Liquidation – berücksichtigt werden, zuvor – in den jeweiligen Verlustentstehungs- und damit hier in den Streitjahren 2002 bis 2005 – jedoch nicht. Dass sie wirtschaftlich bereits in jenen Jahren entstanden und im Falle einer Organschaft i. S. von §§ 14 ff. (KStG 2002) bei der Klägerin verrechenbar gewesen sein mögen, ändert daran nichts, weil ein solches "gedachtes" Organschaftsverhältnis tatsächlich nicht vereinbart und praktiziert wurde und das Besteuerungsrecht für die – dort unbeschränkt steuerpflichtigen (vgl. auch Art. 5 Abs. OECD-Musterabkommen, Art. 5 Abs. 6 DBA-Italien) – Auslandsgesellschaften in Italien lag"*

14. Im Ausgangsfall 1 war darüber hinaus unklar, warum die Vertriebsgesellschaft langjährige Verluste erwirtschaftete. Ggf. ist zu prüfen, ob hier nicht eine Korrektur

der Verrechnungspreise dazu führt, dass überhaupt keine oder niedrigere Verluste bestehen, da mindestens ein Gewinn nach cost plus bestimmter Verrechnungspreis erwirtschaftet werden muss (BFH vom 17. Oktober 2001, I R 103/00, BStBl. II 2004, S. 171; BFH vom 6. Aprul 2005, I R 22/04, BStBl. II 2007, S. 658). Die Revision gegen das Urteil des FG Rheinland-Pfalz vom 17. März 2010 wurde zurückgenommen, so dass eine Entscheidung des BFH in der Sache nicht mehr ergehen wird.

VI. Aktuelle Entwicklungen nach dem Jahressteuergesetz 2010

Von Dr. Dirk Pohl, Dipl.-Fw., Rechtsanwalt, Fachanwalt für Steuerrecht, Steuerberater, München

Schrifttum: *Melchior*, Das Jahressteuergesetz 2010 im Überblick, DStR 2010, 2481; *Benecke/Schnitger*, Neuerungen im internationalen Steuerrecht durch das JStG 2010, IStR 2010, 432; *Hörster*, Entwurf für ein Jahressteuergesetz 2010, NWB 2010, 1814; *Nacke*, Das Jahressteuergesetz 2010 – Anmerkungen zum Regierungsentwurf, DB 2010, 1142; *Seifert/Krain*, Regierungsentwurf eines Jahressteuergesetzes 2010, StuB 2010, 497 und 544

1. Überblick

1.1. Das Jahressteuergesetz 2010 (JStG 2010) nimmt als sog. *"Omnibusgesetz"* in 32 Artikeln ca. 180 Änderungen vor. Es wurde am 13. Dezember 2010 im Bundesgesetzblatt verkündet (BGBl I 2011, S. 1768). Die Aussage des Koalitionsvertrages von CDU/CSU/FDP vom 16. Oktober 2009 *("Wir werden insbesondere ... dafür sorgen, dass sich BMF-Schreiben auf die Auslegung der Gesetze beschränken und die Praxis der Nichtanwendungserlasse zurückgeführt wird")* entpuppt sich dabei als *"schlechter Taschenspielertrick"* (siehe *Strahl*, Nichtanwendungsgesetzgebung statt Nichtanwendungserlass, KÖSDI 2010, 17300). Neben Nichtanwendungsgesetzen zur BFH-Rechtsprechung werden insbesondere auch die jüngsten Vorgaben des BVerfG umgesetzt (häusliches Arbeitszimmer; Lebenspartnerschaften; Körperschaftsteuerguthaben – Umgliederung beim Übergang vom Körperschaftsteueranrechnungsverfahren).

1.2. In der beschlossenen Fassung nicht (mehr) enthalten sind:

▶ Verschärfungen bei der strafbefreienden Selbstanzeige (siehe aber das am 17. März 2011 vom BT verabschiedete Gesetz zur Verbesserung der Bekämpfung von Geldwäsche und Steuerhinterziehung, „Schwarzgeldbekämpfungsgesetz", BR-Drs. 166/11);

▶ der Wegfall der pauschalen Nutzungsbesteuerung und des Abzugs von Werbungskosten und Betriebsausgaben beim Firmenwagen,

▶ der Ausschluss geschlossener Fonds von der Begünstigung nach § 6b EStG,

▶ die Anhebung der Grenze für das Verwaltungsvermögen in § 13a ErbStG bei Beteiligungen an Personen und Kapitalgesellschaften und

▶ ein Verweis auf § 302 AktG für die erforderliche Verlustübernahmeregelung bei Organschaft – hierzu gab es leider nur einen unzureichenden Erlass des BMF (Schreiben v. 19.10.2010, IV C 2 - S 2770/08/10004).

1.3.   Im Folgenden werden einige der wichtigsten Änderungen dargestellt:

2. Einschränkung beim Halb-/Teilabzugsverbot bei Liquidationsverlusten

2.1.   Nach dem neuen § 3c Abs. 2 S. 2 EStG genügt für die Anwendung des Halb-/Teilabzugsverbots in § 3c Abs. 2 S. 1 EStG „die Absicht zur Erzielung von Betriebs-vermögensmehrungen oder Einnahmen i. S. d. § 3 Nr. 40 oder von Vergütungen i. S. d. § 3 Nr. 40a".

2.2.   Es handelt sich um ein Nichtanwendungsgesetz zu den BFH Urteilen vom 14. Juli 2009 (IX R 8/09, BFH/NV 2010, 399) und vom 25. Juni 2009 (IX R 42/08, BStBl 2010 II S. 220), wonach das Halb-/Teilabzugsverbot des § 3c Abs. 2 S. 1 EStG jedenfalls dann keine Anwendung finden soll, sofern Beteiligungseinkünfte ganz fehlen (auch Veräußerung zum Erinnerungswert von € 1 ist bereits schädlich, strittig ob auch Einkünfte unter Geltung des Körperschaftsteueranrechnungsverf-ahrens schädlich sind). Der Nichtanwendungserlass zu diesen Urteilen vom 15. Februar 2010 (IV C 6 - S 2244/09/10002, BStBl I 2010, 181) wurde aufgehoben, nach dem der BFH in seinem Beschluss vom 18. März 2010 (IX B 227/09, BStBl II 2010, S. 627) seine Rechtsprechung bestätigte, siehe BMF-Schreiben vom 28. Juni 2010 (IV C 6 - S 2244/09/10002, BStBl I 2010, S. 599).

2.3.   Durch die Einführung des § 3c Abs. 2 S. 2 EStG durch das JStG 2010 soll die bishe-rige Verwaltungsauffassung, wie sie aus dem Nichtanwendungserlass hervor-geht, zwar nur „klargestellt" werden. Das Teilabzugsverbot soll nur ein unselb-ständiger „Baustein" innerhalb des gesamten Regelungswerks zum Teileinkünfte-verfahren sein, nach dem sich Gewinne und Verluste aus einer Kapitalbeteiligung gleichermaßen nur anteilig auf die Einkommensteuer auswirken sollen. Dennoch kommt es nach § 52 Abs. 8a EStG zu keiner Rückwirkung. Die Neuregelung gilt erst ab dem VZ 2011.

3. Absicherung der Entstrickungsregelung des SEStEG

3.1.   Im Urteil vom 17. Juli 2008 hatte der I. Senat des BFH die sog. „finale Entnahme-theorie" aufgegeben (Az. I R 77/06, BStBl. II 2009, S. 464, Nichtanwendungserlass mit BMF-Schreiben vom 20. Mai 1999, BStBl. I 2009, 671), wonach im Falle der Überführung von Wirtschaftsgütern eines inländischen Unternehmens in eine ausländische Betriebsstätte eine fiktive Entnahme erfolgte, wenn die ausländischen Betriebstättengewinne auf Grund eines DBA von der Besteuerung im Inland freigestellt waren (DBA mit Freistellungsmethode nach Art. 23A OECD-MA). Der BFH begründete diese Auffassung damit, dass das Besteuerungsrecht der Bundesrepublik Deutschland für die gebildeten stillen Reserven nicht entfällt, weil im Fall einer Veräußerung des überführten Wirtschaftsguts der erzielte Gewinn aus dieser Außentransaktion zwischen Stammhaus und Betriebsstätte aufzuteilen ist (DBA entsprechend Art. 7 OECD-MA).

3.2. Bereits durch das SEStEG war eine neue Regelung in § 4 Abs. 1 Satz 3 EStG erfolgt, wonach der Ausschluss oder die Einschränkung des deutschen Besteuerungsrechts zu einer Entnahme führt. Streitig war, ob sich diese Entstrickungsregelung nur auf bis zur Überführung gebildete stille Reserven bezieht oder auch auf zukünftig entstehende stille Reserven. Durch das JStG 2010 wurden die §§ 4 Abs. 1 S. 4, 6 Abs. 1 und 4 EStG und 12 Abs. 1 KStG mit entsprechend angepassten Verweisungen in anderen betroffenen Vorschriften geändert. Danach ist der Ausschluss oder die Beschränkung des deutschen Besteuerungsrechts aus der Veräußerung eines Wirtschaftsgutes insbesondere dann gegeben, wenn das Wirtschaftsgut einer ausländischen Betriebsstätte zuzuordnen ist. Dies gilt nicht nur, wenn eine Freistellung der Betriebsstättengewinne nach DBA erfolgt. Auch die Überführung in eine Betriebstätte in einen Nicht-DBA-Staat ist schädlich.

3.3. Die Regelung gilt rückwirkend für alle offenen, dem SEStEG unterliegenden Entstrickungsfälle, § 52 Abs. 8bEStG *("Klarstellung")*.

3.4. Zudem wurde eine Entstrickungsvorschrift in § 16 Abs. 3a EStG (Kodifizierung der finalen Betriebsaufgabe) mit einer § 4g EStG entsprechenden Stundungsregelung im neuen § 36 Abs. 5 EStG eingeführt, ebenfalls mit Rückwirkung in allen offenen Fällen, § 52 Abs. 34 EStG.

4. Vermeidung der Inanspruchnahme doppelter AfA

4.1. Die Änderung von § 7 Abs. 1 Satz 5 EStG ist eine Reaktion auf die BFH-Rechtsprechung (vom 18. August 2009, X R 40/06; vom 28. Oktober 2009 VIII R 46/07 und vom 17. März 2010, X R 34/09, BFH/NV 2010 S. 1625).

4.2. Im Urteilsfall vom 18. August 2009 vermietete die Klägerin ein Grundstück an ihren Ehemann, der es im Rahmen seines Einzelunternehmens nutzte. Sie erzielte Einkünfte aus Vermietung und Verpachtung. Die historischen Herstellungskosten des Gebäudes betrugen DM 416.583. Es wurde eine AfA in Höhe von DM 232.400 über die Jahre als Werbungskosten geltend gemacht. Restwert mithin DM 184.243. Der Ehemann verstarb. Die Ehefrau wurde Alleinerbin; das Grundstück mithin zum unstreitigen Teilwert von DM 820.000 Betriebsvermögen der Ehefrau.

4.2.1. Nach Verwaltungsauffassung (R 7.3 Abs. 6 Sätze 1 und 2 EStR) waren weitere AfA-Bemessungsgrundlage bei Einlage in das Betriebsvermögen die fortgeführten historischen Herstellungskosten abzüglich in Anspruch genommener AfA = 2 % von DM 184.243.

4.2.2. Nach Auffassung des BFH sind nicht die historischen Anschaffungs- oder Herstellungskosten, sondern der Einlagewert um die bisher bei den Überschusseinkünften in Anspruch genommenen Abschreibungen zu kürzen. D. h., die AfA beträgt 2 % von DM 820.000 ./. DM 232.400 = 2 % von DM 587.600). M. a. W., die im Privatvermögen gebildeten stillen Reserven können nach Einlage im Betriebsvermögen abgeschrieben werden, soweit sie nicht auf der als Werbungskosten geltend gemachten Abschreibung beruhen.

4.3.   Durch die Änderung von § 7 Abs. 1 S. 5 EStG im JStG 2010 wird diese Rechtsprechung im Grundsatz übernommen. Der Einlagewert mindert sich um die bis zum Zeitpunkt der Einlage durch Nutzung des Wirtschaftsguts im Bereich der Überschusseinkünfte vorgenommenen Abschreibungen. Ist der Einlagewert geringer als die historischen Anschaffungs- oder Herstellungskosten, aber nicht geringer als die fortgeführten Anschaffungs- oder Herstellungskosten, ist für die Bemessung der AfA nach Einlage als Mindestwert von den fortgeführten Anschaffungs- oder Herstellungskosten auszugehen. Unterschreitet der Einlagewert dagegen auch die fortgeführten Anschaffungs- oder Herstellungskosten (= ursprüngliche Anschaffungs- oder Herstellungskosten, vermindert um die bisher im Privatvermögen tatsächlich in Anspruch genommenen AfA Beträge), wird dieser Betrag als weitere AfA-Bemessungsgrundlage herangezogen. Davon betroffene Steuerpflichtige würden also durch Anwendung der BFH-Rechtsprechung schlechter gestellt. Die Finanzverwaltung gewährt in diesem Fall aber Vertrauensschutz für Einlagen vor dem 1. Januar 2011, BMF-Schreiben v. 27. Oktober 2010, (IV C 3 – S 2190/09/1007, DStR 2010, 2304). [Die Neufassung des § 7 Abs. 1 Satz 5 EStG ist eine echte Klarstellung, die technisch nach § 52 Abs. 21 S. 4 EStG erst für Einlagevorgänge gilt, die nach dem 31. Dezember 2010 vorgenommen wurden. Die Besserstellung der Steuerpflichtigen auf Grund der BFH-Rechtsprechung im Vergleich zu den EStR gilt aber bereits für die Vorjahre auf Grund der bisherigen Fassung. Die mit der Anwendung der BFH-Rechtsprechung in Fällen in denen der Einlagewert unter den fortgeführten historischen Anschaffungs- oder Herstellungskosten verbundene Schlechterstellung wird aus Vertrauensschutzgründen nicht angewandt.]

5. Verlustnutzung bei schädlichem Beteiligungserwerb

5.1. Durch das Wachstumsbeschleunigungsgesetz vom 22. Dezember 2009 (BGBl I 2009, S. 3950) wurde § 8c Abs. 1 KStG u. a. um die Möglichkeit ergänzt, bei schädlichem Beteiligungserwerb nach dem 31. Dezember 2009 Verluste zu nutzen, soweit steuerpflichtige stille Reserven bestehen. Hierbei wurde auf die stillen Reserven des inländischen Betriebsvermögens abgestellt. Um auch das ausländische Betriebsvermögen zu berücksichtigen, für das Deutschland das Besteuerungsrecht zusteht (kein DBA mit Freistellung der Betriebsstätteneinkünfte), wird nunmehr in § 8c Abs. 1 S. 6 KStG auf das im Inland steuerpflichtige Betriebsvermögen abgestellt.

5.2. Die stillen Reserven ermitteln sich nach § 8c Abs. 1 S. 7 KStG im Grundsatz als Unterschiedsbetrag zwischen dem (anteiligen) ausgewiesenen Eigenkapital und dem gemeinen Wert der (entsprechenden) Anteile. Bei einem negativen Eigenkapital kann diese Vorgehensweise zu einem rechnerischen Ergebnis führen, dem keine tatsächlichen stillen Reserven in den Wirtschaftsgütern der Körperschaft entsprechen. Daher werden in diesem Fall nunmehr durch Einführung einer sog. „Stille-Reserven-Klausel" gem. § 8c Abs. 1 S. 8 KStG die stillen Reserven durch Gegenüberstellung des (anteiligen) ausgewiesenen Eigenkapitals und dem (anteiligen) gemeinen Wert des Betriebsvermögens der Körperschaft berechnet. Diese Neuregelungen gelten ab dem Veranlagungszeitraum 2010 (§ 34 Absatz 1 KStG).

6. Weitere Änderung im Internationalen Steuerrecht

▶ Abschaffung des Malta-Modells, s. bereits oben, Fall 15

▶ Steuerbarkeit von Transferentschädigungen, § 49 Abs. 1 Nr. 2g / § 50a Abs. 1 Nr. 3 EStG

▶ Umsetzung von Konsultationsvereinbarungen, § 2 Abs. 2 AO

▶ Führung elektronischer Bücher im Ausland, § 146 Abs. 2a AO

Stichwortverzeichnis

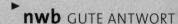